全国优秀博士论文作者专项资金资助项目
(200371)

全球准军事力量

朱建新　张金荣　宋剑波 ◎ 著

PARAMILITARY FORCES
AROUND THE WORLD

时事出版社

图书在版编目（CIP）数据

全球准军事力量/朱建新、张金荣、宋剑波著. —北京：时事出版社，2017.5
ISBN 978-7-5195-0065-8

Ⅰ.①全… Ⅱ.①朱…②张…③宋… Ⅲ.①武装力量—研究—世界 Ⅳ.①E15

中国版本图书馆 CIP 数据核字（2017）第 058014 号

出 版 发 行：时事出版社
地　　　址：北京市海淀区万寿寺甲 2 号
邮　　　编：100081
发 行 热 线：（010）88547590　88547591
读者服务部：（010）88547595
传　　　真：（010）88547592
电 子 邮 箱：shishichubanshe@sina.com
网　　　址：www.shishishe.com
印　　　刷：北京市昌平百善印刷厂

开本：787×1092　1/16　印张：17.5　字数：252 千字
2017 年 5 月第 1 版　2017 年 5 月第 1 次印刷
定价：85.00 元
（如有印装质量问题，请与本社发行部联系调换）

序　言

与20世纪两次世界大战和战后两大阵营冷战时期相比，近20多年来，全球军事力量有所减少，而准军事力量却在不断增加。这是源于各国国内安全问题更加突出，恐怖主义、街头政治、群体性事件、民族和宗教矛盾冲突、自然和工业灾害等困扰各国政府。在军事力量和警察力量不足或不宜使用时，准军事部队越来越多地分担政府安全责任。准军事力量在国家力量构成中的比重、作用，呈增长趋势，成为一个全球性的重要现象。

本书收录了100余个国家的准军事部队情况，分类介绍了世界各国广泛组建的近十类准军事部队，如宪兵、警察部队、内卫部队、安全部队、国民警卫队、海岸警卫队、边境警卫队、民防部队、灾难响应部队等。其中重点介绍了法国宪兵、美国国民警卫队、美国海岸警卫队、俄罗斯内卫部队、俄罗斯边防部队、俄罗斯民防部队、日本海上保安厅、印度安全部队等几支在全球范围历史较久、规模较大，对世界政局以及准军事制度影响较深远的准军事部队。

本书采用分类的方法，对全球五花八门的准军事力量进行合理分类，按照各自的名称、性质、特点、用途等作为区分的标准，先将符合同一标准的组织聚类，再将类目按照相互间的关系，组成系统化的结构。基本结构是树状分类，先分大的分枝，再分细枝。由于全球准军事力量还处在其发展阶段的早期，不规范的情况很普遍，存在很多同名组织而性质相异、不同名组织却性质相同的情况，因此简单的树桩分类也有不足，需要交叉分类。本书将名称相同相近的首先归类，再按内容差异区分细类，并建立大类之间内容相近细类的亲缘关系，从而构成一个交织的类别关系网。万千社会现象显示，很多个体、组织具有多重属性，难于准确地完全归入一类，建立复式类别关系，可以更多面地认识该个体、组织和事物。

由于目前尚没有研究外国准军事力量的专门机构，许多术语的翻译因翻译者的不同而各自有别，同一事物经常有不同译名，影响了读者的理解。本书尽可能对所有准军事力量术语作一规范，既遵从约定俗成的法则，也纠正一些明显的习俗误会。

有关各国准军事力量的大量资料和数据，主要来自日常有关国际安全局势的新闻报道，也有一部分来自几种主要的资料性读物，见本书所附参考文献。由于资料、数据的波动性很大，各种来源的资料会有冲突，本书甄别选用，有时作概略、模糊处理，难以一一标明资料出处，敬请谅解。研究外来事物的基础是获得尽可能详尽的资料，并从大量资讯中扼要理出让读者读来清晰的内容，本书努力兼顾既详尽又简明的两维著述目标。在占有的资料中，有一些是几年、十几年前的，依然引用是基于这样的考虑：准军事力量的研究既重现实意义，也不排除曾经有过的不同存在对今天的比较意义。

目 录

第一章 总论 _ 1
第一节 准军事力量界定 _ 1
一、广义的准军事力量 _ 1
二、狭义的准军事力量 _ 5

第二节 准军事力量的社会角色 _ 6
一、多级武力中的一级 _ 6
二、辅助型、补充型、顶替型力量 _ 7
三、双重属性，泛型社会组织 _ 9
四、政治平衡作用 _ 10
五、政治和社会风险源 _ 10

第三节 准军事力量的历史发展 _ 11
一、现代准军事力量发展的三个阶段 _ 11
二、不断趋同又不断分化的两个过程 _ 16

第四节 今日全球准军事力量概貌 _ 17
一、全球准军事力量规模 _ 17
二、全球准军事力量类型 _ 18
三、准军事力量大国 _ 22
四、国外最具影响力的几支准军事部队 _ 24

第二章 宪兵 _ 26
第一节 全球宪兵概述 _ 26

一、宪兵制度的起源 _ 26

　　二、宪兵制度的传播 _ 28

　　三、宪兵制度的分化 _ 29

　　四、当今全球宪兵分布 _ 31

第二节　法国国家宪兵 _ 32

　　一、漫长历史 _ 32

　　二、宪兵理念 _ 34

　　三、任务职责 _ 36

　　四、组织编制 _ 38

第三节　各大洲宪兵 _ 40

　　一、欧陆宪兵 _ 40

　　二、亚洲宪兵 _ 46

　　三、南美洲宪兵 _ 48

　　四、非洲宪兵 _ 50

　　五、历史上的德日宪兵 _ 55

　　附：美、英、俄等国军事警察 _ 57

第三章　内卫、安全部队 _ 63

第一节　全球内卫、安全部队概述 _ 63

第二节　俄罗斯内卫部队 _ 66

　　一、历史传统 _ 66

　　二、职责权限 _ 69

　　三、组织编制 _ 70

　　四、人员装备 _ 70

第三节　印度安全部队 _ 71

　　一、阿萨姆步枪队 _ 72

　　二、中央后备警察部队 _ 72

　　三、印藏边境警察部队 _ 73

四、中央工业安全部队 _ 76

五、国家安全卫队 _ 76

六、各邦武装警察部队 _ 77

七、国家步枪队 _ 77

八、国防安全警卫队 _ 78

第四节 伊拉克、埃及、巴西等国安全部队 _ 78

一、巴勒斯坦安全部队 _ 78

二、伊拉克安全部队 _ 79

三、也门内务部部队 _ 80

四、埃及中央安全部队 _ 80

五、突尼斯国家保安队 _ 81

六、乌克兰内卫部队 _ 81

七、巴西国家公共安全部队 _ 82

八、洪都拉斯国家公共安全部队 _ 83

第五节 联合国维持和平部队 _ 84

第四章 警察部队 _ 86

第一节 全球警察部队概述 _ 86

第二节 美、英、法、俄警察部队 _ 90

一、美国警察特种武器和战术分队 _ 90

二、英国警察特别巡逻队、特警队、警务支持分队和国防部警察 _ 95

三、法国警察机动巡逻队和共和国治安部队 _ 98

四、俄罗斯特警队（奥蒙）和特种分队（奥索姆）_ 100

第三节 其他国家警察部队 _ 101

一、菲律宾国家警察部队 _ 101

二、韩国战斗警察 _ 101

三、马来西亚警察作战部队 _ 102

四、缅甸人民警察部队 _ 103

五、泰国曼谷防暴队 _ 103
　　六、新加坡警察部队的国民服役警察和专门任务部队 _ 104
　　七、以色列特别巡逻队 _ 104
　　八、印度警察反恐突击队 _ 105
　　九、印度尼西亚国家警察部队 _ 105
　　十、越南机动警察部队 _ 106
　　十一、肯尼亚警备队 _ 106
　　十二、阿根廷警察防暴部队和国家警察特别行动组 _ 106
　　十三、加拿大皇家骑警队及警察特种部队 _ 107
　　十四、澳大利亚警察特工队 _ 109

第五章　国民警卫队 _ 110

　第一节　全球国民警卫队概述 _ 110
　　一、美国式国民警卫队 _ 110
　　二、西班牙式国民警卫队 _ 112
　　三、其他国家国民警卫队 _ 114
　第二节　美国式国民警卫队 _ 115
　　一、美国国民警卫队 _ 115
　　二、法国国民警卫队 _ 125
　　三、瑞典国民警卫队 _ 126
　　四、挪威国民警卫队 _ 127
　　五、格鲁吉亚国民警卫队 _ 128
　　六、爱沙尼亚志愿防卫联盟 _ 128
　　七、泰国猎勇部队 _ 129
　第三节　西班牙式国民警卫队 _ 129
　　一、西班牙国民警卫队 _ 129
　　二、葡萄牙国民警卫队（也称国家共和卫队） _ 130
　　三、哥斯达黎加国民警卫队 _ 130
　　四、萨尔瓦多国民警卫队 _ 131

五、巴拿马国民警卫队 _ 131

　　六、秘鲁国民警卫队 _ 131

第四节　其他类型国民警卫队 _ 132

　　一、俄罗斯国民警卫队 _ 132

　　二、乌克兰国民警卫队 _ 134

　　三、沙特阿拉伯国民警卫队 _ 134

第六章　海岸警卫队 _ 136

第一节　全球海岸警卫队概述 _ 136

第二节　美国海岸警卫队 _ 141

　　一、历史沿革 _ 142

　　二、组织性质 _ 143

　　三、职责任务 _ 145

　　四、人员装备 _ 146

第三节　日本海上保安厅 _ 146

　　一、历史沿革 _ 146

　　二、机构性质 _ 149

　　三、职责任务 _ 149

　　四、组织结构及人员 _ 151

　　五、船艇装备 _ 152

　　附1：2001年日本海上保安厅巡视船击沉"可疑船只" _ 153

　　附2：2004年6月海上保安厅巡逻机监视我海洋调查船 _ 154

　　附3：2008年日本海上保安厅舰船阻挠台湾保钓船登岛 _ 154

第四节　菲律宾、越南、俄罗斯等国海岸警卫队 _ 155

　　一、菲律宾海岸警卫队 _ 156

　　二、韩国海洋警备安全本部 _ 157

　　三、马来西亚海上警察 _ 158

　　四、新加坡警察海岸警卫队 _ 159

　　五、印度海岸警卫队 _ 159

六、印度尼西亚海岸警卫队 _ 163

　　七、越南海上警察部队 _ 163

　　八、冰岛海岸警卫队 _ 165

　　九、俄罗斯联邦边防军海岸警卫队 _ 166

　　十、希腊海岸警卫队 _ 167

　　十一、英国女王海岸警卫队 _ 167

　　十二、加拿大海岸警卫队 _ 168

第七章　边境警卫队 _ 171

　第一节　全球边境警卫队概述 _ 171

　第二节　俄罗斯边防部队 _ 173

　　一、历史传统 _ 173

　　二、任务使命 _ 176

　　三、组织编制 _ 177

　第三节　越南、印度、德国等国边境警卫队 _ 179

　　一、蒙古边防部队 _ 179

　　二、越南边防部队 _ 180

　　三、印度边境安全部队 _ 180

　　四、泰国边境巡逻控暴队 _ 182

　　五、以色列边防警察 _ 182

　　六、德国联邦警察边境警卫队 _ 184

　　七、芬兰边境警卫队 _ 185

　　附：拟议中的美国边境警卫队 _ 185

第八章　总统警卫队和共和国警卫队 _ 191

　第一节　各国王室、总统警卫队 _ 191

　　一、巴勒斯坦总统安全卫队 _ 192

　　二、日本保安特警队 _ 193

三、以色列重要任务保卫处 _ 193

　　四、印度特别卫队 _ 194

　　五、越南公安部警卫部队 _ 194

　　六、埃及总统卫队 _ 195

　　七、俄罗斯联邦警卫局和总统警卫团 _ 195

　　八、法国总统安全卫队 _ 197

　　九、西班牙皇家卫队 _ 197

　　十、意大利总统卫队 _ 198

　　十一、英国皇家卫队 _ 198

　　十二、美国财政部特工局总统警卫队 _ 199

　　十三、罗马教皇警卫队 _ 200

　第二节　共和国警卫队 _ 201

第九章　民防、消防和灾难响应部队 _ 204

　第一节　民防部队 _ 205

　　一、民防事业的发展 _ 205

　　二、民防部队的发展变化 _ 207

　　三、各国民防部队概况 _ 208

　第二节　消防部队 _ 214

　第三节　灾难响应部队 _ 218

第十章　准军事力量中的特种部队 _ 222

　第一节　全球特种准军事部队概述 _ 222

　第二节　闻名遐迩的特种部队 _ 224

　　一、德国第9边境警卫队 _ 225

　　二、法国国家宪兵和国家警察所属特种部队 _ 228

　　三、意大利"皮头套"突击队 _ 232

　　四、奥地利宪兵"眼镜蛇"特种部队 _ 233

五、比利时安特卫普警察特别干预队 _ 234

六、葡萄牙特种警察部队 _ 235

七、俄罗斯"阿尔法"、"信号旗"和"栗色贝雷帽"部队 _ 237

八、荷兰反恐怖别动队 _ 242

九、西班牙国家警察人质营救小组 _ 243

十、捷克国家警察快速反应行动队 _ 244

十一、日本特种武装警察和警察特种突袭部队 _ 245

十二、印度国家安全卫队——"黑猫"突击队 _ 246

十三、阿根廷宪兵特别行动组——"黑色终结者" _ 250

全球准军事力量简表 _ 252

参考文献 _ 266

第一章 / 总论

第一节 准军事力量界定

"准军事力量"的概念有广义和狭义之分。广义的概念用于认识和区分军事力量与准军事力量两个事物；狭义的概念则用于认识和区分军事力量、准军事力量、后备力量、民事警察力量以及反政府、非政府武装力量等多个事物。

一、广义的准军事力量

美国国防部将"准军事力量"（Paramilitary Forces）定义为：任何国家的有别于正规武装部队的，但在编制、装备、训练或任务方面与正规武装部队相似的部队或团体。[①] 这是一个宽泛的定义，符合受众对准军事力量的字面理解，因而被普遍接受。

根据这一定义，许多社会组织都可以被视为准军事力量，大致可分为五类：

第一类，预备役部队。中国早在周朝时已有预备役性质的制度。据《周礼·地官·小司徒》载："凡起徒役，毋过家一人，以其余为羡。"清朝光绪三十年建立新军制，将兵役分为常备兵、续备兵、后备兵三种。

---

① 程勇等编：《新编美国军事术语词典》，国防工业出版社，2008年版，第3页。

在国外，法国于1794年取得反对外国武装入侵胜利之后，深刻认识到充足的后备兵员的重要性，从而对现役和预备役作了明确区分，建立了预备役制度，规定应征入伍的公民须服兵役3—7年，然后转入预备役；普鲁士1813年将军队分为常备军和后备军，在常备军服役期满后转入后备军；奥地利根据1866年12月28日通过的《普遍征兵法》，也建立了后备军制度。第一次世界大战前，欧洲各国普遍建立预备役制度，储存了相当数量的后备兵员。大战爆发后，奥地利从后备军派出4个师参加战争；德国从后备军派出29个师参加战争。第二次世界大战后，军事强国均实行常备军和后备力量相结合的制度。苏联不断扩大预备役规模，到20世纪80年代末达到2500万人之多。美国将联邦后备队作为战时扩充现役部队的首要来源。联邦后备队主要由退伍军人组成，直接归各军种管辖，组织健全，装备齐整，训练正规，与现役部队混编，一同参加各种形式的演习，一经动员，能很快投入作战。德国的预备役分为常备预备役、紧急应征预备役和候补预备役三类，20世纪80年代末共有后备役人员220万人，战时能保证德军在1个月内扩充到400万人。以色列的预备役是国防军中重要的部分，全国划分14个征兵区和动员区，每区编1—2个成建制的预备役旅，各旅编入所在军区的战斗序列，在第四次中东战争中，48小时内便动员了近30万后备兵员，使以军总兵力从11万余人增加到40万余人。

目前全球预备役部队的总规模约等于现役部队。其中，拥有50万以上预备役部队的国家和地区有：巴基斯坦现役62万，预备役51.3万；朝鲜现役110.6万，预备役470万；韩国现役68.8万，预备役450万；印度现役132.5万，预备役53.5万；越南现役48.4万，预备役300—400万；台湾地区现役38万，预备役165.7万。各国预备役部队规模与人口有关，更与该国面临的战争形势有关。自20世纪80年代达到规模高峰后，随着全球大规模战争威胁的降低，全球预备役部队规模逐步缩小。

第二类，民兵。我国北朝时期已使用"民兵"一词，北宋时民兵（亦称乡兵）成为国家武装力量的组成部分。在世界其他国家，英国是较早以"民兵"为名组织群众武装的国家之一。16—18世纪，英国武装力量基本上采用民兵制。1588年，英国民兵是抵抗西班牙入侵的主要武装力量。美国民兵在1775—1783年独立战争中发挥了很大作用。法国1789—1794年大革命时期，资产阶级为推翻波旁王朝的统治，在城市、农村分别组织了工人自卫军和农民自卫军，统称国民自卫军。1792年，美国国会通过《民兵法》，把民兵制列为国家的军事制度。1903年，美国以国民警卫队取代民兵。

目前全世界以"民兵"为名称的准军事组织有：阿塞拜疆民兵1万人、缅甸民兵3.5万人、叙利亚工人民兵（人民军）约10万人、阿尔及利亚民兵自卫队6万人、布基纳法索民兵4.5万人、布隆迪地区自卫民兵约3万人、科特迪瓦民兵0.15万人、马里民兵0.3万人、几内亚民兵0.7万人、乌干达地方民兵分队约1万人、白俄罗斯民兵8.7万人、哥伦比亚乡村民兵0.8万人、古巴地方民兵100万人、圭亚那民兵约1.5万人、墨西哥民防民兵1.5万人等。其他虽然不称"民兵"却属于民兵的军事组织还有：朝鲜工农自卫队，约350万，以省/镇/村为单位，按旅—营—连—排编组，装备轻武器和少量迫击炮、高射机枪；韩国民防部队350万，与朝鲜对等；老挝自卫队10万人，是以村为单位组织的地方防卫力量，包括"家园守卫队"和地方民兵；越南地方部队400—500万，编有省、市、县军事指挥部，每个省、市军事指挥部下辖独立团若干，每个县军事指挥部下辖独立营若干，部分装备火炮、迫击炮和防空武器；马来西亚人民志愿武装部队约1.75万人；泰国国土安全志愿队约4.5万人，1954年成立，为脱产的民兵组织；菲律宾国民防卫军4万人，编有50多个营；印度各邦1962年成立家乡卫队，现有人数45万，隶属内务部民防和家乡卫队总部；阿曼地方卫队0.4万人；也门部落征集队2万人以上；伊朗人民动员军约30万人，多为青年志愿者，战时可动员至100万；约旦人民军3.5万人；阿尔及利亚国民防卫组织，包括民兵组织，约15万人；卢旺达地方自卫武装约0.2万人；苏丹全民防御组织1.75万人；立陶宛武装联盟0.96万人；秘鲁农民自卫军"隆德斯"分队约2000个，装备轻武器。

第三类，非政府武装。即不属于国家机器的、非政府社会组织拥有的初级武装。中国古代的团练、民团在开办初期是非政府武装,实力强大后被政府收编,转为政府武装。英国19世纪中叶以前曾向私人船东颁发私掠特许证,东印度公司这个巨大的商业组织拥有非常强大的私人陆军和海军。20世纪60年代末至90年代的北爱尔兰问题,既涉及北爱尔兰共和派反政府武装,也涉及保皇派的非政府武装组织,包括厄尔斯特志愿军、厄尔斯特防卫协会,双方酿成冲突、游击战或低烈度冲突,甚至是一场内战。俄国历史上的叶尔马克民兵团就是私人军队,斯特罗加诺夫家族雇佣其为自己执行经济任务,最后帮助俄国吞并了西伯利亚。俄罗斯历史上最强大的非国家军事组织是哥萨克人,他们在两个多世纪里被有效地用于保卫俄罗斯帝国的利益。在现代术语中,它是"发达的私人军事公司系统"的意思。近几年,俄罗斯私人军事公司重新崛起,目的是在国外为所属经济集团或政府执行特殊任务。由于国际法对使用正规军的限制越来越多,而私人军事公司表面上与军队和其他强力机构的活动无关,如果政府不想介入一些特殊行动,可以将这些事情委托给私人军事公司去办。巴勒斯坦的"坦其姆组织"约有1—4万人,是法塔赫下属的准军事武装,表面上与巴勒斯坦政府无干。哈马斯武装是巴勒斯坦的非主流武装,在性质上也属于非政府武装。至于黎巴嫩真主党,初期可视作非政府的教派(什叶派)准军事力量,后来军事实力增长,装备有迫击炮、火箭弹和导弹,有约1000名脱产武装人员,国际社会普遍认其为正规军队。巴西有2668家提供私人保安服务的公司,雇佣保安人员43.16万人,超过了巴西军队和军事警察的在编人数。私人保安公司数量增多源于治安状况不好,但私人保安人员数量如此之多,又进一步加剧了居民的不安全感。一些青年团体和运动也被视作非政府的准军事武装:如英国陆军少年队、海军民主党人、空军训练团和联合少年队;美国童子军;新加坡全国少年团;印度国家少年队等,它们都实行军事编制和军事训练。臭名昭著的希特勒青年运动也是准军事青年组织。

第四类,反政府的非正规武装。既包括武力反抗政府的政治组织,也包括非法从事经济、文化和社会活动,具有武装自保的组织。这些武装组织具有一定的作战能力,但在武器装备、编制、军事技战术能力等方面达不到正规军队的水平。美国南北战争后出现的南方代表白人至上主义的白联盟和红衬衫，曾被民主党视作准军事团体。20世纪60年代末至90年代，北爱尔兰共和派的北爱共和军、爱尔兰国民解放军，也是反政府武装。苏联解体后，俄罗斯也出现过反政府武装，如车臣反政府武装。在第三世界，反政府准军事组织更为普遍，近30年比较活跃的亚洲反政府武装有：巴勒斯坦哈马斯武装卡桑旅（3000—5000人）、菲律宾摩洛伊斯兰解放阵线、斯里兰卡泰米尔猛虎组织和泰米尔伊拉姆反政府武装、乌兹别克库尔德爱国联盟、叙利亚阿拉维派民兵组成的"沙比哈"（阿拉伯语：魔鬼、暴徒）、自由叙利亚军、伊拉克库尔德工人党反政府武装、伊朗和巴基斯坦境内的民兵武装"真主旅"、印度阿萨姆联合解放阵线、印度左派游击队、印尼"自由亚齐运动"的"亚齐国民军"等；美洲有哥伦比亚革命武装力量；非洲有尼日尔河三角洲解放运动、塞拉利昂非政府武装等。进入21世纪，恐怖主义反政府武装成为世界健康机体上的"牛皮癣"，如"基地"组织、"伊斯兰国"等。

第五类，狭义的准军事力量概念所指部分（见下述）。

二、狭义的准军事力量

上述广义的准军事力量是一个类概念，包括了所有与正规军队相似的各种部队和团体。二战以后，随着各国国内安全威胁的多样化和复杂化，上述五类准军事部队和团体有了不同的发展，在政治属性、兵役制度、组织形式、使命任务、装备训练等方面出现明显的类别性差异。对各部分的分别认识和命名，成为国防安全理论研究和国家力量建设实务必须面对的任务，狭义的准军事力量概念由此而生。

与广义准军事力量概念相比，狭义的准军事力量仅指其第五类，而不包括其余四类。可定义为：准军事力量是政府财政支持，有别于正规武装部队，但在编制、装备、训练方面与正规武装部队相似、由服兵役人员组成的常备部队，如各国的宪兵、国民警卫队、海岸警卫队、内卫部队、安全部队、警察部队、边境警卫队、民防部队、灾难响应部队、经济建设部队等。准军事力量的组织形态主要是成建制的准军事部队，是具有严格的等级制度的封闭组织，按照严格的从上至下的指挥系统运作。

与广义准军事力量概念相比，狭义的准军事力量外延相对狭窄、内涵限定更多。除了在任务、编制、训练和装备四个方面做了界定，还在组织的政治性质、兵役性质等其他维度作了界定。根据这一定义，民兵、预备役部队、非政府武装和反政府武装不在狭义的准军事力量范畴。其中，民兵和预备役部队是非现役、非常备力量，属于国家军事力量的后备力量，后备力量是与准军事力量相平行的概念；非政府和反政府准军事组织一般不纳入国家力量统计和管理，在政治属性上与国家准军事力量非同类事物。

狭义的准军事力量概念被广泛应用于国际防务比较，在统计分析各国准军事力量规模、构成和使命时，一般使用狭义概念。如英国伦敦国际战略研究所出版的《军事力量对比》，统计准军事力量时以现役部队为主。与此同时，各国行政架构也遵从狭义准军事力量概念，设立专门的准军事机构署理，而将预备役、民兵、非政府武装等另归其他部门署理或监管。

本书此后各章节所使用的准军事力量概念，均为狭义的准军事力量。

第二节 准军事力量的社会角色

在多数国家武装力量构成和安全体系架构中，都有准军事力量的存在。准军事力量承担着不同于其他武装力量和安全机构的特殊使命，扮演着重要的社会角色。

一、多级武力中的一级

1790年，法国战略理论家吉博伯爵将法国治安力量分为4级，第1

级是都会警察，第2级是宪兵，第3级是正规军，第4级是国民兵。每一级治安力量对应一个秩序维持层次，如此可避免国家仅拥有单一治安力量而不能分别应对不同秩序维持任务，同时也可以避免单一治安力量拥有太多权力而构成对政治的威胁。多级治安力量一方面可以保护法律秩序，另一方面还可以在法国军队对外作战时予以辅助。

多级武力思想随后成为世界各国普遍的思想。国家建立的多种力量缘于面对的多样化威胁。初期人类对威胁的认识和区分，没有像现代社会这样细致，应对手段和应对力量也不需要像今天这样多样。人类先后走过了部落集体应对各类威胁、单一依靠军队应对国内外威胁、依靠越分越细的力量应对不同性质威胁三个阶段。社会分工的细化，使多级武力的区分有了技术、装备和人力资源基础。各种武力可以按不同功能和技能要求设计，每一级武力对应一个秩序维持层次，提高专业化水平和应对效力。准军事力量就是其中一级，国内安全问题的上升，使准军事力量深深嵌入多级武力结构中，成为其中必不可少的重要板块。

多级力量按次序排列，按梯次配备。战争到来，先出动军队，再征集后备队；平时治安，先动用警察，后用准军事部队，最后是军队；灾难救援，先出动民事应急队伍，再出动准军事部队，最后动用军队……使用次序使国家各支力量结合成类似三合板、五合板的物体，具有更好的强度和韧性。在这中间，准军事力量是重要的一层，以其特殊性质与其他层有机粘合。准军事力量层的特性是：在强度上比军事力量弱，比其他力量强；有比其他力量更大的适用性。

二、辅助型、补充型、顶替型力量

准军事力量可以辅助、补充军事力量。战时军队需要补充兵员和部队，无论在防守地区还是占领地区，都需要守备、绥靖，准军事力量可担此任。如二战期间，苏联内卫部队参加了莫斯科、列宁格勒、布列斯特要塞、基辅、敖德萨、沃罗涅日、斯大林格勒等战斗。在斯大林格勒保卫战中，内务人民委员部第10步兵师遭受了90%的伤亡。整个二战期间，有 10 万名内卫部队官兵牺牲。自 1812 年对英战争起，美国海岸警卫队几乎参与了所有美国参加的战争。准军事力量的作用除了体现在兵员和任务部署，还体现在规避军事力量使用的限制。近几十年来国际法对使用正规军的限制越来越多，使用正规军往往伴随着巨大的、有时是不可接受的政治风险和经济损失。使用准军事部队则可控制使用武力的强度和性质，控制冲突升级的节奏，不致迅速引发大规模战争。海岸警卫队经常在海军不适合出面的场合下执行海疆任务；边境警卫队也能有效地为陆军提供防务能力上的补充，在他们不宜出动的场合履行使命。从国际军控裁军的角度看，一国的军事力量对他国可能构成军事威胁，因而成为国际军控裁军的对象；一国的准军事力量一般来讲不构成对他国的军事威胁，可以在正规军裁撤后填补由此出现的国家安全真空。

在许多国家，准军事力量既是军队的后备力量，也是警察的后备力量，被用于执法或协助警察执法。如美国海岸警卫队是美国五大武装力量中唯一拥有执法权力的队伍，其舰旗相当于美国警察的徽章，是执法权力的象征。俄罗斯法律赋予内卫部队很大的权力，又严格限制内卫部队适用警察的权限，使内卫部队与警察部队严格区分开来。内卫部队担负维护社会治安任务时，被允许采取相应的警察措施，如执行戒严任务期间可以根据相关法律盘查验证，限制人员、车辆通行，对胡作非为的骚乱者、袭击内卫执勤人员的暴徒、严重违抗戒严令的不法分子，持枪械和其他危险物品的流窜人员实施拘留等。现代社会面临的安全威胁复杂多变，当国家面对无法严格区分性质的威胁，很难决定是由军事部门还是执法机构来处理时，准军事部队就能派上用场。欧盟轮值主席国荷兰国防大臣亨克·坎普在欧盟联合宪兵组建时说："我很高兴我们能够在诺德韦克取得这一里程碑式的成就。我相信，这一部队将具有重要的行动能力，将弥补正规军队和普通警察力量之间存在的不足。"

准军事力量还可以辅助、补充民事应急力量。现代社会中因自然灾害、大型工业事故发生的灾难，比人为威胁更为常见。各国政府和民间组织为此成立各种应急救援队伍，准军事力量中的消防、民防部队是其重要组成部分。应急救援需要强力的秩序维护，也是准军事力量可以发挥作用的地方。

除了上述对军事、警察和民事应急力量的弥补性作用，准军事力量还有重要的顶替作用。当一国因为各种原因没有军队、警察和民事警察部队时，就用准军事力量顶替。例如，法国在万人以下城市没有警察，就用宪兵顶替；一些小国没有军队，如马尔代夫只有一支约2000人的国家安全部队，履行军队和警察的职责，总统任安全部队总司令。一些国家不被允许拥有军队，如战后日本，只能组建自卫队，初时是准军事力量性质，但在朝鲜战争后，迅速接近正规军队性质；再如现今伊拉克安全部队，兼有国家正规军的作用。在许多小国，没有社会应急救援系统，准军事力量是国家唯一的应急救援力量。

三、双重属性，泛型社会组织

许多社会组织具有双重性质，如亦工亦农、亦工亦商、产学研合一、政教合一等。双重属性的组织兼有双方面的法律责任和地位，兼有两类组织的功能作用，是社会的桥梁，有利于社会沟通联系，避免壁垒对立。准军事组织也是具有双重属性的社会组织。拿破仑曾说："宪兵是一支独立的组织，是维护社会安全最有效的力量，它对所有国土进行半民事、半军事的监视。"因其半民事性质，国内法律权力比军事力量多；因其半军事性质，保护性权力比民事警察多。双重属性使准军事力量具有更多用途，应用界限没有军事组织和民事组织那么严格。未来准军事组织可能还会被赋予更宽泛的责任，而军事组织和民事组织等单属性组织反而可能受到更多的限定。

双重属性的组织夹在两个单一属性组织之间，具有双向逐利性，包括政治权力和经济利益。与左右方相比，其运行成本通常较低，否则会被取代。国家养准军事力量，比养同样规模的军队或警察要省钱。因为与军队相比，准军事力量的武器装备要低廉得多；与警察相比，服兵役的准军事部队人员费用也要低廉许多。准军事力量用途广而费用低，效费比高，这是许多国家近半个世纪以来广泛发展准军事力量的一个重要原因。

四、政治平衡作用

在军队和警察势力可以介入政治的国家，准军事力量是一种政治平衡力量。从政治学角度看，限制和分割公权力和武装力量权力，避免任何一支力量对政治的过度支配，是一些国家将准军事力量从军队和警察中分离出来的重要动机。准军事力量的平衡作用还表现在，既可以防止和隔断军队介入警事权力，消除以军代警的威胁，又可以避免警察力量掌握过多武装，坚持现代警察之父罗伯特·比尔在警察机构设立之初就确定的"警察平民化"的立警原则。军、宪、警分立，相互钳制，是一个政治平衡的治国选择。2015年8月22日，埃及警察上街游行要求发奖金，遭中央安全部队强行驱散。此例也是宪警制衡的表现。

五、政治和社会风险源

养兵可能遗患，包括养准军事力量。准军事力量在一定条件下具有对国家政治和社会秩序的破坏作用，成为政治和社会风险源头。准军事力量的归属，可能成为政治角逐导火线和火药桶。如2007年乌克兰总统尤先科签署命令，欲将受内务部管辖、服从内务部长的内卫部队置于自己直接指挥之下，目的是"遏制对国家利益构成威胁的状况和可能出现的潜在威胁，阻止出于某一政治党派利益需要动用乌克兰内卫部队的行为"。这个要求遭到了内务部长拒绝，总统和总理两派人马的公开冲突加剧了乌克兰政局的恶化。此外，一旦准军事力量过大，会造成军队的反弹，两者争夺利益和势力范围，成为现代国家一个政治风险源。

准军事力量还存在发生兵祸、危及社会安全的危险。一些国家的准军事力量处于较低社会地位，士兵会因为待遇而兵变，殃及民众。如1986年，因有人谣传安全部队服役期将从3年延长至4年，埃及中央安全部队发生兵变。4天后，被军方镇压，兵变导致8000名安全部队士兵失踪，2万名被开除。2003年孟加拉步枪队发生兵变，在总部院内绑架了当天与会的所有军官。暴动士兵高呼提高薪金、增加伙食配给、更新装备、有机会参加执行联合国维和部队任务等口号，一些士兵冲出院外占据附近一座购物商城，并扬言如果派军队镇压，他们将破坏附近繁华地带。后来政府赦免发动叛乱的步枪队成员，步枪队才放下武器。

第三节 准军事力量的历史发展

在世界古代军事史中，有许多关于类似今日准军事武装的记载，如中国西周时司隶辖"五隶"之兵，即罪隶和被征服的蛮隶、闽隶、夷隶、貉隶，约数百人，"帅其民而搏盗贼"、"囚执人之事"。战国以降，历朝县尉所辖武装担负维护本地治安、缉盗安民的职责。在国外，古罗马帝国分别设有禁卫军、城市军团、消防部队、秘密警察等组织，负责管理社会治安。12世纪，拜占庭陆军分为战斗性质部队和行政性质部队……

1791年问世的法国宪兵，具备了现代意义准军事力量的基本形态。此后200余年，全球准军事力量随着世界风云的变幻和各国政治架构的变化，不断演化发展，呈现出三个不同的发展阶段，表现为两个相互依存的历史过程。

一、现代准军事力量发展的三个阶段

（一）宪兵时代

这一时代以法国宪兵建立为起点，直至20世纪初。法英在全球实行殖民统治，使得它们的宪兵制度广泛传播。这一制度的基本思想是划拨军队部分兵力介入社会治安，由此形成准军事力量。此后不久英国警察制度诞生并波及全球，形成现代国家军、宪、警三分格局。这一时期的

重要事件如下：

14 世纪时，法兰克国王成立骑警队，法文原意是"穿马靴的骑兵队"，用于维持军纪和保护民众安全。这是现代宪兵制度的滥觞。1760 年，英国军队成立法式骑警队。1790 年 8 月 4 日，美国财政部设立海上缉私船队。这支小小的武装船队是美国在建国之初拥有的唯一海上力量，是后来海岸警卫队的前身，也标志世界海上准军事力量的问世。

1791 年，法国政府以宪兵取代骑警队，宪兵制度正式登上历史舞台。此名称和制度至今被许多国家沿用。

19 世纪初拿破仑征服欧洲，宪兵制度几乎随法国大军的脚步踏遍整个欧洲：1798 年比利时、1800 年意大利、1807 年波兰，随后西班牙、德国、奥地利、土耳其、瑞士等国纷纷建立法国式宪兵。随着欧陆殖民帝国向欧洲以外的地区扩展，美洲、亚洲、非洲和大洋洲的各殖民属地与保护国，都由宗主国派驻的军队带进了宪兵制度。

1811 年 3 月 27 日，俄罗斯帝国皇帝亚历山大一世颁布法令，建立俄罗斯内卫部队。

1829 年英国苏格兰场成立，1840 年巴黎都会警察成立，1844 年德国柏林与美国纽约警察局成立，标识西方警察制度开始运作。由于警察制度分割了以前属于宪兵的部分治安工作，对准军事力量的发展转变产生深刻影响。

1867 年明治维新后，日本引进法国宪兵制度与警察制度，是亚洲国家的先行者。

19 世纪中期，印度建立阿萨姆步枪队。它是印度最古老的准军事部队，1917 年获得英印殖民当局认可。第一次世界大战期间被当作是英国在欧洲与中东地区部署的印度部队宪兵，对印度军队实行军纪纠察，在印度平定北方的叛乱中发挥重要作用。

（二）各种卫队时代

这一时期以美国国民警卫队为起点，直至 20 世纪七八十年代。两次世界大战和美苏冷战，使这一时期成为人类历史上军事力量空前膨胀的时期，同时也刺激了准军事力量的发展，各种用于守备和地方自卫的卫队在世界各国出现，都带有明显的战争后备队色彩。这一时期也是列强重新瓜分世界、新兴国家挣脱英法殖民统治、社会主义阵营崛起的时期，宪兵制度在一些国家被摒弃，代之以多元化的准军事组织。这一时期的重要事件如下：

1903年美国国会通过《民兵法案》，将各州的民兵组织组合成今日的国民警卫队体系。由联邦政府负责办理国民警卫队事务，如联邦拨款、供给枪械及装备、建立与陆军紧密联系等。这标志着美国和全球民兵制度进入新的历史阶段。

1905年中国清朝政府成立警察部队，1906年在天津大沽口设立宪兵学堂，聘日本川岛浪速少佐为教习。

1915年美国海岸警卫队建立。此后100年，约50个国家相继组建海岸警卫队。

第一次世界大战期间，美国远征军将从前仿照英国的宪兵警卫部队更名为"军事警察"，职责任务也有所变化，只保留军纪维护和军队财物、场地、设施保护责任。此后很多国家陆续仿照美国，摒弃"宪兵"称谓而采用"军事警察"的称谓和制度。这是宪兵制度的第一次分化。

1923年中华民国成立宪兵部队，1932年元月16日中国国民政府在首都南京设立宪兵司令部，仿照日本地区宪兵队制度，在全国各地设立宪兵队。

1932年10月，苏联成立第一支民防部队，用于地方防空。到20世纪60年代建立起完善的民防系统。

第二次世界大战后，德日宪兵解散。社会主义阵营建立后，阵营内所有国家都摒弃宪兵制度。宪兵制度在全世界萎缩，仅留存在法国和原法国殖民地。

1946年瑞典成立国民警卫队，担负守卫本土、应对自然灾害等任务，在日常侦察巡逻、反恐处突、抢险救灾中发挥重要作用。

1948年4月，日本政府颁布实施《海上保安厅法》，同年5月1日海上保安厅正式成立，隶属于内阁交通运输省，模仿美国海岸警卫队，专门履行海上治安管理、海难营救的职责。

1949年10月中华人民共和国建立后，组建统一的军队，即人民解放军和人民公安部队。

1951年，西德建立联邦边防警察部队，任务是边境巡逻以及对付东德的渗透者。

（三）警察部队与安全部队时代

这一时期以英国建立警察机动部队为起点，直至今日。战后年代，大规模战争威胁远去，恐怖主义、街头政治、政府轮替、民族和宗教矛盾、自然和工业灾害等困扰各国政府，各国纷纷建立由警方和内务部掌控的警察部队、安全部队，包括特种警察或安全部队，分担政府越来越复杂的安全责任。这一时期宪兵制度在全世界进一步萎缩；由于战争远去，各国各种卫队规模也大幅减少，性质也由此前的战争后备队向治安执法后备队转变。民防部队由战时民防向平时救灾转变，也是这一时期的重要变化。这一时期的重要事件如下：

1965年，伦敦组建特别巡逻队，这也是世界范围警察发展的里程碑事件，是全球警方建立准军事部队的滥觞。随后，在20世纪七八十年代，英国内务部制定了一项应付大规模突发事件的计划，在每个地方警察局都组建了一支快速反应力量，即"警务支持分队"。以伦敦警察总局为例，所辖8个区都组建了警务支持分队，每个分队118人，由一名警司指挥。

1973年，西德警察边境警卫队改编为内务部安全部队。当时国内恐怖组织猖獗且装备精良，如赤军旅，促使联邦警察边境警卫队任务发生改变，增加了在内地城市打击恐怖活动的任务，被部署到德国各主要城市。1977年10月13日，汉莎航空公司波音737第LH181次航班从地中海巴雷阿里克岛的帕尔玛飞往德国，途中被4名恐怖分子劫持。机上82名乘客和5名机组人员成了人质。安全部队第9反恐大队61名队员在夜幕掩护下成功冲入飞机，恐怖分子束手就擒。由此揭开了政府动用准军事特种部队反劫机和解救人质的历史帷幕，此后多国相继成立类似的特种部队。

1982年6月19日，中国人民解放军担负内卫执勤任务的部队，同服义务兵役制的武装、边防、消防警察统一组建为"中国人民武装警察部队"。作为国家武装力量的组成部分，受中共中央、国务院、中央军委统一领导。

1982年，新加坡制定全国民防计划，成立民防部队，并确定其为新加坡警察的重要组成部分，是执行国家紧急预案的先头部队。1986年施行《民防法》，将民防部队从警察部队中独立出来，成为内务部下属的7个直属部门之一。

20世纪80年代后期，切尔诺贝利核电站爆炸事故和亚美尼亚地震的严重后果促使民防的作用发生改变，工作重心从核大战准备转移到自然灾害和人为事故的抢险救灾。苏联解体后，有效抗击自然灾害和人为灾害，成为俄罗斯民防的主要任务。俄罗斯民防部队在遏制影响境内外人民生命财产的紧急情况方面起到重要作用。

1993年巴勒斯坦和以色列达成《奥斯陆协议》，巴方可以拥有一支用于保障约旦河西岸和加沙地带巴勒斯坦人的社会秩序和内部安全的部队。由此，安全部队作为一种重要的准军事部队样式，其重要性越来越受到世界关注。

苏联解体后，俄罗斯联邦保留了内卫部队，归内务部指挥和管理。内卫部队随后参与了1990年杜尚别地区严重骚乱的平叛和1994年、1999年发生的两次车臣战争。这是全球准军事力量在保卫政权和社会秩序中作用更为突出的一个标志。

1999年，比利时国家宪兵部队并入国家警察队伍，标识着全球宪兵制度的又一次分化。在一部分转为军事警察后，一部分脱离军队，转为国家警察。

美国在遭受"9·11"恐怖袭击后，国内安全制度作出重大调整。其中包括修改国民警卫队动员政策，缩短每轮戍卫时日，加快任务轮替，延长服役时间，保证能够随时应对国内的突发灾难性事件。这是国民警卫队常备化，由国家后备力量转向国家准军事力量的重要一步。

2003年3月，美国海岸警卫队转隶国土安全部。它标志着国内安全问题迫使各国开始整合准军事力量。

2003年6月，伊拉克战争主要战事结束后，伊拉克着手组建警察部队，用于维持地方治安。由于这支力量过于薄弱和警察部队的局限，难以改善伊拉克安全局势，后又成立安全部队，任务扩展至镇压武装抵抗分子，提高战术水平和武器装备水平，力图改变安全局势。

2013年7月，中国重新组建国家海洋局，由国土资源部管理。主要职责是拟订海洋发展规划，实施海上维权执法，监督管理海域使用、海洋环境保护等。国家海洋局以中国海警局名义开展海上维权执法，同时接受公安部业务指导。中国海警局官方英文名为 China Coast Guard（中国海岸警卫队）。

2016年，俄罗斯在内卫部队基础上组建国民警卫队。

2016年，在巴黎、尼斯系列恐怖袭击案件后，法国组建国民警卫队。

二、不断趋同又不断分化的两个过程

在过去的二百多年里，政治、经济、军事、警察等制度的趋同，包括准军事制度的传播和模仿，成为世界历史进程的重要景观，大部分国家被裹进这一潮流。上述三个历史阶段即按三次明显的趋同过程划分，即宪兵制度的普及、各种警卫队的普遍建立和今天全球范围安全部队、警察部队的方兴未艾。大国输出制度、小国引进制度造成了准军事制度的趋同。输出国是当时统治世界或控制一个地域的大国强国，如殖民国家西班牙、法国、英国，二战后领导北约组织的美国和领导华约组织的苏联等；输入制度的是殖民地、从属国、盟国或者战败国。

在趋同的同时，也存在分化的历史过程。重要的有：

1. 二战后西方国家准军事制度出现分化，出现法国式大陆体系和英国岛国体系的分野。法式体系既有治安性、又有国防性准军事力量，国内治安倚重准军事力量，偏好使用具有军人身份的宪兵，而不以警察来完全取代宪兵的功能，其关键在于宪兵组织无论平时还是战时皆能够以严格的军纪来贯彻政府的法令。英式体系仅有国防性准军事力量，没有或很少治安性准军事力量，国内治安主要依靠警察，警察制度比较完善。

2. 20世纪冷战时期，东西方阵营对垒，带来制度的差别。社会主义阵营各国既不同于法国，也不同于英法，采用以军队的一部分兵力用于社会治安的模式。

3. 20世纪民族独立过程，产生一些独立的制度，如南亚、东南亚许多国家的独立，带来一些民族性的武装，如步枪队、廓尔喀卫队等，在性质上很难划入西方国家或社会主义阵营国家的准军事力量分类。

4. 一些国家在输入一种准军事制度时，往往会根据国情作一些更改。有些改动较大，造成全球范围内出现不少准军事组织同名不同质或异名而同质的现象。如美国国民警卫队、西班牙国民警卫队和俄罗斯国民警卫队同名不同质，而西班牙国民警卫队、法国宪兵则异名而同质。还有不少警察部队实质是安全部队，不具警察权力，也属于异名而同质。

上述历史过程的作用，使得今日的准军事制度与军事制度相比，差异性更大。全世界的军队都由海陆空军、步炮兵、师团营组成，而准军事力量的种类和组合则在各个国家呈现五花八门的景观。今后，随着世界一体化进程，世界各国会面临相同的安全威胁，进一步趋同可能成为更为强劲的主流，与此同时，差异性还会长期存在。

第四节　今日全球准军事力量概貌

一、全球准军事力量规模

准军事力量与军队、警察一样，都是现代社会的大型组织，概略统计，全球准军事力量总规模达700余万人，与全球人口比约为1∶860，与全球军事力量比约为1∶2.3，与全球警察力量之比约为1∶3。就各大洲情况来看，亚洲约400万，欧洲约150万，美洲约120万，非洲约50

万。就国别情况来看，百万人口以下的国家，准军事力量一般占总人口的1%左右；千万人口以上的国家，准军事力量一般占总人口1‰—3‰左右。有的国家准军事力量超过人口4‰，如埃及、意大利、斯里兰卡等，也有的国家低于1‰，如加拿大、澳大利亚、芬兰、荷兰、捷克等。准军事力量总员额在10万人以上的，有巴基斯坦、印度、朝鲜、越南、印尼、土耳其、叙利亚、伊拉克、埃及、伊朗、阿尔及利亚、俄罗斯、白俄罗斯、乌克兰、意大利、美国、巴西、哥伦比亚等。

准军事力量规模与人口有关，一方面，人口多少决定能够提供多少兵源；另一方面，人口越多，政府和准军事力量任务量越大，规模也被迫扩大。准军事力量规模与军事力量规模亦关系密切，呈现此消彼长的态势。当战争或冷战来临、军事力量扩张时，准军事力量规模缩小或占比缩小；而战争或冷战过去，国内安全问题上升，准军事力量规模则会逐步扩大。冷战结束已经20余年，未来20余年如全球仍无大规模战争或冷战，准军事力量对军事力量规模的比例还会上升。准军事力量规模与警察力量规模也存在比例关系，通常来讲，两者之和是恒定的，经济富裕、法制程度较高、国内各种矛盾冲突较少的国家民事警察力量占比高，其他国家则准军事力量占比高。

二、全球准军事力量类型

军队划分为不同军种，如陆海空军，划分标准是不同的军事行动空间和军事任务。准军事力量则划分为不同队种，划分的标准既有行动空间和任务区分，还有部队的行政隶属。有的准军事部队承担内陆治安任务，有的承担边境、海岸执法任务，有的执行救灾消防任务；有的隶属内务部，有的隶属国防部，有的隶属地方政府等，从而形成不同的准军事力量的类型。

各国准军事力量的部队种类五花八门，名目繁多，如宪兵、安全部队、内卫部队、警察部队、安全警察、民防军、民防组织、国民警卫队、海岸警卫队、边境警卫队、总统卫队、政府卫队、警察勤务部队、警察作战部队、国家警察、防暴警察、武装警察部队、武装联盟、特种警察部队、公共安全警察、共和国卫队、特种机动部队、军队辅助队、海上边防部队、国民海上力量、民防警备队等等。这些部队各有各的任务，即便相同名称的部队，也会因各国国情不同而有差异，呈现出全球准军事力量构成的多样性。尽管各国准军事力量构成差别很大，但从统计学的角度，还是能够发现一些常见部队种类。这些队种至少在几十个国家编设，并都承担着基本相同的重要的政治社会责任。以下几种可视作为全球性准军事部队：

宪兵。现代国家最早的准军事力量。初期由军队组建，用于维持军队纪律和城市以外地区的社会治安，其作用介于军队作战和城市警察执法之间，由此形成现代国家制度军、宪、警的三分局面。宪兵制度流变至今，已分为三股支流：一是传统的法国式宪兵，肩负维持军纪和社会治安，隶属国防部；二是英美式军事警察，仅负责维持军纪，也隶属国防部；三是比利时、奥地利等国的安全部队式的宪兵，仅负责社会治安，隶属内务部。全球目前仍以国家宪兵命名的准军事部队还有近40支，分布在西亚、西欧、非洲和拉丁美洲。法国国家宪兵是各国宪兵的先驱和翘楚。

国民警卫队。其历史仅次于宪兵，是一些国家为辅助或顶替正规军队而组建的民众性武装，具有与民兵组织相同的性质，但在编组、训练和应征等方面比一般民兵队伍的组织性和制度化程度更高，是民兵制度的升级版。全世界约有40多个国家组建了国民警卫队或近似的部队，主要分布在西亚、中亚、中非和北美。其中具代表性的是美国国民警卫队，是其他类似部队的效仿对象。

海岸警卫队。维护海洋权益和安全的准军事机构。自1915年美国海岸警卫队建立以来，100年间已有50余个国家相继组建了海岸警卫队，或近似的部队，如海岸警察卫队、海事警察等。近20年以来，全球海岸警卫队数量、人数和船艇数继续增长，快于海军规模增长。在国际海洋权益争端中经常可以看到相关方海岸警卫队的身影。海岸线较长的60余个国家都设有海岸警卫队，美国海岸警卫队、日本海上保安厅是其中规模最大的两支。

边境警卫队。用于协助正规军队武装保卫边境地区，平时处置各种跨国界犯罪活动，如非法移民、走私、贩毒、贩枪等，打击边境地区民族分裂主义活动、非法武装组织和恐怖组织活动，监控和管理越界生产作业引起的涉外事件等。近40个边界线较长、关隘较多的国家组建了专门的边防警卫队，或近似的部队如边防军、边防部队、边防警察等。俄罗斯联邦边境部队、德国联邦警察边境警卫队是其中组织严密、效率较高的队伍。

警察部队。警察部队的组建是世界警察制度发展到一定阶段的产物。随着城市的扩大和治安情况的复杂，原有的普通警察越来越不能满足治安需要。一些国家的警方为了对付暴力犯罪集团和大规模失控民众，纷纷组建各种警察部队，如警察防暴部队、机动警察部队、警察作战部队等。这些建制化的警察单位在装备、编制、训练等方面更接近军队，成为各国准军事力量中的主要组成部分。建制化的警察部队在全球都有分布，约70个国家建立了警察部队。美、英、法警察部队是这一制度的滥觞。

内卫、安全部队。用于国内重要机构、设施的守备，也用于支援警察部队维护社会治安，隶属内务、安全、公安等类似政府部门。全世界约有40多个国家建立了安全部队，是近半个世纪以来各类准军事部队中发展最快、规模膨胀最大的，主要分布在中亚、东欧等地。俄罗斯内卫部队、印度国家步枪队和阿萨姆步枪队等，是此类部队中的典型。

总统卫队和共和国卫队。用于保卫国家元首和政府机构。总统卫队通常是总统的近卫部队，共和国卫队的任务则更广泛，可能包括政府机构、首都保卫等。其用途主要不是为了对抗外国武装，而是对抗国内不同政治和军事势力，甚至是为了与正规军队抗衡，避免军队控制政府和国家政治。在过去半个世纪里，随着各国国内政局的变化，共和国卫队这种武装在性质和用途上也逐渐出现分化，一些国家的共和国卫队依旧，而另一些则越来越具有正规军队性质，再难以视作普通的准军事力量，如伊拉克、叙利亚、伊朗、也门、刚果（金）等国的共和国卫队。

民防、消防和救灾部队。在大多数国家，民防、消防是民事组织，而在另一些国家，民防、消防和救灾实行准军事化。在这些国家，准军事化的民防、消防和救灾部队是政府为动员和组织群众，采取防空袭、抗灾救灾措施，实施救援行动，防范和减轻灾害危害而组建的专业部队，旨在保护居民不受危害，克服灾害造成的直接影响，提供民众生存所需条件。民防部队、救灾部队和消防部队有各自不同的任务，民防部队用于战时对民众的防护，救灾部队用于灾难救护，消防部队用于防火救火。约有十余个国家组建了民防、消防或救灾部队。俄罗斯民防部队无论在规模和正规化程度等方面都是其中的强者。

除以上几种全球性准军事部队外，还有一些准军事部队类型在几个、十几个国家出现。这些准军事部队，对国家的安全局势，甚至对世界安全局势也发挥着一定的作用。这些准军事力量类型所体现的特色，对于多角度、系统化和具体化认识全球各国准军事力量，推测准军事力量的全球发展趋势，具有重要的认识价值。其中：

经济建设部队。一些国家的基础建设，如铁道、港口等，由准军事化的组织实施，建设者服兵役，实行军事化管理，在需要时也可投入军事斗争。如朝鲜人民内务部队负责朝鲜主要建设项目的施工和管理，古巴建筑部队有1500人，保加利亚铁道兵部队有1.8万人等。基础建设准军事化，是这些国家的一种特色，对认识这些国家的经济模式也有参考价值。

空中准军事力量。多数国家由空军负责整个空域安全，少数国家既有空军，也有空中准军事力量，分别负责不同空域的安全。还有的国家没有空军，只有空中准军事力量，靠其维持治安。如阿曼空中警察联队，装备有轻型运输机、运输直升机共10余架；泰国警察航空队500人，装备飞机20架、直升机50余架；乌干达航空警察队800人，装备直升机数架等。

此外，还有些国家保留了部落武装、教派武装等。如也门约有200

个较大部落，组成4个部落联盟，其中地盘横跨北方三省的哈希德部落联盟，拥有10万部落武装；什叶派胡赛武装曾在2015年配合也门军队进攻沙特城市。这些部落、教派武装与政府军的关系随国内政治局势发生变化，有时反政府，有时又归附政府。归附政府时，在政府正规军队编制之外，属于国家准军事力量范畴。

三、准军事力量大国

从各国准军事部队规模、构成、制度、历史和全球影响力等方面考察，相比较而言，印度、俄罗斯准军事力量规模大、部队种类多，而法国、美国的准军事力量则以历史久、对各国准军事制度影响大见长。

印度。有100多万准军事部队。准军事部队种类繁多，部队的归属和任务各不相同。归属国防部系统的有海岸警卫队、国家步枪队、国防保安部队；内务部则掌管中央后备警察部队、边境保安部队、印藏边境警察部队、阿萨姆步枪队、中央工业保安部队、国家安全卫队、国民学兵团、家乡卫队、民防部队；内阁秘书处管理特种边境部队；铁道部掌管铁路保安部队；运输部管理边境筑路部队；各邦还建有各自的武装警察部队，在本邦范围内执行治安任务，经中央政府征调也可前往其他邦执行治安任务。印度的准军事部队大部分部署在边远地区，平时负责国内治安和反叛乱作战、维持法律和秩序，并协助正规军担负边海防任务，战时统一归正规军指挥，配合正规军作战。兵员就地招募。印度人口众多，准军事部队有充足的兵源。由于驻地通常位于边远地区，因此准军事部队执行就地招募的政策。招募来的新兵由于习惯当地恶劣的自然环境，适应能力强，经过训练后很快就能执行任务。准军事部队一般以营为作战单位，由印军的现役高级军官出任总监，各级指挥官一般也由现役军官担任。准军事部队都有完备的指挥、训练、后勤保障体系。装备以轻武器为主，并装备有轻型车辆、摩托车、巡逻艇、直升机等交通工具，以便在战时能快速机动。印度准军事部队装备的轻武器包括9毫米FN-35手枪、9毫米"斯特林"冲锋枪、MP-5冲锋枪、7.62毫米AK

系列冲锋枪、7.62毫米"维克斯"机枪等。

俄罗斯。现役准军事部队约42.3万人，由国民警卫队、民防部队、安全部队、联邦警卫部队、边防部队等组成。俄罗斯国民警卫队隶属内务部，由内卫部队、警察机动部队、快速反应部队等组成。其中内卫部队是主体，由作战兵团和部队、特种摩托化兵团和部队、警卫国家重要目标和专用物资的兵团和部队、航空部队、海上部队、侦察部队、特种部队、行动保障机构等组成，编为七个内卫区，总员额17万人左右。负责维护社会秩序，保卫社会安全和国家体制；保卫国家重要目标；保卫司法机关，执行逮捕任务；在国家遭受外来侵略时保卫国家领土。虽然俄罗斯法律赋予内卫部队很大的权力，但又严格限制内卫部队适用警察的权限，使内卫部队与警察严格区分开来。只有当部队担负维护社会治安的特殊任务时，才被允许采取相应的警察措施。民防部队隶属于俄罗斯紧急情况部，与国家消防局、搜寻和救援局、国家小型船只局组成俄罗斯紧急情况部的四个基础部门。民防部队实行旅、团、营、连编制，编有独立救援旅、机械化团、直升机大队、独立救援营、工程技术营、特护连等。部队区分为中央所属和地方所属两种，总规模约2万人。平时参加事故救援工作，封锁和消除自然与人为紧急情况，撤离遇险居民，为其提供衣食等各种保障；战时执行后方设施恢复和领土防御等任务。俄罗斯联邦安全部队4000人，隶属安全总局，下属的特勤中心编有"阿尔法"和"信号旗"两支特种部队。俄罗斯联邦警卫部队1—3万，辖1个机械化步兵团，1个空降团，1个总统警卫团。俄罗斯边防部队16万人，设7个地区司令部，10支边防部队，按兵种划分为陆上兵团、航空部队和海上警卫队等。装备步兵战车和装甲输送车、火炮、水面作战舰艇、近海巡逻舰艇、支援辅助舰艇、作战飞机和直升飞等。任务是查明、预防和制止陆上边境和沿海边境地区的违法和犯罪事件，捍卫和保护俄联邦国界、内河、领海、专属经济区、大陆架及其自然资源。

法国。准军事力量包括宪兵和警察中的共和国治安部队等。法国是世界各国宪兵制度的输出国，现宪兵总员额约10万人，是仅次于陆军的法国第二大武装力量。在一万人以下的城镇和乡村执法，隶属于国防部，执行军队的条令、条例和规章制度，实行军事化管理，装备有装甲车、飞机和重型武器。在和平时期执行普通警察的任务，战时则执行作战任务。法国历史上的每次对外作战都有宪兵参加，并在战争中充当重要角色。现代法国国家宪兵的职能主要有五项：一是执行行政警察的任务，如交通警察、乡村警察、治安警察、外事警察等，这也是国家宪兵的主要任务；二是履行刑事警察的职能，侦破和处理全国刑事案件；三是担负军事警察的角色，在军队中执法，维护军人的纪律，调查有关军人的犯罪案件；四是维护和恢复社会秩序，处置突发事件；五是边防巡逻，抢险救灾。共和国治安部队，9个团、60个大队，15000人，作为全国治安机动部队，负责重大治安事件处置。此外，各省市公共安全警察机动巡逻队，也具有准军事化性质。2016年组建国民警卫队，约8万人规模，为志愿性治安力量。

美国。海岸警卫队和国民警卫队都有百年以上历史，是全球同类准军事部队的源头。美国国民警卫队创建于1636年，1824年改名为国民警卫队，是美军整体力量的重要组成部分，也是隶属于各州政府的地方部队。主要任务是根据国防部和各州州长的命令，维护国家和当地政府的安全利益，维持社会稳定和参加抢险救灾。战时，联邦政府有权调动国民警卫队部队服现役。陆军国民警卫队现编有10个作战师、22个独立旅（团），共44万人。空军国民警卫队现编有92个中队，飞机1700多架，共11.81万人。美国海岸警卫队1915年组建，目前隶属国土安全部，战时转隶海军部。执行国土保卫、海上治安、海上交通管理、海洋环境与资源保护等任务。装备有大中型船艇230余艘，飞机200余架，小船1800艘。各城市警察中的特种武器与战术分队也属准军事力量。

四、国外最具影响力的几支准军事部队

法国宪兵、美国国民警卫队、美国海岸警卫队、俄罗斯内卫部队、俄罗斯边防部队、日本海上保安厅和印度安全部队，是全球范围历史较久、规模较大、战斗力较强，对国内和世界政局、准军事制度影响较深远的几支部队。

此外，各国准军事部队中，还编有特种反恐部（分）队，其中几支也具有世界性影响，如德国第9边境警卫队、法国国家宪兵干预队"黑衣人"和国家警察"黑豹"突击队、意大利"皮头套"突击队、奥地利宪兵"眼镜蛇"特种部队、比利时安特卫普警察特别干预队、俄罗斯"阿尔法"和"信号旗"特种部队、印度国家安全卫队"黑猫"突击队等。

第二章 / 宪兵

宪兵（Gendarme）是军队的一个兵种，具有半军半民的作用，既用于维护军纪和战地秩序，也用于国内社会秩序维持与法律执行。在今日各种准军事力量中，宪兵历史最久，对全球其他各种准军事力量的形成具有示范作用。

第一节 全球宪兵概述

在许多国家近现代史中，都有关于宪兵制度的篇章，记述了宪兵制度随着本国和世界政治军事变化而呈现的历史变迁。

一、宪兵制度的起源

公元 300 年左右，雅典建立了类似后世的宪兵组织，被认为是宪兵的史前形态。法国则是近代宪兵制度史的起源地。中世纪的法兰克王国刚刚建立，随即与英格兰开始了英法百年战争（1337—1453 年），为确保参战部队内部的秩序，由几个骑兵中士组成一个队伍，专门负责处理违犯军纪的军人和雇佣兵。该队伍法文名初为 le Gendarmerie（有武器的军人），后改为 la Marechaussee（穿马靴的骑警队）。这是法国、欧洲乃至世界宪兵制度的滥觞，传承了古罗马帝国时代高卢人保安民兵组织负责辖区内秩序的传统。1474 年，法王路易十一世在各省指派一名贵族绅士为骑警队队长，有权组织地方法庭处理地方刑事犯罪事件。1501年，全国各地设立专门召募的骑警队，兼掌司法审判与警察职务。16世纪中期开始，骑警队隶属地方司法机关，受其调遣，从事司法警察任务。1670年颁布的刑事法令赋予宪兵执行军事与司法警察任务的身份。1720年5月16日颁布的《关于骑警队隶属关系、纪律规定与公共安全的皇家敕令》，创建了分驻各地的"地区骑警队分队"制度，用于消除乡村地区的不安定因素，保障国内邮件、贸易与讯息往来安全便捷。

德国、英国、美国在稍后年代也相继建立起类似骑警队的武装。1740年普鲁士国王建立起一支"管制军事交通、传递重要讯息并保护王室家庭重要成员"的战场猎兵部队（Schlachtfeld jägern），性质与法国骑警队相同。英国从16世纪开始对外扩张，在强大的皇家海军舰队的保护下建立了广大的殖民地，造就了日不落帝国的盛况。为了有效约束庞大的军队组织，防止军纪松弛，维护军法执行，管理殖民地，1760年皇家陆军成立了骑警队（Provost），专司"保护军事财产、预防军事犯罪、拘捕审判违法者、执行法律规章、从事警察职务"。Provost一词源自法文Provost de Marechausee（骑警队队长）。1776年北美十三州殖民地爆发独立革命。华盛顿出任大陆军总司令。他于1776年1月10日任命莫罗尼为指挥官，领导一支临时性的部队执行军纪维护的任务。1778年6月1日，仿照法国骑警队编制，美国的骑警部队（Provost Guard）在宾夕法尼亚的佛基谷成立，任务为：拘禁并逮捕所有的盗匪、酗酒者以及部队逃兵，维护战场交通、看守与管理战俘，同时负责大陆军高级将领的人身保护和重要城市、要塞的卫戍。这支部队成为美国宪兵的先驱。战后，这支骑警队撤销。1812年，英美两国为北美洲领土爆发战争。美军再度成立骑警队，执行军纪纠察与战俘管理任务。战争结束后再度解散。1861年南北战争爆发，北方联邦政府在迅速征集大批陆军部队的同时，在联邦军队的每一个军、师均配属骑警队。这些部队在战场建立警戒线、防止逃兵滋事捣乱，并武装镇压在境内爆发的反征兵法案的暴动。在19世纪对墨西哥、印第安人作战中，美军也都根据需要成立骑警队，并都在战后解散。

二、宪兵制度的传播

1791 年，法国第一共和时期政府将"骑警队"更名为"宪兵"（Gendarmerie）。这一制度正式问世，并在此后 200 年间向全世界传播。

1798 年 4 月 17 日，法国制定了《宪兵基本法》，第一条开宗明义：宪兵部队是一支用来确保共和国境内秩序维持与法律执行的武力。这一定义成为此后受法国影响的各国宪兵性质的基本规定。拿破仑则说："宪兵是一支独立的组织，是维护社会安全最有效的力量，它对所有国土进行半民事、半军事的监视。"

19 世纪初拿破仑征服欧洲，除英、俄以外，法国宪兵制度几乎随法国大军的脚步踏遍整个欧洲。1798 年 4 月 17 日，《比利时宪兵基本法》颁行，规定了比利时宪兵的任务、作用、组织、纪律以及与政府之间的关系。1800 年 7 月 4 日，拿破仑以法国士兵为主体，加入意大利青年，组成了 3.2 万多人的"意大利军团"，并建立起一个宪兵连。1807 年普鲁士对法国宣战，但很快被拿破仑击败，属地波兰也被法国吞并，成立了"华沙大公国"，法国在这个新的附属国实行宪兵制度，维持秩序并支持拿破仑作战。1844 年仿照法国宪兵，西班牙建立"市民警卫队"，虽然没有使用宪兵做名称，但其性质与作用与法国式宪兵完全相同。拿破仑战争时期，普鲁士国王仿效法国宪兵改良其制度，将战场猎兵改称为战场宪兵（Schlachtfeld der gendarmerie）。奥地利、土耳其、瑞士等国也纷纷建立起法国式宪兵。

随着欧陆殖民帝国向欧洲以外的地区扩展，美洲、亚洲、非洲和大洋洲的各殖民属地与保护国，都由宗主国派驻的军队带进了宪兵制度。最盛时期，法国殖民地包括：北非的摩洛哥、阿尔及利亚、突尼斯；西非的贝宁、布基纳法索、科特迪瓦、几内亚、马里、毛里塔尼亚、尼日尔、塞内加尔、多哥；赤道非洲的喀麦隆、中非、乍得、加蓬、刚果；红海地区的吉布提、也门；中东的黎巴嫩、叙利亚、土耳其；南亚的印度（一部分）；东南亚的柬埔寨、老挝、越南；中国上海、天津、汉口、广州等地法租界；印度洋的马约特岛、留尼汪岛、斯卡塔尔岛；北美洲的加拿大、圣皮埃尔和密克隆群岛、加拿大的魁北克；南美洲的圭亚那、巴西，以及加勒比地区岛国。日本在 1867 年明治维新后模仿法国陆军制度建立起宪兵。中国清朝则在 1905 年模仿日本军制在天津大沽口设立宪兵学堂，建立起宪兵制度。尽管以后很多国家脱离法国和其他欧陆国家殖民统治，但还是有一些国家以不同形式保留了这一制度。

法国宪兵制度在全球的传播，除了殖民者的强制推行之外，也有这一制度适宜传播的原因。回顾世界史，在各种社会制度的传播中，宪兵制度算得上是流传最快和最广泛者之一。其适宜传播之处，在欧陆是因为当时欧陆体系的政府有相似性，为频繁的征战和扩张服务，以强制性的手段集中所有可动员的资源和人力，采取中央集权的方式，依靠军队贯彻中央的命令。宪兵比警察更能够以严格的军纪贯彻政府的意志。在其他大陆，则因为宪兵制度有其保民、守土、维持政府安全、维持军队军纪的功能，是这些国家空白、缺乏而需要的制度。

在推行或模仿宪兵制度过程中，多数国家宪兵以源自法文 Gendarmerie 的 Gendarme 为英文官方通用名，但也有国家采用不同名称，以显示区别，如意大利、智利等国的卡宾枪队（Carabinieri）、荷兰的骑警队（Marechaussee）、西班牙的市民警卫队（civile guard）等。[①] 西班牙及其殖民地各国的市民警卫队、国民警卫队等，一时间占据世界宪兵组织的近半壁河山。

三、宪兵制度的分化

20 世纪是宪兵制度演变、分化的时代。先是军事警察制度，后是脱离军队的宪兵制度，瓜分了法式宪兵的一统天下。

---

① 对各国性质相似而名称不同的社会组织，中文翻译时通常选用一个共同的译名，以方便中国人概括认识世界事物。因此，Carabinieri、Marechaussee 通常会同 Gendarme 一样译为"宪兵"。而西班牙的 Civile Guard 则通常与 National Guard 一样译为"国民警卫队"。西班牙 Civile Guard 既有与法国宪兵近似的性质，又有与美国国民警卫队相似的性质。

第一次世界大战组建远征军时，美国将以前仿制英式的骑警队改称为军事警察部队（Military Police，MP）。在一战和二战战场，美国军事警察负责战场秩序的维持、重要地点的警卫、战犯看管和战犯法庭秩序的维持。由此美国军事警察（MP）知名于世，并随着美国影响的扩大而扩大，一些国家依照美国的模式建立起自己的军事警察部队。与宪兵最大的不同在于，军事警察不负责地方的治安任务。

军事警察制度为更多国家采用，还有更深刻的历史背景。二战以后国际社会对纳粹军队凌驾、操纵、绑架国家主权的历史深有悔悟，不想再现军队过于强势、社会军事化的噩梦。限制宪兵的作用范围，取消其社会治安和司法的权利，让其仅限于军纪维护和军队安全保护的范围，并用"军事警察"一词代替"宪兵"，便成为制度演变的潮流。德国、日本等战败国取缔了宪兵，在军队内代之以军事警察或类似组织。社会主义阵营国家在二战后都取消了原有的宪兵，苏联解体后，一些东欧国家开始模仿北约和西方军事体系，如波兰、立陶宛、爱沙尼亚、拉脱维亚、克罗地亚、捷克、罗马尼亚等国，先后建立起自己的军事警察部队，以维护军纪。1997年6月，俄罗斯军事改革，宣布在武装力量中设立专门的军事警察，主要在卫戍区、部队驻地维持军内法律秩序。

20世纪60—70年代后，全球宪兵制度出现又一次大的演变——一些国家宪兵脱离军队。随着二战后许多国家限制军队社会作用，而国家国内安全问题又日益增多，宪兵维护社会治安的任务已经远远重于军纪维持。迫于安全局势，一些国家将宪兵由国防部移交给内务部或司法部，不再隶属军队或具有军事性质，仅负责国内治安，履行行政警察和司法警察的责任，如奥地利、突尼斯、阿根廷等。还有的国家将原有宪兵更名为安全部队、国民警卫队或国家警察，如1999年比利时国家宪兵实施组织变动，一分为二，一部分转为国家警察，一部分转为军事警察；罗马尼亚的宪兵又称为国民警卫队；贝宁共和国原有宪兵1200人，1977年5月撤销原军警宪建制，宪兵并入安全部队。

宪兵脱离军队，有几方面的社会成因：一是二战后许多国家限制军队作用，避免军队利用宪兵组织对社会实行控制；二是多数国家远离战争，军队规模缩小，军队内部治安的需求减少；三是现代社会治安问题日渐复杂，20世纪60年代后恐怖主义登台，社会治安的需求增加；四是随着社会分工的细化，专业化标准提高，宪兵需要细分为专司军内治安和专司社会治安两部分。在这样一些因素综合作用下，宪兵脱离军队，免去维持军纪的责任，隶属政府内政或司法部门，专职社会治安，便成为一个合理的选择。叙利亚、奥地利、罗马尼亚、阿根廷、智利及一些非洲国家先后走向这一道路。

四、当今全球宪兵分布

目前全球宪兵部队（中文译名为"宪兵"的部队，包括已并入国家警察、安全部队，但保留宪兵名称和一定独立性的部队）有：柬埔寨宪兵、土耳其宪兵、叙利亚宪兵、伊朗宪兵、阿尔及利亚宪兵、贝宁宪兵、布基纳法索宪兵、布隆迪宪兵、多哥宪兵、刚果（布）宪兵、刚果（金）宪兵、几内亚宪兵、几内亚比绍宪兵、加纳宪兵、加蓬宪兵、喀麦隆宪兵、科摩罗宪兵和警察部队、科特迪瓦宪兵、马达加斯加宪兵、马里宪兵、毛里塔尼亚宪兵、摩洛哥国家宪兵队、尼日尔宪兵、塞内加尔宪兵、索马里宪兵、乍得宪兵、中非宪兵、奥地利宪兵、法国国家宪兵、荷兰皇家宪兵、卢森堡宪兵、罗马尼亚宪兵、塞尔维亚宪兵、意大利宪兵、阿根廷宪兵、巴拿马宪兵、巴西宪兵、智利宪兵。

上述近40支宪兵主要分布在西亚、西欧、南欧、非洲和拉丁美洲。密集地区如西非，16国中有10个国家编设宪兵。这些地域曾经是法国殖民地或现在仍是法国势力范围。

此外，还有一些实质上是宪兵，而名称不同的部队，如西班牙、葡萄牙、哥斯达黎加、萨尔瓦多、巴拿马、秘鲁等国的国民警卫队。这些国家曾经是西班牙势力范围，有着相同的准军事力量构成。

第二节　法国国家宪兵

法国是军事制度输出大国，宪兵制度是其中之一。法国国家宪兵（la Gendarmerie nationale）是世界上出现最早的宪兵，自产生以来，受到法国历代王朝和政府的高度重视，经过数百年的演变，形成了具有典型大陆风格的宪兵组织。其规章制度与精神，直到今日都是法国宪兵遵守的规范与骄傲，为其他国家所效仿。从更广泛的角度考察，法国宪兵不仅是最早的宪兵，也是世界形形色色准军事组织的先驱。它的建军理念、职责设计、部队编成等成为今日各国各种准军事力量建设的模本和参考。

一、漫长历史

法国宪兵制度出现于 14 世纪，至今已有 700 年历史。以法国大革命（1789 年）为分界，可将法国宪兵史分为两个阶段。宪兵组织在前后阶段名称各不相同，在国家警务和军事上扮演的角色也略有差异：

（一）第一阶段：骑警队时代（14 世纪至 1791 年）

英法百年战争（1337—1453 年）期间，法国陆军建立了一支穿马靴的骑警队，维持参战部队内部的秩序，成为以后宪兵制度的雏形。骑警队至 1439 年时已拥有 15 个连兵力，由地位仅次于国王的陆军元帅统辖，由数名骑警军官带队执行任务，掌管当时王国内警察与司法职责，抑制军人犯罪，保障人民生命财产安全。在充满军事暴力气氛的中世纪法国，骑警队的出现代表了原先充满战争、暴力与衰败的国家迈向秩序与文明的起步。中世纪法国的民族国家意识逐渐形成，所谓的民族国家乃指一个单一国家拥有一个具有主权的统治当局、特定的领土与人民，并有军队与法律作为国家的支撑。国王想维持国土的统一与安定，就必须拥有一支维护司法与正义的力量，而建立同时兼管军民两方事务的骑警队正是最佳的作法。此制度卓有成效而流传下来。

地区骑警制度始于18世纪，为了有效掌握各地民情，控制国内流动人口，1720年5月16日颁布的《关于骑警队隶属关系、纪律规定与公共安全的皇家敕令》，创建了分驻各地的"地区骑警队分队"制度，各分队以间隔50公里的距离设置在乡村各地区与道路沿线，用于消除乡村地区的不安定因素，保障国内邮件、贸易与讯息往来安全便捷，也使法国国王的权威有效遍及王国各角落。1760年颁布的王家法令让国王可以直接下令指挥骑警部队。1778年时，法国骑警队在全国拥有800个分队，共计4000名骑兵队员，而当时法国人口为2800万。此后法国财政开始吃紧，王室减少骑警数量以节省开支。尽管如此，法国国内道路安全、社会秩序等仍比之前的十六七世纪更为进步。

（二）第二阶段：国家宪兵时代（1791年至今）

1791年，法国第一共和时期政府将"骑警队"更名为"宪兵"（Gendarmerie）。这是划时代的变化，宪兵制度正式走入法国历史。1796年，法国所有武装部队都设立宪兵分遣队，执行军中警察之勤务。随着法国大革命带来的征兵制度的变化和军队规模的大幅度扩大，宪兵规模也成倍增长。当时已扩充至28个师，分为骑兵部队和步兵部队。宪兵骑兵部队的一部分，与法国重骑兵、枪骑兵、轻骑兵一样作为主力冲击部队，执行一线作战任务；另一部分编入拿破仑的帝国卫队，保障中枢安全。宪兵步兵部队则在法国后方与占领区执行治安与战俘管理任务。

进入20世纪后，法国随即卷入两次世界大战。在第一次世界大战期间，法国宪兵70%的兵力投入对德战场。在前线，1.8万宪兵负责追捕逃兵、维持地方秩序、阻止酗酒闹事、抢劫情况的发生，另外2000名宪兵编组在战斗部队的周围负责安全警戒任务；在战线后方，宪兵负责繁重的总体军事动员任务，看管战犯、巡逻治安等。第二次世界大战爆发后，法国宪兵组织民众进行民防，动员后备宪兵部队参与军事作战，组建拥有50辆H39型轻战车的宪兵第四十五装甲宪兵营，在色当前线与德国装甲部队对垒，作战英勇。

1940年6月法国沦陷，在德国占领期间，法国军队组织被摧毁，宪兵分队却被允许保留，受到德国占领当局、秘密警察盖世太保与 SS 党卫军的控制，有时还被迫协同德国宪兵进行逮捕、解送犹太人到集中营，以及强迫德国占领区的法国人民进行义务劳动。而在维琪政府控制下的非占领区中，宪兵部队也继续运作，形成法国宪兵分属两个不同的政权管辖的局面。这是一段屈辱的历史。1945年法国全部解放后法国宪兵重归一统。

二战后法国宪兵实行一系列转变：1944年机动共和国卫队改制为共和国卫队；1947年组成军司法与宪兵司令部，由文官领导；1953年创建空运宪兵，负责民航机场的安全；1954年成立机动宪兵；1956年创设空防宪兵负责空军基地的安全防卫。到1958年戴高乐创立第五共和国时，法国宪兵员额已增加到3.3万人。战后法国参与了一些战事，如越南奠边府战役、阿尔及利亚解放运动等，宪兵担任维持秩序的任务，甚至直接加入战斗。

二、宪兵理念

在法国大革命初起时的1790年，战略理论家吉博伯爵曾提出建议，将法国治安力量分为以下四种：第一种为都会警察（第一级的警察武力）；第二种为宪兵骑警队（第二级的警察武力）；第三种为正规军（第三级的警察武力），第四种为国民兵（第四级的警察武力），每一种层级对应到秩序维持的不同层次，如此则可避免国家仅拥有单一的警察武力，或使单一的警察组织拥有太多权力而可能在一旦运作机制失灵时成为不稳定的因素。四级治安武力一方面负责法律秩序的保护，另一方面可以在法国军队对外作战时予以辅助，既要确保对政府的忠贞，又不能耗费太大的国家预算资源。这就是法国国家宪兵的诞生理念之一。

传统上的法国宪兵被定义为一支"半军半民"的武力，一方面针对一般武装军队执行军纪纠察任务，防止军人犯罪；另一方面凭借其兼具警察身份之特质，协助或完全独立地执行一般行政警察、司法警察维护社会治安的功能。平时执行军事任务仅占其任务总量的6%，执行司法警察、行政警察方面的民事任务居绝大部分。

宪兵与警察的关系，是法国宪兵理念的重要内容。根据1798年制定的《宪兵基本法》，法国宪兵与国家警察同为法国的治安力量。宪兵在1万人以下的城镇和乡村执法，国家警察则在1万人以上的城市执法。从形式上看，宪兵更具有军事性，执行军队的条令、条例和规章制度，实行军事化管理，装备有装甲车、飞机和重型武器；而警察则更具有文职性，实行上班制，配备左轮手枪，参加公务员考试和管理。国家宪兵归国防部长管辖，国家警察归内务部长管辖，构成法国国内安全的两大支柱。

与警察相比，宪兵有其自身优势，才得以长期共存。宪兵能有效执行警察的任务，使得法国不需要维持庞大且更昂贵的警察员额。以宪兵专业的军事训练、纪律与优良的机动性，可以更有效地执行国土巡逻防卫、山海救难、近海巡逻、缉毒、反走私、维护空运航运安全、守卫重要军备设施、核武基地等等不同的任务，充分节省政府支出，又可达到以简驭繁、权责统一的效果。到了战时，法国宪兵协助法国三军部队进行后备动员，成为第一线战斗部队安全的后盾，必要时亦可加入战斗，其战斗力并不逊于一般的陆军轻装部队。法国宪兵在纪律上等同于军人，受军法约束。对于政府来说，宪兵是执行命令效果更佳、更为彻底的队伍，这也是法国国家警察无法全盘取代法国国家宪兵的缘故。宪兵的绝大多数成员具军人身份，不得发表激进言论、不得组织工会、不得加入政治色彩浓厚的组织、不得登记参选民意代表或公职、以其身份不宜进行罢工、任何时间地点都必须应召遂行任务、不受法律中公务员工时规定的保障、必须服从上级命令等。法国学者莎尼娅·艾赫兹博珩教授不同意把法国宪兵纳入警察的概念范围。她认为，宪兵就是宪兵，是军人；警察就是警察，是国家公务员。养宪兵比养军队和警察省钱，也是法国以宪兵部分代替军队、警察的原因。此外，宪兵在历史上某些时候也有效地制衡警察的力量，使其不至于集中太大的权力而对政治民主与人民自由造成危害。当然，法国的两种警察力量的平行存在，对法国的执法工作也有一定的负面影响，但由于各种历史和政治上的原因，目前还没有人提出要统一法国的警察力量，国家宪兵和国家警察这两支社会治安力量将长期共存下去。

在西方近代民主理念中，军队中立于政治之外。但是在19世纪各种革命浪潮冲击下的法国，法国宪兵也常常沦为统治者打击异己的工具，成为迫害异议者的"政治警察"，换来刽子手的恶名。从1933年起，法国国家宪兵的司令官由原先的军职改为由国家指派的高级行政长官出任，确立了宪兵部队军民兼管的性质，减少法国人民的质疑。在大多数时间里，法国宪兵扮演的是正义的执法者，与人民生命财产安全的保护者，是法国政府与人民倚重的力量。

三、任务职责

法国国家宪兵肩负行政警察、司法警察和军事警察三方面职责任务。

一是行政警察的任务，工作量占宪兵总工作量的五成以上，因而是宪兵的主要任务。行政警察必须"执行法律、确保民众人身、财产的安全、保护自然环境不受破坏、避免危害公共安宁的事件发生"等，不分昼夜对负责区域进行持续性公共安全巡逻，维持或重建地方秩序、执行法律、保护民众人身与财产的安全，维持道路交通安全等。此外还要执行边界警察、乡村警察、卫生警察（管辖人、动物与环境）、安全保护等多种职责。法国宪兵中的地区宪兵、机动宪兵、共和卫队、海巡宪兵、空运宪兵都属于行政警察的范畴。行政警察的工作由地区宪兵各级单位负责，机动宪兵则负责支持工作。

行政警察任务中包括国际维和任务。冷战结束后，法国身为联合国安理会常任理事国，时常应联合国请求派遣军事人员到情势紧张的冲突地区，进行维持和平或军事观察的任务，先后派遣多批宪兵赴黎巴嫩、柬埔寨、萨尔瓦多、波斯尼亚、黎巴嫩、海地、中非共和国等地执行和平维持任务。此外在欧洲，法国宪兵也配合《申根条约》进行边界人员出入境管制与货物海关事务、代训邻国（如卢森堡、比利时、荷兰）宪兵人员等。

二是司法警察的职能。依照《法国刑事诉讼法》第十四条规定，"侦办违反刑法之行为，并在真相未明前搜集证据、缉拿肇事嫌疑者；在真相已明后，接受司法当局的委托，对嫌犯提起诉讼"。由于法国宪兵分布在法国全境，对各地情况了解较深入，并具有法律规定的司法警察职责，因此绝大部分由法国总检署指挥进行的司法警察工作都是由宪兵人员负责第一线执行工作。宪兵的司法警察任务管辖范围为法国全境，每年投入在司法警察工作上的人力占宪兵部队1/3，全国刑事案件总数的1/3是由国家宪兵侦破、处理，包括杀人、武装抢劫、窃盗、武装窃盗、强暴性侵害、毒品案等刑事案件，对法国社会秩序的维护贡献巨大。宪兵中只有负责执行司法警察与行政警察职责者，才拥有司法警察的权力，共计约有1.7万名司法警察官（宪兵军官与士官）、3万名司法警察员（宪兵士兵）与1.6名辅助司法警察员（辅助宪兵人员）。刑事诉讼法第十六条第一项第一款规定：宪兵军官、士官以及服役满五年以上的宪兵士兵，在经司法部部长、国防部部长提名，并由相关委员会审核同意后，成为司法警察官。司法警察官行使接受控告和检举，进行调查、侦缉、搜查和拘押等职权。

三是军事警察的角色。国家宪兵在两种情况下编制进法国三军部队中执行军事警察职务：一是在法国国土上发生战争或对外发动战争时，以"军中宪兵分队"形式编入，执行军事警察任务；二是法国部队派驻海外时，有永久编制的军中宪兵分队。法国军中宪兵与驻守国内及进行海外任务的武装部队相伴，在《军事审判法》的授权下执行军事警察的任务，负责追捕逃兵、维持军队纪律等，同时负责部队安全维护、排除偷盗与破坏行为、保护与处理战俘、收容散兵等任务。在和平时期，宪兵负责三军后备部队的动员与整备，还负责国家重要设施的保护任务，如各军事基地、核电厂、核武基地、军港、机场、弹药库、军工厂等。军事警察任务还包括礼仪性任务，承担总统府、各地宪兵队与各军营的门卫。每次国庆阅兵大典，宪兵穿戴橄榄绿制服、领带、白色宽腰带与闪闪发光的腰带环,还有白色条纹饰绪,美观而威武。

四、组织编制

法国宪兵部队属法国国防部管辖,为独立于陆海空军以外的第四军种。最高指挥机构为国家宪兵总署,最高指挥官由政府任命的高级行政官员担任,而非军职人员。依据《法国刑事诉讼法》规定,国家宪兵总署负责:拟定宪兵行动计划,并监督完成总署下达之命令;宪兵参与国家整体动员的准备与执行工作;依照法国总参谋长调遣三军部队计划,派遣相应宪兵部队参与军事计划,执行军事警察职责等。国家宪兵总署执行军事任务时接受国防部长指挥;执行行政警察与司法警察任务时接受内务部长和司法部长的协调指挥。法国宪兵由地区宪兵、机动宪兵、共和卫队3大部分组成,此外还有空军宪兵、空运宪兵、海巡宪兵、军备宪兵、特种兵等特殊部分。宪兵现规模为10.4万人。

地区宪兵为法国宪兵部队主干,其建制依照法国行政区域划分。设立3个大军区,即东北、大西洋、地中海军区,以下为9个军分区,每个军分区又分为数个宪兵团辖区。地区宪兵团对应行政区划中的省而设置,共有31个宪兵团,下辖共97个宪兵营。每个营辖区分为数个宪兵连辖区,共有近400个宪兵连。每个宪兵连辖有6至15个宪兵分队,其中有1个车巡分队,负责辖区内道路交通安全工作。宪兵分队是宪兵最基层的单位,共有3600余个,相当于军队编制上的班,部署在辖区内各乡镇,人数至少5人以上,依地区人口数而有不同,角色功能相当于警察体系的派出所,承担日常公路警察、宪兵驻地管理(营舍、后勤)、协助地方行政长官、检察官、军区长官进行各项业务等。除以上地区层级建制单位,军区还辖一个空中宪兵营和一个空中运输宪兵队;省宪兵团驻扎在省府所在地,辖有省犯罪情报队,与国家宪兵技术中心的犯罪情报分析中心密切联系,负责本省的案件侦破工作。省宪兵团还下设一个高速公路分队,负责维护高速公路上的行车安全,处理交通事故。

机动宪兵是仅次于地区宪兵的第二大宪兵力量，共有约1.7万人，129个连，作为支持地区宪兵处理突发事件的预备队。与地区宪兵一样，也是依行政区划来部署。9个宪兵军分区中各有1个机动宪兵团，每个团之下又有数个机动宪兵大队或机动宪兵营，每个大队有4—6个连。每个机动宪兵连编制有120名宪兵军士官兵，分为4个排（1个是连部排），在需要的时候可以编成轻型特勤队，支持司法警察任务或加强地区宪兵单位的力量。机动宪兵连有4种分类型态：军用卡车运输宪兵连、轮型装甲车宪兵连、轻型机枪装甲车宪兵连和宪兵重型装甲营属装甲连。

法国宪兵共和卫队，1813年组建，1848年开始担负保卫皇宫的任务。现行职责是负责保卫法国最高行政当局与重要国外来宾的安全，以及国家仪式典礼的举行。隶属法国宪兵，但接受内务部下属巴黎治安总局领导，共3000余人，由一名将军级总指挥官指挥。下辖两个步兵团与一个龙骑兵团：第一步兵团辖三个军礼连、一个总统安全连（总统安全卫队）、一个摩托车连与一个军乐队；第二步兵团辖四个阅兵连与两个政府机关安全连；龙骑兵团辖三个骑兵连、一个行动指挥中心与一个军乐连，负责国家典礼的举行，以及巴黎市区及市郊森林地带的巡逻任务。龙骑兵成员服饰光鲜亮丽，铠甲鲜明，刀枪亮眼，战马耀眼威武，是法国宪兵的门面所在。

空军宪兵是保护法国空军基地安全的部队。空军宪兵的部署及使用由法国空军负责，有编制员额约1000人，主要任务是，依照法国空军三大飞航区域分为东北、大西洋与地中海三大指挥区，每个指挥区部署一个大队，辖区内的各空军基地部署一个分队。宪兵分队由空军基地指挥官负责指挥。

空运宪兵负责一般民航机场的安全，并定期巡逻小型的私人或公有机场，确保遵守法律制订的民航法规，以确保空中航班航线的安全。员额计有1000余人，编成10个连，部署在巴黎奥利、戴高乐、阿席斯蒙、史特拉斯堡、布雷斯特、里昂、马赛、尼斯、波尔多与吐鲁斯等十处机场。法国海外领地上如大溪地、开云、努美阿、圣丹尼斯等地的机场也有空运宪兵的单位。空运宪兵受国家宪兵总署管辖，但任务执行时服从运输部民航总署指挥。

海巡宪兵负责法国所有海岸线、军港、商港、海军兵工厂、造船厂等的安全维护任务。人员调派与行政事务由国家宪兵总署负责，指挥运用则由法国海军全权负责。海巡宪兵员额计有1000余人，编为3个大队8个连，部署在北海、大西洋与地中海三大区域中。

军备宪兵是一支拥有3000人的部队，分布在法国境内与海外的重要武器储存与制造点，保护法国军备局所属军工厂、弹药库、研究中心等类的建筑物。

核武安全宪兵保护与核能、核武有关的设施，包括核电厂、核武工厂、核武基地与海空军机舰上配备的核武器等。

宪兵特种部队执行防暴、反恐等特殊任务。自20世纪60年代，随着恐怖主义的泛滥，宪兵特种部队应运而生，成为宪兵队伍中格外引人注目的部分（详见"准军事力量中的特种部队"一章"法国国家宪兵干预队"）。

第三节　各大洲宪兵

一、欧陆宪兵

（一）意大利宪兵

1796年，拿破仑率领大军跨越阿尔卑斯山脉，开始对意大利半岛的征战。在征战过程中，拿破仑军队中陆续加入了意大利当地人。1800年7月4日，拿破仑以法国士兵为主体，加入意大利青年，组成了3.2万多人的意大利军团，并建立起一个宪兵连，成为意大利的第一支宪兵部队。1803年，意大利军团宪兵已发展至1200人。其任务是处理征服军与当地民众的关系，支援拿破仑大军的军事任务，应付许多地区不满法国统治的反抗者和消极抵抗法国征兵令的不满人士。

拿破仑战争后，意大利半岛萨丁尼亚国王伊纽曼一世于1814年7月13日创立卡宾枪队（Carabinieri），由骑兵和步兵共同组成，类似法国宪兵，执行军法警察与民间司法警察的双重任务。这支部队与法国此前在意大利建立的宪兵并无不同，之所以改叫卡宾枪队，只是为了显示与占领者的区别。1842年，随着国王卫队宪兵骑兵团的并入，卡宾枪队扩编为"共和国卫队宪兵军团"。到1861年，意大利统一，领土大幅扩张，宪兵部队也随之大幅扩充，扩编为更高一级的意大利本土军团。随着19世纪末期城市的不断增加和发展，宪兵的职责范围也进一步扩大到所有城市和乡村地区，执行法律，维护治安，并进行刑事侦查。所有党派、政府部门和军队都在它的保护和监控之下。

意大利宪兵（Arma dei carabinieri）是一种兼有军法警察和社会治安双重性质的武装力量，官方英文名称虽为Military Police MP（军事警察），实际性质是法式宪兵而非英美式军事警察。总兵力约10万人，是高度中央集权化和军事化的组织，座右铭是"永远忠诚"。国家宪兵所有成员都享有特殊的法律保护，任何袭击或伤害值勤宪兵的人都要接受严厉的处罚，会被判处无期徒刑或者被判以极刑。

意大利宪兵的军法警察权限，规定于"军事刑法典"中。第301条至327条规定：宪兵军官、士官为军法警察，接受军事检察长及军事检察官指挥，行使强制处分、管辖等权限。同时，意大利宪兵具有社会治安和地方警察权力，在国家"刑事诉讼法"第57条第1项第2款规定：宪兵军官、士官为司法警察官，意大利宪兵为司法人员。意大利宪兵具有军法和司法警察的双重身份，这与宪兵既负责军纪维持，又负责社会治安的双重职责密切相关。

意大利宪兵的具体任务：维护国家安全、体制与资源，维护军纪及三军安全，维护司法体系、维护司法及公共秩序，保安巡守，保障公民安全，确保公共服务，协助灾区救灾，保护驻外领事馆及军事设施的安全，海外维和行动，在有维和部队的区域负责警力重建，协助军事人员在国内的活动，为灾区居民提供援助服务等。自19世纪中叶以来，意大利宪兵开始执行海外任务，包括国际维和任务。最早是在1855年，意大利宪兵援助克里米亚半岛的霍乱防治。此后一直在联合国、北约、欧洲安全与合作组织的多国联合任务中扮演重要角色，在世界许多重要的冲突地带可以看见他们的身影，其中包括黎巴嫩、科索沃、阿富汗和伊拉克。1997年联合国派驻波斯尼亚的多国维和部队（IFOR）和保安部队（SFOR）即以意大利宪兵为主力。

意大利宪兵装备精良，除轻武器，如手枪、冲锋枪、轻机枪、狙击步枪等之外，还装备有装甲侦察车、装甲输送车、轻型运输机、直升机等大型重型武器装备。

意大利宪兵在管理体制上实行由上而下垂直的领导体制。宪兵隶属于国防部编制，在社会治安和内卫工作上受内务部领导。宪兵司令部为最高指挥机构，负责协调和控制宪兵一切活动，设在罗马，总指挥为上将，副指挥为中将。总指挥可以直接约见总统、总理。辖有地区宪兵、特殊机动宪兵和直属特别单位：

地区宪兵5个师，分别在米兰、帕多瓦、罗马、那不勒斯和墨西拿设有司令部，指挥官由中将担任。师辖团，共有19个团，分驻全国19个地区，设立地区指挥部，由准将担任指挥。团辖大队，共90余个大队，分驻全国各省，设立省级指挥部，由上校或中校（视省市重要程度）担任指挥。大队辖中队，共有500余个中队。全国还设有4600余个城镇级工作站。

机动宪兵编为一个师，总部也设在罗马，下辖2个旅，其职责主要是应付突发事件，参与国土防御及海外维和驻军行动。第一旅下辖12个大队，分驻全国12个城市，另编有一个骑兵团驻扎在罗马。第二旅下辖3个团分别驻扎于意大利北部、东北部和西部，另辖一个特勤队和伞兵部队。

在直属特别单位中，有宪兵骑兵团、反毒品指挥部、公共食品药品管制指挥部、环境保护行动组、外交事务指挥部、艺术文物遗产保护指挥部、银行安全指挥部、协调农业粮食和林业政策指挥部、严重犯罪特别行动组、共和国总统卫队、国会安全行动组、航空安全宪兵队、航运安全宪兵队、反劫机反劫持反恐怖特别行动组等。其中，隶属共和国总统卫队的机动队"中央特别行动保安队"（NOCS，亦称皮头套突击队），是世界著名特种部队之一（详见"准军事力量中的特种部队"一章）。

（二）荷兰宪兵

拿破仑占领荷兰后，设立宪兵，用于维持统治。拿破仑统治结束后，荷兰国王将原占领政府宪兵改称为皇家骑警队（Royal Marechaussee），以区别被占领时期，但其制度、组织与作用没有大的改变。今日宪兵隶属国防部，也接受内务部和司法部的工作领导，由一名准将或少将指挥。部队由两部分组成，一部分是负责地区治安的3个宪兵师，职责为：与国家警察合作，确保荷兰王室成员与外交使节的安全；在机场等民航部门担任警察与保安任务；维持公共秩序与法律制度；处理跨国界犯罪问题；护卫荷兰银行的运送安全；警卫总理府邸等。每个师辖若干大队，分管几个省和重要城市管辖区，阿姆斯特丹有2个大队。每个省管辖区又分为若干分队，每个分队10—200人。分队指挥官可为军官或士官。每个管辖区还配属一个交通指挥小队，执行车辆检查与调查任务。另一部分是配属荷兰军事单位的宪兵（军事警察），担任皇家海军、空军和陆军军中警察角色，并在荷兰军队执行海外任务时担任海外执勤。这部分宪兵不属于宪兵总部，其任务分为警卫保安和执法两大部分，前者包括巡逻、交通管制、维持演习秩序、要地警卫等，后者包括刑事犯罪调查，执行交通法规和环境法规等。执勤时宪兵左臂佩戴仿美国军事警察的蓝底白字"MP"臂章。从1950年开始，荷兰宪兵多次执行联合国宪兵任务，如在柬埔寨、纳米比亚等地，还在许多重要国际军事事件中扮演重要角色，如1982—1995年在埃及西奈半岛多国维和部队中提供宪兵服务等。

（三）希腊宪兵

由公共安全部管辖，中央设指挥部，1名将军和2名副手负责指挥。按军队形式编成，除了城市警察负责的4个城区以外，其他的城乡地区警务均由宪兵负责。在国家危急时期，参加军队的行动。

（四）卢森堡宪兵

早在 18 世纪，按照法国模式创建了警察、宪兵分工体制。警察负责市区治安，宪兵负责乡村治安、边境巡逻、交通管理等。现有宪兵 600 余人，中央设总部，辖若干大队，分布在全国各地。

（五）比利时宪兵

1797 年法国取得原为荷兰领土的比利时省份后，遂在比利时成立宪兵组织，其任务主要是处理军方与民众的关系。1798 年 4 月 17 日《比利时宪兵基本法》颁行，规定了比利时宪兵的任务、作用、组织、纪律以及与政府之间的关系。1815 年至 1830 年荷兰统治时期，宪兵制度如故，仅改名为"骑警队"。1830 年比利时独立，宪兵名称恢复，基本法一直沿用到 1957 年，为期一个半世纪。20 世纪 60 年代后，随着经济繁荣，比利时国内安全问题增多。迫于安全局势，1999 年国家宪兵实施组织变动，不再具有军事性质，履行行政警察和司法警察的责任，并由国防部转移给内务部与司法部，与比利时司法警察、水上警察、航空警察及铁路警察合并，合称为比利时国家警察。全国宪兵共约 1.5 万人，总部设在布鲁塞尔，下设 5 个区，每个区辖 2 个省，省设支队，首都另设支队，支队长最高军衔为上校。支队下设若干区队，区队下设若干队，队的指挥官为准尉。总部还辖有 1 个宪兵训练学校和 1 支快速反应部队。在宪兵部队并入国家警察后，比利时陆军重新成立了性质为军中警察的比利时军事警察部队，在军中执行传统宪兵的军纪维持任务。比利时宪兵分解为国家警察和军事警察两部分，是世界宪兵制度历史演进的一个里程碑。

（六）奥地利宪兵

今日的奥地利宪兵虽然还用原名 Gendarmerie，但已经不再负责军事警察的任务，不再隶属国防部。部队由宪兵司令部全权指挥。宪兵司令部接受内务部公共安全署的指挥。下辖 8 个省级指挥部，86 个地区指挥部、837个宪兵站、31个边境检查站与39个边界监视哨站。另辖有1所宪兵学校、1支特种部队。奥地利宪兵负责乡村地区的治安维护任务和境内交通指挥管制，任务范围覆盖98%国土与2/3的国民。其他地区则由联邦警察负责。1984年起，奥地利宪兵建立起"警戒部队"，负责处理大规模骚乱、灾害等事件。警戒部队中设立特种部队，执行反恐怖、反劫持、反劫机等特种任务，如闻名世界的"眼镜蛇"特种部队（详见"准军事力量中的特种部队"一章）。

（七）罗马尼亚宪兵

成立于1850年，按法国警宪模式建立。现隶属内务部，有5.7万人。虽然仍沿用历史名称，但已不履行维持军纪的任务，成为一支由政府掌握而非军队掌握的安全部队。宪兵总部设总司令，辖首都和41个县的宪兵部队，另有8个机动部队和空降、防化、通信等专业分队。主要职责：确保在公共场所举行的集会、游行、示威、罢工、商业宣传、文化、体育、宗教、纪念等活动的公共秩序，迅速恢复因任何形式的非法活动而破坏的公共秩序，预防和调查在旅游胜地、路线发生的犯罪案件，在官方访问活动和国内外高官参加的其他活动中维持秩序，紧急追捕逃犯，起诉罪犯，抓捕使用武器的犯罪嫌疑人，参加环保和野生动物保护，打击恐怖活动，确保贵重物品、武器、弹药、爆炸物、麻醉品、有毒物质、放射性物质和其他危险物质的运输安全，保护政府基础设施，打击一切针对政府的破坏活动，参加联合国维和。

（八）欧洲联合宪兵

在联合国与北约、欧盟等主导进行的国际维持和平任务中，各国宪兵人员是其中重要力量。宪兵不但是训练有素的军事队伍，同时也具备防治犯罪、进行刑事调查的能力，因此将宪兵部署在各方情势复杂、人身安全难以保障的区域中，比起使用单纯的民间警察部队更为妥当。

欧洲宪兵队司令部2006年1月23日在意大利维琴察正式设立。这是法国、西班牙、意大利、荷兰和葡萄牙5个欧洲国家创建的一个军事性质的警察组织，是一支可以在危机发生时完成重建公共秩序工作的快速反应武装力量。它的建立，意味着欧洲在防务建设方面迈出了重要一步，可以在从战争时期过渡到和平时期的这段时间内发挥特殊作用，更有效地处理国际性危机。该部队的兵源为5国宪兵，出兵人数将根据国家大小及宪兵规模而定。欧洲联合宪兵不隶属欧洲的任何一个组织，但可以为它们提供服务，并与联合国、北约、欧洲安全和合作组织进行合作。编制规模为3000人，但其核心力量由900人组成，能够在30天之内部署到指定地点参与危机处理。

欧洲联合宪兵的主要任务是执行正规部队没有到位但普通警力又无法完成的维和行动，从而填补军事维和行动和民事维和任务的真空，弥补正规军队和普通警察力量之间存在的不足，预防危机的发生，并在危机发生地区负责治安，保证人道主义行动的安全。不排除进一步参与北约军事行动的可能性。欧洲联合宪兵的成员穿着各自国家的制服，唯一共同点是头戴蓝色贝雷帽，上面有欧盟标志。从2007年起，联合宪兵具备30天内在世界任何地方布署800名警员的能力。

二、亚洲宪兵

（一）土耳其宪兵

成立于1930年，按照法国宪兵模式组建。总兵力约14万人，占全国武装力量总额近20%。最高指挥管理机构是宪兵总司令部，总司令为四星级将军，下辖人事、作战、情报、后勤、学校等幕僚部门。执行国内警察任务时，归内务部管辖；战时则转归陆军管辖，支援作战，由三军总参谋长指挥。第2803号法案规定土耳其宪兵任务为：保障国境安全，边防巡察，治安维护，贫民援助，公共秩序维持，走私查缉，游民处理，特种营业管理，娱乐事业管理，武器管制，禁药管制，汽车驾照管制与核发，渔业管制，外国人居留证核发等。

宪兵分为地区宪兵部队（守备部队）、边防宪兵部队、海军巡逻队和特种作战部队四个部分。地区宪兵部队6万人，分布于全国71个省内，编有8个区域级指挥部，单位设置与地方行政区划相同。每个一级行政区编有1个宪兵守备团，往下依行政区划，设立不同层级宪兵部分队，类似法国宪兵的设置。每个宪兵守备团直属1个特种作战连和独立排。边防宪兵1.6万人，编有2个独立旅，维护与叙利亚、伊拉克、伊朗等国的边境安全并负责查缉走私。海岸巡防和查缉走私由海军巡逻队负责，下设黑海、爱琴海和地中海3个区域指挥部，配置40余艘巡逻舰艇。特种作战部队为机动宪兵，共约1.5万人，编有12个独立营、2个航空大队和1个教导团。航空大队装备有轻型飞机、多用途直升机和运输直升机，负责为特种作战部队提供空中侦察、武器装备运输和火力支持。除此三大部分外，土耳其宪兵还有一些勤务部队，如护卫宪兵队，负责元首、阁员及重要人员的警卫；宪兵刑事鉴识中心，负责军纪维护和刑事案侦查；宪兵交通队，负责维持交通管制；宪兵山地搜寻与救难队，负责山地区域救灾救难工作；宪兵观光巡逻队，负责旅游区治安巡逻。还设有宪兵军官学校、宪兵士官学校和宪兵士兵学校。

（二）伊朗宪兵

宪兵是伊朗最早设立的警察机构，创建于1911年，当时隶属于财政部，由瑞典军官组织指挥，主要负责农村税收和农村治安。1926年宪兵队编入军队，以加强中央政权。1943年宪兵又从军队中分离出来，转归内务部管辖，并有自治权。1953—1956年由美军顾问训练，并装备美式武器。1980年宪兵又转归军队，总部设在德黑兰，由一名军队将领直接指挥，全国各省市共设14个宪兵司令部，下设宪兵团，团部设在中小城市，每个团辖6个连，连辖小队，小队是宪兵基层单位，全国共有2000多个宪兵小队，分布于全国大大小小的乡镇及交通要道、战略要害等重要地区，控制伊朗80%的领土和60%以上的人口。宪兵的职责，除了执行日常的乡镇治安任务，还包括缉毒、打击走私、守卫边境、维持高速公路秩序、应付紧急突发事件等任务，在战争状态下转入军队编制参战。现规模为4万人，包括边境警察，配备飞机2架、直升机20余架、巡逻艇90艘。

(三) 叙利亚宪兵

内务部所属部队，用于协助警察维护社会治安和巩固政权。编制8000人。原归属军队，后移交内务部，媒体更多地称其为内务部安全部队，也有称其为武装警察部队。在2011年后的叙利亚动荡局势中，宪兵始终处于冲突一线，国际媒体常有关于它的报道。一方面是报道宪兵开枪射击示威人群，如2011年4月22日，叙利亚数个城市发生了示威游行，警察和宪兵用催泪弹驱散了人群。在霍姆斯省，宪兵向示威人群开枪，有目击者说冲突造成至少72人死亡。7月15日上万民众上街游行，宪兵向示威人群开枪，在大马士革有9人被杀，在伊德利卜有3人被害，在德拉有2人被害。2013年3月中旬，大约2万名示威者聚集霍姆斯市中心广场，带来了床褥、食物和水，誓言将一直留到总统阿萨德下台。几天后警察于凌晨用扩音器呼吁示威者离去，不久，宪兵开进广场，向示威者发射催泪弹和实弹，有人腿部中弹，有人腹部中弹。事件发生后，宪兵部队司令阿卜杜勒·色拉勒少将宣布脱离政府军，声称倒戈是因为宪兵背叛了自己保卫祖国和人民的宗旨，但他的离去对宪兵部队没有产生影响。另一方面的报道是宪兵被袭击的消息，如2012年4月20日，10名叙利亚宪兵在叙南部戈兰高地地区遭到路边炸弹袭击身亡。6月，在叙利亚北部边境城市政府军和反政府军激烈交火，有120名警察和宪兵死亡。类似报道很多，从中可以了解叙利亚宪兵的任务和处境。

三、南美洲宪兵

(一) 巴西宪兵

巴西宪兵的英文名为PM，名字同于英美军事警察，但性质和作用却是法国式宪兵，执行军纪维持和国内治安多项任务。在创立至今200余年的历史中，宪兵与国家警察共同分担巴西广大领土上的治安维护。目前约39万人。法律规定，国家宪兵队归陆军部管辖，是陆军预备役的一部分。设宪兵司令部为宪兵指挥机构，接受国防部和内务部的指挥。平时主要在全国乡村、偏僻地区及主要大城市郊区维持社会治安、执行警务，是巴西最大的执法组织，战时则执行军事性任务，是军队的辅助力量。按地区分为东西两大宪兵指挥部。东部为宪兵第一指挥部，下辖5个宪兵营与7个独立宪兵连；西部为第二宪兵指挥部，下辖4个宪兵营和3个独立宪兵连。宪兵司令部还辖有特种部队、使领馆安全部队、森林宪兵、山区宪兵等。各州宪兵部队是武装力量的组成部分，向各自的军区总部负责。仿效军队模式，成员一律授予军衔。装备有轻重武器和各种车辆，包括运兵车、装甲车和坦克。里约热内卢宪兵所属的特别警察作战营400人，一直以来面对贫民窟犯罪问题，具有城市作战和有限环境遂行任务的丰富经验和突出能力，与圣保罗州宪兵一起被认为是拉丁美洲最威猛的军事力量，装备有直升机和固定翼飞机。

近年来，巴西宪兵抽调人员参加司法部公共安全部队的组建，与警察、消防部门一起担负在亚马逊边境反有组织犯罪的玛瑙行动和里约奥运会保卫等任务。

（二）阿根廷宪兵

阿根廷宪兵1938年7月由国会通过法案建立。现归内务部领导，有1.8万人。由宪兵最高指挥部指挥，设有指挥官、副指挥官与参谋长各1名。下辖4个地区指挥部。部队分为边境部队和国内安全部队。边境部队辖11个边防团与41个边防营；国内安全部队辖5个机动宪兵营、9个国内安全营、1个反恐大队、1个反毒品大队、1个情报团、2个飞行团、5个道路安全队和1个高山救难队。装备有装甲输送车87辆，各型飞机13架；海岸警卫队1.324万人，装备有巡逻艇21艘、辅助船6艘、各型飞机11架（内有直升机6架）。

阿根廷第48号法令规定了宪兵的联邦司法职责，第18711号法令规定了宪兵作为安全部队的任务、功能与管理范围，第23554号法令规定了宪兵的国防责任，第24059号法令规定了宪兵国内安全职责，第19349号法令规定了宪兵的组织架构、任务功能与管理范围。阿根廷宪兵负有三方面任务：一是国内安全任务，扮演税务警察、移民警察、网络警察、公路警察、边境警察、环保警察等多种警察角色，防范与侦查毒品交易、恐怖活动、组织犯罪、网络犯罪等，防范反政府、破坏环境、反人道的各种犯罪活动，监视外来移民的可能犯罪行为；二是国防安全任务，负责9370千米长度的边防，守卫国防要地、核电厂等；三是支持国家外交政策，参与联合国或联盟进行的海外维和行动。

阿根廷宪兵与法国式宪兵的一个最大的不同在于，平时接受内务部长的指挥，是处理内政事务的机动反应部队，不负责军队内军法和军纪的维持，不担负军事警察的任务。这是美洲国家引进法国宪兵后的变异。这一变异源于美洲国家军队不够庞大，军纪与战场维护任务不重。

（三）哥伦比亚宪兵

哥伦比亚宪兵出现于1827年的大哥伦比亚时期。当时宪兵行政首长兼任地方警长，可指挥宪兵进行犯罪侦查。1841年哥伦比亚宪法第8条赋予宪兵司法警察身份和查缉、调查犯罪的权力。1891年，根据法令建立了全国宪兵。1915年宪法确立了宪兵是国家警察的性质，并创设了哥伦比亚宪兵学校。此后宪兵并入国家警察。国家警察部队现有13.6万人。

（四）智利宪兵

智利宪兵（Carabinieri）性质为国家司法警察，4.4万人，由国家宪兵司令部指挥，隶属国防部，交由法务部管辖。分13个大区，39个分区，装备装甲输送车、迫击炮、固定翼飞机、直升机等。其任务包括：根据主管当局决议，处理、监视被逮捕者；区域安全服务、预防犯罪；保护人民基本权利，降低犯罪，增加受刑人员重返社会的可能；建立资讯技术系统，有效管理和利用社会资源。

四、非洲宪兵

在非洲，法属殖民地、比利时殖民地等实行过法国宪兵体制，并在一些国家留存至今。这些国家多数是小国，宪兵规模也小，简况如下：

（一）阿尔及利亚宪兵

宪兵按陆军组织编制形式编成，部署在全国各个省。中央设宪兵司令部，司令向国防部长和总统负责。宪兵作为一支机动部队活跃在广大农村、沿海地区、偏远山区以及沿海与沙漠之间的高原村落，用以维持治安和秩序，代中央政府行使权力。包括搜集国内情报，对当地居民实行安全监督，平息动乱，稳定政局等任务。现有2万人，装备有直升机、固定翼飞机、装甲车、运兵卡车、巡逻艇等。武器有轻重机枪、小型加农炮、迫击炮等，由陆军部负责供给。在处置大规模骚乱时，由内务部提供后勤支援。埃及以英国殖民警察模式影响阿拉伯世界，阿尔及利亚则以法国殖民宪兵模式对一些阿拉伯国家产生影响。

（二）摩洛哥皇家宪兵

摩洛哥警察和宪兵保留着法国式城乡分工格局。警察负责城市警务。宪兵司令统帅全国宪兵，接受皇家军队领导。司令部设在拉巴特，下设若干总队，分布在全国各地，现有2万人。总部下设支队，为基本战斗单位。支队又分为摩托支队和吉普车支队。前者负责公路巡逻和公路交通管理，后者负责农村地区巡逻。未配备机动车辆的支队在农村设巡逻岗哨。装备有步兵的轻重武器、军用车辆和通讯器材设备。在马拉喀什设有宪兵专业训练学校。

（三）毛里塔尼亚宪兵

毛里塔尼亚宪兵是一支军事性很强的国内治安部队，负责实施民法和军法，在全国乡村、边境地区和部分城市实施警务。日常任务包括巡逻、打击各种犯罪行动、反暴力、反颠覆、搜集情报、应对突发事件等。总兵力约3000人，编成6个地区安全大队。装备有军用武器和运输工具，必要时会得到军队装备和人员的援助。

(四) 马里宪兵

编制 1800 人，编为 8 个连。主要负责农村和边远地区的治安，还负责保卫国家要员、政府部门的安全。是法国殖民时期的产物。

(五) 塞内加尔宪兵

从 17 世纪开始，沦为法国殖民地。国家宪兵的前身是法国殖民时期组建的宪兵骑兵大队。1949 年进行改组，作为军队的一部分划归军队序列。由总统通过武装部队司令统辖。宪兵的组织形式按照军团、大队的序列编成，驻守于全国各行政区和各要害地区。主要职责是农村治安。编设有 1 支快速机动宪兵大队，基地设在首都。现有 5000 人。

(六) 多哥宪兵

编制 1800 人，下设空中乘警队、刑警队、港口警察队、国防民兵队、总统卫队等，还掌管中央犯罪档案机构。

(七) 贝宁宪兵

隶属国防部，接受内务部业务领导，有独立的指挥系统，基本单位按陆军连编制，职责是维护法律和社会治安，日常任务范围包括城市乡村、边境巡逻。城市治安也由宪兵承担，如此大的任务范围在世界宪警体制中别具一格，有以宪代警的特点。总兵力约 2500 人。

(八) 喀麦隆宪兵

编制 9000 人。成立于 1960 年，当时吸收了法国卫队、法属喀麦隆卫队、少数民族地区城防部队等。宪兵设司令部，总司令直接向总统报告工作。各个省区县分布有宪兵，约 300—400 人，并配备有快速部队。宪兵既有警察责任，又起着钳制军队的作用，是一种政治平衡力量。其任务包括：在农村实施警务；维护国内安全；维护公路安全和交通管制；调查和监视嫌疑人；国内发生动乱时做出快速反应；保卫总统府。装备军用武器和军用交通工具。单兵武器有手枪、步枪和轻机枪，分队武器有反坦克火箭发射器、迫击炮和重机枪。交通工具有军用卡车、装甲车和轻型飞机。

（九）加蓬宪兵

编制 2000 人，负责农村、边境地区安全，按地域分为东部、北部、南部部队，另设有总统卫队。

（十）刚果（布）宪兵

编制 2000 人，1961 年组建，按军队建制编组，隶属人民军序列，并直接向总统负责。中央设宪兵司令部，全国划分 6 个宪兵管辖区。每个区设司令部，所属宪兵分队驻扎在农村和边缘地区。还辖有一个机动部队，驻扎在要害城市。在国内发生暴乱和政治叛乱时，宪兵负责镇压，会得到军队支援。

（十一）刚果（金）宪兵

1972 年组建，隶属于国防部，派驻各省城乡执行治安任务。中央和各省设司令部，司令向武装部队统帅报告工作。地方长官无权调动和指挥驻扎在本辖区的宪兵。宪兵在各地设有巡逻队、防暴队和情报科。所辖国家情报中心实施秘密警察职能。

（十二）中非宪兵

编制 2000 人，负责农村地区治安。还与军队协同执行抗暴等任务。日常勤务包括：在小城镇和农村实施日常警务；接受秘密警察和特别机构指导在边远地区搜集情报；协助快速反应部队处置暴乱和示威游行。

（十三）乍得宪兵

编制 4500 人，组建于 1960 年，在南部和西南部农村地区实施警务，并负责城市多发事件地区的安全。主要任务是预防和制裁日常犯罪，反暴乱行为，打击走私活动，搜集各种情报等。宪兵由两部分组成：机械化抗暴宪兵队和普通宪兵。机械化宪兵一般以25人组成宪兵分队执行任务，普通宪兵以4—8人组成分队，在农村或小镇执行任务。

（十四）尼日尔宪兵

由宪兵司令部指挥，并向最高军事委员会和主席负责。司令部设在首都，下辖4个指挥部，还设有总统卫队、共和国卫队等，共4000人。宪兵是其国内唯一警察力量，城乡治安和打击犯罪一律由宪兵负责，基本任务包括：巡逻、交通管制、刑事侦查、反暴乱、情报等。宪兵也是管理持不同政见者和有反政府情绪者的机构。总统卫队负责总统府安全，共和国卫队负责政府和国家要人的安全，并承担国家礼仪仪仗队。该国警宪体制有着明显的以宪代警的特点。

（十五）几内亚宪兵

编制1000人，主要职责是在农村和边境地区执法和维持公共安全。组织机构与军队相同，下属各部队被派往各省驻扎。另编设有边境部队，分布在国境上的各省，协助海关和国家警察防止、打击走私和非法越境活动，加强出入境管理。国家宪兵编制中还有快速反应部队，由宪兵司令部指挥。两支刑事分队，一支驻扎在佛塔达隆，另一支驻扎在首都，其职责是对犯罪者进行调查取证，探查线索和做出特别报告。

（十六）科特迪瓦宪兵

国家武装力量的一个组成部分，隶属于国防部，宪兵司令由国防部长直接领导，在紧急时期听从武装部队参谋长指挥。编制7600人，中央设宪兵司令部，宪兵司令统帅全国宪兵。宪兵行动以行政区域为基础，采取军团的组织编制形式，服务于所辖地区。军团下属单位没有固定形式，可由若干下属单位组成，大体上分为两部分：一是直隶部队，辖若干分队；二是机动队。

五、历史上的德日宪兵

美国、俄国、英国、德国、日本等列强都曾实行过宪兵制度，二战以后不再实行。其中德、日政府曾在20世纪30—40年代，将宪兵制度引向罪恶的方向，使其成为法西斯制度的一部分，引起世界人民的厌恶和警醒。

（一）法西斯德国宪兵

1914年第一次世界大战开战时，德国陆军有33个宪兵连，每个连60人。至战争结束扩充到115个连。随着1933年纳粹党掌权，德国的军事力量开始扩张，作为传统编制之一的战地宪兵也再度出现。在第三帝国时期的国防军编制内，战地宪兵肩负着双重角色，既是一支组织严密的警察力量，也是一支接受完整步兵训练的正规军事组织，一般部署在陆军师或更高一级的编制中。此外，党卫军编有宪兵部队，拥有一个邪恶的昵称：猎头部队；纳粹冲锋队编有"战场猎兵部队"，也执行宪兵任务；格林建立的空军地面部队也编有宪兵，一个师编一个连。德国宪兵身上最引人注目的标志是脖子上的金属挂牌，这也是德军官兵把他们称为"链狗"的由来。

二战期间德国宪兵在国内和占领区被赋予了广泛的权力，除了维持部队纪律，搜捕逃脱士兵，指挥军事交通，维持港口和机场秩序之外，还管理和控制侨民，监管战区内的狩猎、捕鱼、商业、农业和工业等方面的条例秩序，地区内巡逻，设立临时城镇中心和军队落伍士兵集中站，剿灭敌散兵游勇和游击队，看守战利品，确保缴收所有平民私藏手中的武器，组织平民劳力工作，集中难民，监视战俘撤退或转移等，在奴役各国人民、实行种族屠杀中扮演了野蛮恶劣的角色，使世界宪兵制度蒙羞。战后德国军备受到严格限制，宪兵全部被解散，要塞和国防地域巡逻勤务交由陆军部队士兵执行，军纪维持则改行军事警察制度。

（二）军国主义日本宪兵

日本在1867年明治维新后模仿欧洲陆军制度，尤其是法国陆军制度，建立起宪兵，用以维持军纪、维护社会治安、追缉逃兵等任务。1931年发动侵华战争后，随着军队规模的扩大，宪兵也大幅扩充，至1945年战败，日本本土宪兵共有1.1万余人，派驻占领区的宪兵共有2.2万余人。日本宪兵配属日军各地面部队，并单独成立司令部指挥宪兵行动。以下为当时日本宪兵部队编制简表。

日本本土宪兵部队	人数	占领区宪兵部队	人数
宪兵司令部	137	关东宪兵队	3319
北宪兵队司令部	735	北支那宪兵队	1985
东北宪兵队司令部	550	中支那宪兵队	5575
东部宪兵队司令部	2188	南支那宪兵队	703
东海宪兵队司令部	809	昭南宪兵队	362
中部宪兵队司令部	1098	昭北宪兵队	1450
中国宪兵队司令部	755	二十五军宪兵队	502
四国宪兵队司令部	347	十六军宪兵队	772
西部宪兵队司令部	1351	十四方面军宪兵队	2536
特设宪兵队司令部	323	二十九军宪兵队	602
宪兵学校	175	三十七军宪兵队	602
		南方军第一宪兵队	739
		南方军第二宪兵队	273
		第六方面军宪兵队	1440
		第五野战宪兵队	353
		第六野战宪兵队	275
		第八野战宪兵队	381
		第十野战宪兵队	381
		朝鲜宪兵队	1680
		台湾宪兵队	526

资料来源：日本全国宪友会联合会编纂委员会：《日本宪兵正史》，日本东京研文书院，昭和51年，第1338页。

在军国主义时期的日本，宪兵权力很大。1899年日本颁布的"宪兵令"规定："宪兵为陆军兵科之一，受陆军大臣管辖，职掌军事安全及军纪维护，兼掌司法警察之业务。"涉及对异议分子的肃清，宪兵都"责无旁贷"。如1923年关东大地震后，日本左派思想家大杉荣全家被日本宪兵灭门。在日本统治台湾期间，对统治区采取高压手段，不仅钳制言论，也利用宪兵所具有的秘密警察身份，对任何妨害其统治的人士实行大肆逮捕、审讯、拘留和杀害。在二战时期日军占领区，日本宪兵采取残酷高压手段，大肆秘密和公开逮捕、审讯、拘押、拷打甚至杀害反抗日本统治的人士，犯下滔天罪行，使"宪兵"一词成为法西斯的表征，被奴役地区人民恐怖、厌恶。

附：美、英、俄等国军事警察

从历史源流考察，军事警察（Military Police，简称MP）制度源于法式宪兵制度。如果法式宪兵制度可称为第一种宪兵，军事警察则可称为第二种宪兵。与法式宪兵相比较，美式军事警察仅负责军纪维持，不负责社会治安。在一般民众涉及与军队、战场相关的犯罪行为时，有司法警察的部分权力，可以调查及侦办，但不表明其有社会治安的普遍责任，不能涉及与军队无关的治安事务。一些国家在特定时候，也会赋予军事警察以维持社会治安的责任，如加拿大政府在应付魁北克独立运动时，但这种临时举措不会改变军事警察的组织性质。此外，有的国家军事警察部队中有专门从事社会治安的分队，如以色列军事警察100部队，但不会改变军事警察的整体性质。

美式军事警察制度在世界许多国家流行，如日本、以色列、印度、科摩罗、爱沙尼亚、比利时、波兰、丹麦、德国、俄罗斯、芬兰、捷克、克罗地亚、拉脱维亚、立陶宛、罗马尼亚、挪威、葡萄牙、瑞士、希腊、英国、加拿大、澳大利亚等国军队都编设有军事警察或类似组织。

需要提及的是，一些国家英文官方名称为MP的组织，其性质是法式宪兵，存在名实不符的情况，比如意大利、荷兰、西班牙、巴西等国名为军事警察的组织，反映出宪兵制度演变时留下的交错痕迹。考察各国制度史，经常可以发现组织性质变了名称依旧的现象，法式宪兵与军事警察混淆的现象即为一例。

此外，严格意义上讲，军事警察是军队的一个专业兵种，是国家军事力量的一部分，不能归入准军事力量。本书之所以介绍军事警察，只是由于它与宪兵的渊源关系，附带做一考察和对比介绍。

1. 美国军事警察

第一次世界大战美国组建远征军时，将以前仿制英国的宪兵部队（The Provost Corps）改称为军事警察部队（Military Police），负责军事体制秩序的维持、重要地点的警卫、战犯看管和战犯法庭秩序的维持，开启了不同于法国宪兵的新模式。二战期间，1943年美军进攻意大利半岛，第一师麾下的军事警察部队登陆，他们在钢盔上画上金色的MP字样，成为世界上第一个出现的军事警察形象。

美国军事警察现有兵力6.3万人。《美国国防法》（Armed Force Act, 10 U.S.C.§3063）规定，军事警察为陆军兵种之一，为战斗支援和勤务支援部队，由陆军部部长依权限设置，任务范围：机动支持、区域安全警卫、收容与安置、维持军法纪，战时遂行一切与作战任务相关之任务。美国军事警察部队管辖地区通常限于"军事管辖区域"。在此区域内，对违犯军法规定的和有其他暴力行为的军人予以逮捕和拘留，于合理期限内移送权责机关办理。除可以对军人行使警察权力之外，对非现役军人也有部分执法权力。军事警察对军事管辖区内违反规定者，执行即时强制处分，如驱逐、告发并移送地方法院和地方简易法庭（设在军事管制区内）等。在此联邦法律规范下，军事警察部队主要负责维护国防军事机关、重要设施安全，以及担任一般行政警察工作。军事警察负责各军事基地、厂、库、站、船舰等地区的一般警卫勤务，对于非法入侵或重复违反规定的非军人，提出告诉或直接告发，经地方法院审理后可判6个月以下有期徒刑。在军事基地内发生的交通违规案件，无论当事人是军人还是非军人，依据联邦法律（40 U.S.C.318—318d）规定，由军事警察处理，开具具有法律效力的罚单。

美国法律原则上禁止军队执行与军事无关的社会秩序维护任务。据此原则，美国军事警察只有部分的司法警察身份，不能主动侦办普通公民所涉及的任何刑事案件，只能在涉及军方利益时，军事警察和陆军刑事调查指挥部人员（与军事警察并行的组织）才能对社会犯罪人员实施调查、拘捕等强制处分。美国的军事警察不得在和平时期参与地方警务，仅负责军内安全，纠察风纪，维护治安。就是在军队内，军事警察也仅负责治安案件，刑事案件要由各军种刑事调查部负责（各军种刑事调查部是广义上的宪兵单位，部队番号也以MP开头）。至于反间谍案件，则由各军种反情报机构负责，军事警察也无权处理。

美军陆军军一级单位编有独立军警旅、独立军警营；陆军师一级单位编有军警连。军事警察最大的单位为旅，现役有6个旅，分驻于美国本土及欧、亚等海外各战区，以支持友军遂行各项任务。军警旅视军所编师的数量由2—5个军警营组成。军警营和军警大队所辖连的数量由遂行所赋予任务的特点确定。军事警察基本建制单位是连，其编制结构视师的类型、遂行任务的特点和范围而定，人数在77—288人。美空军编制有军事警察中队，分驻在空军基地和空军的其他目标内。在海军和海军陆战队，军事警察的职能由安全保卫分队担负。所有大型作战舰艇和登陆运输舰上都有海军陆战队中队（大队），负责维持舰上的秩序，人数视舰艇级别而定，一般为5—20人。担任中队指挥员的军官通常直接隶属于舰长。

美国军事警察主要任务包括：道路侦查与监控、流量管制与主要补给路线交通管制与安全、平民散兵及难民管制、地区侦查与监控、重要资产安全保护、军事基地地面防护、歼灭后方敌军武力、反恐怖主义行动、区域损害控制、核生化侦查与报告、战俘拘留与安置、执法与维持军纪、警察性情报工作。

新任军事警察军官要在亚拉巴马州麦克莱伦堡的军事警察学校接受训练，而后还可能到陆军指挥学院和其他军事院校提高自己的专业技能。

2. 英国军事警察

英国早期宪兵（Provost）是从法国宪兵移植而来，司职"保护军事财产、预防军事犯罪、拘捕审判违法者、执行法律规章、从事警察职务"等。但由于英国警察制度建立较早，社会治安主要由警察负责，所以宪兵所赋社会治安任务较轻，兵员规模也小。一战以后美国建立了军事警察制度，英国宪兵也逐步从仿法向仿美过渡，不再具有地方治安的职能。

如今，英国军事警察总员额约4000余人，由军事警察司令统管全英国军事警察事务，由三个系统组成：皇家军事警察（Royal Military Police）、宪兵队（Military Provest Staff）和宪兵警卫队（Military Provost Guard Service），人员总数约4300人。其中，皇家军事警察负责军队纪律维护和军法执行，对武装力量军职和文职人员行使警察职能，除反间谍侦查以外的一切军内安全事务，无论治安案件还是刑事案件，一律由军事警察负责。隶属皇家陆军编制，又分为正规陆军军事警察、地区陆军军事警察与特别调查组三个部分。宪兵队负责管理被拘禁的军人。宪兵警卫队负责军事据点的守卫，是国防部的专职民事警察部队，设有机动队、情报室、警犬队、海上分队、罪证摄影中心等机构，部署在英国各个军事区域，负责国防部大约100个需要提供武装保卫场所的安全防范工作，保障军事目标内武装力量人员和财产的安全，必要时这种职能可扩展到军事目标之外。根据有关法令，宪兵警卫队可在军事设施周围15公里范围内执行警察权，除执行守卫、巡逻、检查等任务外，还有刑事侦查权。除凶杀、强奸案件由内务部警察组织侦破外，其他诈骗、贪污、盗窃贩毒、泄密、侵犯国家财产等案件均由宪兵警卫队负责查处。它的另一个作用是对付军队和民众的矛盾、冲突，阻止和平息民众在军事基地附近进行反战示威游行集会等。

在战时，英国军事警察的任务还有：实施辐射和化学侦察、看守和押送战俘、寻找和集合与部队失去联系的分队和单个军人。第一个抵达战后现场的通常是军事警察，其作用在充满危险的战后社会中更显重要。由于工作性质，无论在任何时候，70%的警官值勤时都携带手枪或是步枪。

3. 俄罗斯军事警察

1997年6月，俄罗斯在启动新一轮军事改革过程中，宣布在武装力量中设立军事警察。当时受国家局势的影响，军队内部违法犯罪率居高不下，团伙犯罪、军地犯罪集团联手作案等日益严重，大部分犯罪案件与盗窃武器弹药有关，贪污受贿等经济犯罪和行政违法现象也较为普遍，高级军官犯罪的比例有增无减，这种状况已到非遏制不可的程度。而军队护法力量严重不足，一度濒临被取消境地的军事检察机关无力完全恢复，调查力量有限。基于这一情况，俄罗斯决定建立军事警察。

军事警察列入俄武装力量编成，成为武装力量中的一个专业兵种，按区域处置原则编为营、连、排。军区司令部及独立集团军司令部所在地设军事警察营，其余地区设连、排。军事警察的技术装备参照军队特种部队的标准配备。俄国防部军事警察总局对军事警察部队实施领导；国防部长、总参谋长、各军兵种司令、军区司令对所属军事警察机构有管理和指挥权。军事警察部队不隶属于部队和兵团指挥员。俄罗斯军事警察的主要任务是：在卫戍区、部队驻地、军人家属生活区维持法律秩序；参与实施加强法律秩序、防止犯罪和其他违法行为的各项措施；保障军人、参加军事集训的预备役人员以及执行勤务的或军事辖区内的文职人员的人身安全；警卫参谋部、指挥所及其他指挥机构；发现、预防和制止军人及营区内其他人员的犯罪和行政违法行为；配合执法机关对违法军人进行侦察、拘捕和押解；在公路上对军事运输工具实施监控。此外，军事警察在战时还担负战斗、战役保障，监控部队机动和保障安全，看押战俘，维护法纪和法律秩序等任务。

4. 日本自卫队警务队

二战结束后，日本宪兵解散，1954年自卫队成立，内设"警务队"配属于各部队，接受各部队最高指挥官的管辖，担任军事警察的角色。其性质已由仿法的宪兵变为接近英美的军事警察。只负责军纪维护和军队安全保护，不再具有国内治安的责任。陆海空各自卫队都有自己的警务队，直属防卫大臣，总人数约1000余人。其中陆上自卫队警务科800

人,为日本自卫队警务队主力,编制序列为方面警务队(共有北部、东北、东部、中部、西部5个方面警务队)、地区警务队、派遣队、联络班,在东京本部特设中央警务队。海上自卫队所属警务队编制序列为地方警务队、分遣队。航空自卫队警务队由东京司令部和各基地地方警务队构成。

警务队的法律地位,由《刑事诉讼法》《自卫队法》等确立。《刑事诉讼法》将警务队归属于特别司法警察,第190条规定:"关于森林、铁路及其他特别事项而应行司法警察职员职务者,及其职务范围,由他项法律另定之。"据此,《自卫队法》第96条规定了专职部队内秩序的"警务官"的权限。执法对象包括违法犯罪的自卫队管辖人员,也包括对执行任务中自卫队管辖人员犯罪的社会人员;执法场所为自卫队使用船舰、营区、厅舍及其他设施内;执法范围为针对自卫队所有或使用的设施物品的犯罪行为。自卫队警务队职务包括:司法警察职务(犯罪搜查及逮捕嫌疑犯等)和保安职务(交通管制、警卫、犯罪预防、军纪纠察等)。

5. 以色列军事警察

为了保护定居地的犹太人不受阿拉伯人的攻击,1936年以色列在英国的帮助下成立了军事警察部队。这支部队参加了1947年的独立战争,1949年确定了部队徽章。军事警察的主要部分部署在以色列军队中,任务与美国军事警察相当,执行法纪维护、道路巡查、逮捕逃兵、监狱勤务、刑事调查、处理军中毒品交易和军火盗窃等任务。另一部分是所辖第100部队,执行关押、缉拿逃犯、防止囚犯暴乱等维护社会治安任务(详见"准军事力量中的特种部队"一章)。

第三章／内卫、安全部队

世界各国负责公共安全的政府部门是内务部（Interior），或安全部（Security）、公安部（Public Security）等。这些政府部门辖有自己的准军事部队，其名称追随部门名称，如内卫部队（Interior Troops），或者安全部队（Security Forces）、公共安全部队（Public Security Forces）等。近几十年来，全球内卫部队、安全部队的规模不断扩大，在各国国内政局变化、地区和全球稳定中扮演越来越重要的角色。

第一节　全球内卫、安全部队概述

内卫、安全部队的历史已有 200 余年。1811 年上半年，在拿破仑率领法国军队入侵俄国之前，沙皇亚历山大一世颁布了一系列相关法令，旨在组建一支强大的内卫部队。其中一条法令于 1811 年 3 月 27 日颁布，奠定了沙皇俄国内卫部队的法律基础。3 月 27 日后来被确定为俄联邦内卫部队的成立纪念日。1816 年，沙皇政府组建了独立内卫部队，第一任总司令是 E.F. 科摩罗夫斯基伯爵，参加过由苏霍罗夫领导的意大利和瑞士战役，获得准将军衔。1864 年，沙俄政府解散了独立内卫部队，将其职责转交给了地方部队，包括地方卫戍部队和特务部队，承担保卫各大城市、维护地方稳定秩序的任务。在印度，阿萨姆步枪队是历史最久的准军事部队。有资料认为，它产生于 19 世纪中期，当时印度东北和西北部兼并战激烈，一些地方军阀发现，新征服的地方难以镇守，正规部队兵力不足，尤其是远离城镇的地方，急需加强控制，于是着手组建地方部队。1917年阿萨姆步枪队获得英印殖民当局认可。第一次世界大战期间，它被当作是英国在欧洲与中东地区部署的印度部队宪兵，对印度军队实行军纪纠察，在印度平定北方的叛乱中发挥重要作用。

近50年来，内卫、安全部队得到迅速发展。二战以后，新独立和改组的国家，在警察、宪兵制度不完备的情况下，为维持社会秩序和政权，纷纷组建安全部队，填补军队和警察之间的空白；摒弃宪兵制度的社会主义阵营国家，需要有另一支力量来代替宪兵作用，普遍设立内卫部队。20世纪70年代后，因国内安全威胁上升，且呈现多元化、武装化、暴烈化趋势，一些国家加强安全部队，承担国内重要政治经济目标的守备任务，同时承担对警察力量的支持任务，协助警察处置大规模社会骚乱和危及社会的活动。此外，生产安全、生态安全、交通通讯安全、抢险救灾、政府强制性民事管理等也不断进入安全部队职责范围。联合国建议每250名居民应该有一名安全人员，这是对暴力事件发生率低的国家的要求。暴力高发生率国家需要更多的安全人员。各国安全部队顺应了国内安全局势的需要。

安全部队的发展还受到国际军事局势和军备控制的影响。一些小国没有军事能力或没有受侵略威胁，故不设正规军，以安全部队代行军队部分职能；一些新成立的国家受国际军控条约限制不准设立正规军队，仅允许建设安全部队，如巴勒斯坦、伊拉克等。在这些国家，相比较有军队的国家而言，安全部队对社会稳定和政权生存的作用更大。

内务部（或公安部、安全部等）组建内卫、安全部队，用于维护社会公共安全，开创了区别于宪兵的第二种准军事力量模式。内务部部队不同于宪兵：宪兵隶属国防部或军方，内卫、安全部队则隶属内务部（或安全部、司法部等）；宪兵有一定的警事权，内务部部队没有或有少量警事权；宪兵历史更久。一般而言，有宪兵的国家不会再建内务部部队，内务部部队多组建在二战后独立、改组的没有宪兵制度的国家。但一些有宪兵制度的国家也组建起内务部部队，如阿尔及利亚、布隆迪等，这样做是为了满足军方和政府两方面治安的需要，可以互为犄角和相互制约。当然，搞不好也会相互掣肘。另一个现象是，一些国家的宪兵已经脱离原来的传统，由军方移交内务部，卸去了维持军纪的责任，在性质和任务上完全等同于安全部队，如比利时、罗马尼亚、阿根廷等国宪兵。也就是说，宪兵与安全部队合流已经是并将继续是世界军事制度改变的一个重要趋势。

内务部组建部队，这一安全模式适用于警察制度不够发达，国土非城市面积广大，执勤领域宽广，或国内对抗力量、犯罪势力较大且有武装的发展中国家。内务部部队不隶属国防系统和军队，也不隶属警方，是独立于军队和警察的支持性力量，用于境内目标守备和社会治安。内卫和安全部队发展迅速，是近半个世纪以来各类准军事部队中发展最快、规模膨胀最大的一支。

近20年来，在世界媒体中，"安全部队"（Security Forces）一词曝光量很大。需要指出的是，各国政府和媒体在使用"安全部队"这一概念时，有三种情况：一是指代本国所有武装，如南非安全部队包括国防军（正规军事力量）和警察部队（准军事力量）；二是泛称所有除正规国防军以外的政府部队，如将本国警察部队、宪兵等也统称为安全部队；三是专指以内务部（或类似政府部门）所辖、名称上有"安全"字样的准军事部队。本书主要介绍第三种安全部队。这类部队计有：

阿塞拜疆内卫部队、巴勒斯坦国家安全部队、朝鲜公共安全部队、格鲁吉亚内卫部队、哈萨克斯坦内务部队、吉尔吉斯斯坦内卫部队、黎巴嫩内部安全部队、马来西亚地区安全部队、马尔代夫国家安全部队、蒙古内卫部队、孟加拉"安萨尔"安全部队、沙特特种安全部队和工业安全部队、塔吉克斯坦内卫部队、土库曼斯坦内务部队、乌兹别克斯坦安全部队、亚美尼亚内卫部队、也门内务部队、伊拉克安全部队、印度中央工业安全部队、印度铁路安全部队、约旦公共安全部队、越南武装公安部队、阿尔及利亚国家安全部队、埃及中央安全部队、埃塞俄比亚安全部队、布隆迪国家安全部队、吉布提国家安全部队、南非安全部队、尼日利亚安全与民防部队、阿尔巴尼亚安全部队、白俄罗斯内卫部队、俄罗斯内卫部队、黑山内务部队、捷克安全部队、斯洛伐克内卫部队、乌克兰内卫部队、巴拉圭安全部队、巴西公共安全部队、古巴国家安全部队、洪都拉斯公共安全部队、斐济安全部队等。

除以上部队,各国内务部(或公安部、安全部等)还辖有一些名称上没有"内卫部队"或"安全部队"字样,但性质相同的部队。如一些国家名为武装警察部队、后备警察部队的组织,由于没有警事权或警事权有限,不归警方管辖使用,实质上也属于安全部队。尼泊尔武装警察隶属内务部,主要职责是协助民事警察维持法律和秩序,镇压叛乱和恐怖行动,执行维和任务;印度阿萨姆步枪队、国家步枪队、国防安全警卫队、印藏特种边境部队、巴基斯坦别动队等,承担地区、部落安全责任,也在内务部部队范畴之内。联合国维持和平部队在部队的准军事性质、维持社会治安的作用等方面,与各国安全部队相近。

安全、内卫部队主要分布在二战后独立的原英法西殖民地国家和社会主义阵营国家。其中一些大国的内卫和安全部队,规模大、武装水准高,在本国、地区甚至全球安全局势中扮演重要角色,如俄罗斯内卫部队、印度安全部队、埃及公共安全部队、巴西安全部队等。

第二节 俄罗斯内卫部队

2016年俄罗斯国民警卫队在俄罗斯内卫部队的基础上组建。了解内卫部队的历史、职责、编制和人员装备,是了解今日俄罗斯国民警卫队的基础。

一、历史传统

1917年十月革命后,在沙俄内卫部队的废墟上,布尔什维克政权在组建红军与红海军的同时也组建了内卫部队,负责镇压国内的反革命分子、看守劳改营和监狱、保卫重要的工业设施等。苏联时代内卫部队的指挥权在契卡、国家政治保卫局、国家政治保卫总局、内务人民委员部、国家安全人民委员部、内务部之间多次转移。1919 年 5 月，苏俄人民委员会决定将契卡部队改名为共和国内卫部队（BOXP），专门负责重要工厂和经济设施的警戒，为此专门在契卡下面成立了共和国内卫部队管理局。1920 年 9 月 1 日，苏俄劳动国防会议决定将共和国内卫部队与狱警部队、押车部队、铁路警察、水运警察等合并为内卫部队（BHYC）。1921 年 1 月 19 日，包括内卫部队和边防部队（1920 年 11 月之前属于财政人民委员部管辖）在内，契卡所管辖的全部武装力量都被合并为契卡部队。

1939 年，苏联人民内部事务委员会对苏联安全部队的指挥控制体系进行了重大调整，按照不同责任把边境和国土安全总司令部一分为四：边防部队司令部负责边境安全，护卫部队司令部负责监狱管理和押送犯人，内卫部队司令部负责保卫全国的铁路设施，民防部队司令部负责保卫重要的厂矿企业。1943 年，苏联建立了完全独立的内务部，取代了此前的内务委员会，指挥内卫部队保护在前线作战的苏联红军的后方安全。

第二次世界大战期间，苏联内卫部队参加了一些大规模战役，比如莫斯科战役、斯大林格勒战役、高加索战役和库尔斯克战役等。整个卫国战争期间，内卫部队直接投入到一线作战的兵力总共有 53 个师加 20 个旅，归苏联国防委员会指挥。斯大林格勒战役中，内务人民委员部第 10 步兵师遭受了 90% 的伤亡。1943 年，内务部组建了独立指挥的作战部队，负责保卫苏联的边境安全，并维护国内稳定。这支部队被编为第 70 集团军，参加了关键性的库尔斯克战役，表现英勇，取得了多次交战胜利。尤其是所属第 140 步兵师凭借顽强的精神、出色的战绩，赢得了苏联政府颁发的 5 枚集体荣誉勋章。

除作战任务之外，苏联内卫部队还担负其他重任：保卫后方安全；打击盗匪；维护解放区秩序；保卫铁路运输安全；保卫军械工厂和其他重要企业；押送看守战俘等。内卫部队还向德军后方派遣了训练有素的侦察小组，在侦察军情的同时，对德军实施破坏，制造骚乱。在战争时期另一项特殊任务是对抗德军的无线电通信。1942 年 12 月，内卫部队组建了几个无线电干扰对抗营，专门破坏德军的战场无线电通信。1943

年,内卫部队从苏联红军通信局接收了135个高频线缆通信连的指挥权,把他们重新整编为12个独立团和4个独立营,总计人数为31000人。为了便于指挥,内卫军司令部成立了政府通信管理局。苏联内务部成立之后,接替了政府通信管理局的指挥。

在整个卫国战争期间,苏联内卫部队作出的贡献是不可磨灭的。300多名内卫部队战士被授予苏联英雄称号,10万名内卫部队将士为了最终的胜利献出了宝贵的生命。

在卫国战争结束后,内卫部队继续参加长时间高强度的作战行动。镇压叛军的战斗非常激烈,仅1946年这一年,就发生了3000多次交战。从1946年到1955年,总共有2367名士兵在平叛作战中阵亡,另外还有4000多人受伤。

第二次世界大战后,苏联内务人民委员部被分割为苏联国家安全部(后来的国家安全委员会即克格勃)和苏联内务部(МВД)。随后,苏联内务部经历了赫鲁晓夫时代(1960年)的解散(权力下放到各加盟共和国的内务部,1962年各加盟共和国内务部又纷纷改名公安部)和勃列日涅夫时代(1966年)作为苏联公安部(МООП)的重建和(1968年)复名,内务部队也随之一会儿被移交给加盟共和国,一会儿又在中央层面予以重建。

20世纪70年代,内卫部队承担的任务包括:保护300多个高度敏感的重要设施;守卫1087座劳改监狱;保卫142家疗养院;押运罪犯前往劳改工厂(固定的押运线路有468条,劳改工厂有4522家);在全苏50个城市中执行巡逻任务;为292家法院和603家商品交易所提供安全保护等。在80年代末和90年代初期,苏联内卫部队还参与了中亚、摩尔达维亚、高加索山区和其他"热点地区"暴力的镇压行动。

1989年,苏联内卫部队与苏联边防部队一起,不再是苏军的一部分。苏联解体后,俄罗斯作为苏联的主要继承者,因国内改革失利、政治局势持续动荡,社会治安十分混乱,经济状况严重恶化,黑社会势力也很猖獗,民族矛盾更加尖锐,各联邦和地区的骚乱连续发生,有的还酿成武装冲突,这使得国内治安任务更加繁重。苏联内卫部队,这支在世界准军事部队中享有很高声誉的部队被独联体国家分割，但俄罗斯接管了这支部队的大部分兵力，并让其在联邦中继续发挥维护国家安全和稳定的重要作用。内卫部队先后被派到外高加索、中亚等17个不同地区执行作战、戒严、制止武装冲突的任务，取得了显赫的战绩，被公认是处置暴乱、骚乱事件的排头兵。先后参与处置1990年杜尚别地区严重骚乱事件、1994年和1999年发生的两次车臣战争。处理此类事件，如果简单动用军队，往往造成政治和外交上的被动。第一次车臣战争时，由于俄罗斯军队战斗力减弱，加之指挥协同混乱，个别将领执行命令不坚决，军事行动很不成功，后期不得不主要依靠内卫部队作战。在第二次车臣战争中，俄罗斯国防军各兵种、边防军与内卫部队相互配合，各展所长，取得了决定性的胜利。

二、职责权限

俄罗斯政府制定《内卫部队法》规范内卫部队的行动。根据该法规定，内卫部队主要担负维护社会秩序，保卫社会安全和国家体制；保卫国家重要目标；保卫司法机关，执行逮捕任务；在国家遭受外来侵略时保卫国家领土的任务。1997年12月，叶利钦签发的《国家安全构想》中称：国家安全所面临的主要威胁已不再来自大规模的入侵，而是来自内部的经济与社会问题和民族的紧张关系。这又为俄内卫部队增加了一项新的任务，即维护民族冲突地区的社会安全。

虽然俄罗斯法律赋予内卫部队很大的权力，但又严格限制内卫部队适用警察的权限，使内卫部队与警察部队严格区分开来。只有当部队担负维护社会治安的特殊任务时，才被允许采取相应的警察措施。如执行戒严任务期间，内卫部队可以根据相关法律盘查验证，限制人员车辆通行，对胡作非为的骚乱者、袭击内卫执勤人员的暴徒、严重违抗戒严令的不法分子、持枪械和其他危险物品的流窜人员实施拘留等。只有遭到暴徒袭击或为了击退武装暴乱分子对特殊重要目标的进攻时，内卫部队才被允许使用武器。使用武器后必须详细记录，并立即送交当地检察院。

俄罗斯当局通过立法对内卫部队使用武器进行严格的控制，这有利于防止矛盾激化，符合苏联解体后民众对民主与人权的要求。但另一方面又常常使平息骚乱、暴乱工作遇到较大困难，内卫部队也常因防护不及时而遭受较大伤亡。

三、组织编制

俄罗斯内卫部队俄文名称 Внутренние войска ВВ，英文名称 Interior Troops，隶属俄联邦内务部，平时归内务部指挥和管理，战争时期编入武装力量序列。内卫部队由内卫部队司令直接指挥，内卫部队司令由内务部副部长兼任，实行自上而下的垂直领导。内卫部队总部设在莫斯科，下设司令部、后勤部和特别行动总局等机关。在全国设中部、乌拉尔、北高加索、伏尔加、远东、西北、西伯利亚等7个地区司令部，11个独立师（其中如荣膺朱可夫、列宁、十月革命和红旗勋章的内务部捷尔任斯基独立作战任务师 ОДОН），29个旅，70个团，4个营，1个航空部队。各地区内卫部队受内卫部队总部直接领导，不受当地州或自治共和国的内务部管辖。

根据任务不同，内卫部队分为三个部分：作战部队、武装护卫部队和社会治安特种作战部队。作战部队主要承担作战任务，比如在北部高加索地区反恐行动中扮演了关键角色。武装护卫部队负责国家重要政治经济设施、重要目标的警卫，比如大型化工企业、原子能中心、核电站、破冰船等，共约10万人，进一步区分为目标警卫、铁路警卫、监狱看守及犯人押送人员等。社会治安特种作战部队（特别行动部队），又称栗（红）色贝雷帽部队，约2500人。主要负责处理危机事件，仿照西德的GSG—9防暴部队和美国的"三角洲"部队样式组建。

四、人员装备

俄罗斯内卫部队约30万人。实行合同制和义务兵役制相结合的兵役制度。和陆军一样，每年征召两次，服役期两年。主要从退役的士兵和边防军中招收。士兵入伍后都要经过严格正规的训练，军事素质达到一定水准后才能补入勤务部队。内卫部队军人享有俄罗斯国防军军人所享有的一切保障、权利和优待。有关军人的地位、选择居住地、勤务时间、工资补贴、住房以及保险、税收优惠、乘坐交通工具和邮寄件、退役就业、丧失抚养者家庭成员的社会保护等等方面的权利，都在《军人地位法》中有详细的规定。

内卫部队装备主战坦克9辆、步兵战车和装甲输送车1650辆、火炮35门、直升机4架。其他装备包括各种轻武器、非杀伤性防暴武器（橡皮子弹、防暴瓦斯、高压水龙）、军犬、无线电设备和防弹背心、侦察通信联络器材、强光灯、高压水炮，以及催泪弹、电警棍等。有些装备根据特殊需要进行了改装。9毫米微声狙击步枪，全长只有894毫米，但口径大，威力强，有效射程达500米，使用穿甲弹能在300米的距离上穿透3级防弹背心；7.62毫米AKM突击步枪由苏联军队装备的突击步枪改装，改进后体积和重量都有所减少，火力猛，故障少，动作可靠，结构紧凑，已成为当今世界名枪。内卫部队航空部队装备伊尔-76、安-12等运输机和米-24、米-26等直升机等，水上部队装备巡逻艇、快艇等。

第三节 印度安全部队

印度内务部编设多支负责内陆安全事务的部队，如阿萨姆步枪队、中央后备警察部队、印藏边境警察部队、中央工业保安部队、国家安全卫队等；各州内务部也编设负责本州安全事务的武装警察部队；国防部系统的国家步枪队、国防安全警卫队，承担民事安全责任，也属安全部队性质。印度各种安全部队实行分散体制，多重配置，按不同地理环境、不同民族区域、不同教派区域部署，承担各自的军事、警事和民事安全责任。

一、阿萨姆步枪队

阿萨姆步枪队（Assam Rifles）是印度历史最久的准军事部队。有资料认为产生于 19 世纪中期，当时印度东北和西北部兼并战激烈，一些地方军阀发现，新征服的地方难以镇守，正规部队兵力不足，尤其远离管区城镇的地方，急需加强控制，于是组建地方部队。其中在西北部旁遮普邦组建了旁遮普非常规前线部队，在东北部的阿萨姆邦，1835 年组建了阿萨姆步枪队，总兵力只有 750 人。当时任务主要负责守卫东北部部分边境线，维持阿萨姆邦一些部落地区的秩序，确保英国殖民统治者的利益。阿萨姆步枪队用来守卫英国人的茶园等重要经济利益区，防止一些凶狠部落的袭击。第一次世界大战期间被当作是英国在欧洲与中东地区部署的印度部队宪兵，对印度军队实行军纪纠察，在印度平定北方的叛乱中发挥重要作用。目前约有 6.4 万人，隶属内务部，辖有 7 个地区司令部、42 个营、1 个通信分队、1 个工程连、3 个维修保障组、3 个车间、1 个训练中心、1 所学校和一些由阿萨姆步枪队司令部直接管辖的附属分队，其中，15 个营部署在印缅边境地区。阿萨姆步枪队目前主要负责那加兰、曼尼普尔、特里普拉和米佐拉姆等东北部各邦的安全，围剿这一地区 30 多支谋求独立或更大自治的游击队伍，并负责部分边境线安全，具有较强的作战训练水平。此外还承担人道援助等任务。装备与陆军步兵营相同，各级军官均为陆军军官。

二、中央后备警察部队

印度中央后备警察预备部队（Central Reserve Police Force, CRPF）的前身是 1939 年成立的皇家代表警察，1939 年从警察部队中分离出来，1949 年改为现名，隶属于内务部，为警察后备力量，自身不具备警察权力。主要任务是镇压有组织的骚乱暴动。平时是中央政府协助各邦特别是中央直辖区执行维护治安和抢险救灾任务的重要力量，战时在后方执行警卫任务，也可以充当陆军的预备队，直接配合陆军遂行正规作战任务。其职责有：群众秩序维护、反暴乱行动、处理左翼激进主义、选举时期各地安全维护、保护重要人物与重要场所、环境保护、战时派遣作战、参与联合国维和行动、天然灾害灾荒时救难行动等。该组织多次在印度大选中发挥维护治安的作用，对国内局势稳定意义重大，尤其对于问题丛生的印度东北部地区各省。除了维护国内局势，该组织也被联合国征用。

作为印度最大的准军事组织，现有23万人，编成约200个营（包括13个快速反应营、2个国内安全女兵营、5个通信营、1个特务营和104个常规营），30个指控中心，8个训练机构，1个综合医院，3个基层医院，7个军工厂，1个武器库等。中央预备警察部队以轻武器装备为主，近30年规模一直呈增长趋势，1985年10万人，1994年12万人，1997年17万人，2006年达到22万人。这与国内安全局势紧张有关。2010年6月12日，中央预备警察部队第62营在外出训练途中遭受纳克萨尔势力伏击，这场被纳派势力称为"丹特瓦达大捷"的战斗，使中央预备警察部队伤亡惨重，至少73名士兵被武装分子打死，另有12名士兵受伤，纳克萨尔分子仅损失8人。这暴露出预备警察部队与正规军相比在战斗力方面存在很大差距。正是为了应付此类事件，该组织大幅扩大规模，加强装备。该组织武器装备包括手枪、半自动步枪、冲锋枪、自动榴弹发射器、地雷探测器等。

三、印藏边境警察部队

中国西藏和平解放后，一批叛乱分子纠集3000人组建了一支武装力量，名为"四水六岗"。1959年，这支部队参与发动西藏武装叛乱，在与中国人民解放军作战时遭到重创，剩余的几百人跟随达赖逃到了印度。1962年中印边境战争结束后，印度政府开始酝酿组建印藏边境部队。1962年11月14日，逃往印度的"藏独"分裂势力达赖集团在印度内务部调查分析局和美国中央情报局的帮助下，正式组建了印藏边境警察部队（Indo-Tibetan Border Police Force，ITBP），主要由流亡印藏人组成，是达赖集团"藏独"分裂势力可资利用的武装力量。

1971年第三次印巴战争爆发，印藏边境警察部队被投入战斗。同年10月底，该部队主力被派往米佐拉姆。在一次代号为"鹰"的进攻战斗中，藏人副司令（准将）指挥了整个作战过程，得到了印度政府的赞扬。随着战争的不断深入，印藏边境警察部队被赋予几项重要的作战任务，包括破坏卡普台大坝和其他的重要桥梁。在此次战争中，印藏边境部队曾成功狙击了一支企图向缅甸逃窜的东巴基斯坦部队，并且迟滞了巴基斯坦第九十七旅和第二突击营在奇塔贡山区的作战行动。截止1971年12月17日印巴停火协定签署时，印藏边境警察部队有56人阵亡，190人受伤。由于作战"勇敢"，印藏边境警察部队有580名军人获得了印度政府的"现金奖励"。在1977年印度国内大选期间，印度安全部门领导人派500名印藏边境警察部队突击队员前往萨拉沙瓦应对危安分子可能发起的暴乱活动。印度总理英迪拉·甘地被刺身亡后，印藏边境警察部队也被用来保护印度总理。印度内务部官员曾赞扬该部队："适应高原地形环境，会讲土语，是一支不可多得的准军事部队。"

印藏边境警察部队主要任务：负责边界，预防侵犯边界；检查非法移民和跨境走私；提供安全敏感设施；在任何地方干扰的情况下维持秩序；维护和平。日常勤务是配合印军警担负边境守备执勤、巡逻侦察、特务派遣、边境骚扰和破坏等任务，必要时还执行工程建设和印度国内反恐等的特殊任务。如果将来中印爆发战争，这支部队将充当印军的先头部队，进行化装侦察，空降或潜入中国军队后方进行武装偷袭、破坏重要目标，在西藏境内开展游击战和进行策反、颠覆等破坏活动。在中印关系缓和期间，这支部队渐渐被赋予了其他各种各样的地区安全职责，如打击克什米尔山谷的极端分子，与恰蒂斯加尔邦的纳萨尔派分子作战，参与保护国内重要人物和设施，维持当地法治，特别是在选举时期。因此，印藏边境警察部队已不是专门的边境线守卫部队，而是大边境地区的安全部队。

印藏边境警察部队隶属印度内务部保安局，总部（设总监和副总监）设在新德里，建制司令部（设司令和副司令）设在距北方邦达拉顿市以北100千米的恰克拉塔。恰克拉塔是喜马拉雅山南麓一座小镇，也是流印藏人聚居区之一。目前，印藏边境警察部队总兵力约1.4万人，编有50多个营，其中藏人连队69个，廓尔喀连队12个，其规模相当于印度陆军师的建制。印藏特种边境部队最高编制为营，每个营辖6个连。连为基本战术单位，各战斗连的编制人数一般为120人，多数连队缺编，不足百人。连、排基本上是"四四编制"，即连下辖四个排，排下辖四个班。营长都由军衔相当于印度陆军中校的藏人担任，连长由藏人少校或上尉担任。女性也可加入印藏边境警察部队，但一般在通信和医疗部门服役。

印藏边境部队中8000人负责印巴克什米尔、印孟布拉马普特拉河边境防务，其余部署在中印边境。针对中国的印藏边境警察部队共划分有五个防区。A防区司令部设在列城，下辖4个中队，共300人；B防区司令部设在卡查木，下辖5个中队，共600人；C防区司令部设在卡拉普拉雅格，下辖7个中队，共900人，上述3个防区均正对中国西藏阿里地区。而D防区司令部设在加尔各答附近的杜姆杜玛，兵力为7个中队和两个通信支队（约1600人），威胁中国西藏山南、拉萨和昌都方向。E防区司令部设在大吉岭，700多名武装人员威胁中国西藏亚东、日喀则方向。五个防区司令部的驻地相对固定，但所辖连队不固定。防区内各连队每三年和后方基地的连队轮换一次。目前，印藏边境警察部队不仅在喜马拉雅山地区安置高灵感度的侦察设备监视中国军队动向，而且经常对中国实施"有限的"越境侦察行动。

印藏边境部队组建时装备以美式武器为主，当时美国向其提供M-1、M-2、M-3机关枪等轻型武器，而未提供重型武器装备，现该部队多为苏式装备，以轻武器为主，有武装直升机、无后座力炮、迫击炮、火箭筒、轻重机枪、MK-4狙击步枪、AK-47步枪和卡宾枪，另外还有登山、漂浮和伪装等必要器材。经过四十多年的建设，该部队人员素质及装备的现代化水平都有了较大的提高，目前已发展成为一支编制固定、装备优良、训练有素、战斗力较强的部队。

军事训练分为基础训练和战术训练两种。基础训练的对象是刚入伍的新兵，训练时间为六个月。主要科目有队列、武器操作、射击、投弹、通过障碍等游击战术训练，战术训练重点是空降、游击战和单兵、班攻防战术。这支部队还多次举行以中国边防军和西藏纵深地区交通线等重要设施为袭扰破坏目标的演练，有时还参加印军举行的各种实兵演习。此外，达赖集团还经常向印藏边境警察部队宣传组建部队的目的是为了"西藏人民的利益"，为了实现"西藏独立"，煽动官兵仇华反汉的民族情绪，竭力培养他们的"藏独"意识。印度政府对印藏边境警察部队既有利用之心，也有防范之意，近些年开始从印度东北部少数民族中招募成员。

四、中央工业安全部队

中央工业安全部队（Central Industrial Security Force，CISF），约14.5万人，编成130余个营，首长为印度警政署长，主要为核设施、航空设施、机场和港口等提供保护。

五、国家安全卫队

国家安全卫队（National Security Guard，NSG）是印度内阁秘书处根据《1985年国家安全法》组建，职权范围广泛，包括人质营救、反劫机以及要员保卫。该部队在克什米尔及旁遮普等地区的反暴行动中获得大量的作战经验。在1988年攻占阿姆利则金庙的"黑雷"行动中，打死了30名恐怖分子，而自己则无一伤亡，充分显示了实力，号称亚洲精锐的反恐部队之一。

部队平时驻扎在距印度首都新德里60千米的哈里亚纳邦马内沙村，司令部设在新德里中央政府办公区内。初期直接听命于内阁秘书处，后交内务部指挥。兵力约7500人，分为特别行动大队和特别突击大队。前者是精锐力量，其成员全部由陆军抽调，主要肩负营救人质、反劫机以及要员保卫等任务，编制200人；后者则从边境保安部队、中央后备警察部队等准军事部队中抽调，负责对特别行动大队提供支持。该部队成员平时身穿黑色粗布制服、头戴栗色贝雷帽（栗色是印度伞兵的标志），行动时以5人小组为基本作战单位，4个小组编为一队，通常由一名上尉军官任队长。

国家安全卫队训练严格，基础训练时间长达90天，淘汰率高达50%—70%。合格的新成员须再接受高级训练，部分队员还被送往以色列接受要员保卫的训练。国家安全卫队主要装备黑克勒—科赫MP－5各型冲锋枪、黑克勒—科赫PSG－1狙击步枪，催泪弹等防暴器材以及生物传感器等尖端的侦察、探测装备。

六、各邦武装警察部队

邦武装警察部队40万人（包括24个营的印度后备警察），主要负责本邦的治安任务，但也可调往其他邦执行任务。1964年后各邦自行招募人员组建，受邦内务部和中央内政警察总署的双重领导，是印度警察部队的一部分。北方邦武装警察部队是其中作战能力较强的一支部队，约45个营，武器装备精良，训练严格。担负邦内的内卫治安任务。大部分营部署在二线和纵深地区的城市乡村，一个营驻守边防，为北方邦特别武装警察第9营，辖9个连，约1500余人，下设3个防区。在隶属上除受北方邦警察署指挥外，还受北方邦军分区山步第9旅的指挥，与陆军关系密切。因常年驻守山区，适应气候，熟悉地形，担负波林三多争议区、乌热争议区至强拉山口及印尼边境阿斯科特一带的守卫任务。

七、国家步枪队

国家步枪队6.5万人，隶属国防部，担负反暴乱任务，编有65个营，分布在 15 个地区，成员来自陆军退役人员和预备役部队。

八、国防安全警卫队

3 万人，隶属国防部，负责国防部驻地安全和警卫工作。

第四节　伊拉克、埃及、巴西等国安全部队

内卫、安全部队分布在各大洲。除俄罗斯、印度外，一些国内政局动荡的国家，其安全部队也呈现出规模较大、武力较强的特点。

一、巴勒斯坦安全部队

根据巴以双方 1993 年达成的《奥斯陆协议》（即《加沙—杰里科现行自治协议》），巴方可以拥有一支用于保障约旦河西岸和加沙地带巴勒斯坦人的社会秩序和内部安全的部队，负责巴控区（A 区）的边界及城市内的治安任务，其中包括与以色列军队进行联合巡逻、保卫巴自治区城市边界的检查站以及参与执行其他一般性安全任务等，隶属巴安全总局。目前安全部队有 5.6 万人，其中民事警察部队 9000 人，负责维持法律和社会秩序；民防联队 1000 人，负责民众战火救助和安全；特种部队 1200 人，用于应对混乱的安全局势；安全预警部队 4 万人，承担警察部队后备队职责；总统安全卫队 3000 人，亦称第 17 旅或第 17 部队，负责保卫巴勒斯坦民族权力机构主要成员和机构的安全，下设内勤、安保、通信、特种驾驶、特种作战、后勤等部门，由经过严格政治审核的巴解组织志愿者组成。巴勒斯坦安全部队装备轻武器，并有 1 架飞机和 5 架直升机。

二、伊拉克安全部队

国际传媒所称"伊拉克安全部队"（Iraqi Security Forces，ISF），是对目前伊政府所属各支准军事力量的泛称，包括警察部队、安全部队、5个政治组织（伊拉克国家协调组织、伊拉克国家大会、伊斯兰改革运动的什叶派穆斯林最高委员会和其他两个库尔德人党派——库尔德民主党和库尔德爱国联盟）的安全和情报单位、民防军、保卫重要建筑的保安部队和边境警察部队，是多元化的准军事力量架构。

最早建立的是警察部队。2003年3月20日美国发动伊拉克战争。同年5月，美国宣布主要战事结束后，解散了萨达姆政府军，并于同年6月开始着手组建警察部队，负责维持地方治安、调查侦破刑事案件等，通常不涉及抓捕抵抗武装分子的行动。由于这支力量过于薄弱，美国占领军对当地的环境又缺乏认识，导致萨达姆的支持者和国外游击队不断向美军和伊拉克当局发动袭击，伊拉克安全局势难以好转。伊政府表示，"我们需要一支能够控制伊拉克人的安全部队，这支部队应该比警察部队装备完善，具备快速反应的能力。"尽管美国起初反对建立一支由伊拉克内务部领导的准军事部队，担心这支部队将用于不民主的目的，例如抑制政治分歧，但在伊拉克境内攻击事件不断升级的情况下，美方最终同意建立这支境内最大的部队，但交由伊国防部管辖。

目前安全部队现役军人超过60万。以陆军为主，还有小规模的海军和空军，均不足万人。主要任务是打击非法武装和恐怖袭击活动，维护国家安全和稳定。陆军共有10个步兵师，其中9个轻步兵师和1个装甲步兵师，装备有T-72主战坦克和BMP-1步战车。海军装备轻型巡逻艇和突击艇，约1个营兵力。空军装备负责监视侦查和运输工作，装备有小型侦察机和C-130型运输机。伊拉克安全部队中编有特种部队，包括反恐部队和突击队，负责直接打击藏匿在伊拉克境内的反美和反政府武装分子。

伊安全部队战斗力虽不断提高，但在作战和后勤方面，特别是在空中火力支持、通信、情报和侦察等方面仍依赖美军。此外，存在于伊安全部队中的教派矛盾、种族分歧和贪污腐败十分严重，导致2014年安全部队在"伊斯兰国"（ISIS）极端分子武装攻击下一溃再溃。

三、也门内务部部队

该部队也称中央治安部队，5万人规模，设司令部，司令直接向总统报告工作。主要职责有：搜集情报，制裁犯罪，打击有组织犯罪特别是打击颠覆政权的有组织犯罪，应付突发事件，平息骚乱等。2010年12月，也门内务部在马里卜省、舍卜沃省、阿比扬省和哈德拉毛省建立4个地区反恐中心，隶属中央治安部队。各中心部队接受特别训练，加强在这4个省对"基地"组织据点的围困，致力于铲除也门境内的恐怖主义。美国出资培训并派出军事专家指导中央治安部队反恐部队。

四、埃及中央安全部队

中央安全部队（Central security force）编制32.5万人，隶属内务部，装备"轻骑兵"、"瓦利德"轮式装甲输送车110余辆和各种步兵轻重武器。在近十年埃及政权更迭、社会动荡的风潮中，经常可以看到安全部队的身影。2011年8月，以色列士兵在边界追捕8名杀害其队友的嫌犯时射杀了5名埃及安全部队成员，致使1000名埃及示威者冲击以色列驻开罗大使馆，拆毁使馆外墙，摘下以色列国旗。4年后以色列驻埃及大使馆才在开罗重开。2013年7月埃及军方解除穆尔西总统职务后，穆兄会成员对警察局和政府机构发动袭击，造成全国多地发生阻断交通，并以西奈半岛为主要基地，频繁发动针对安全部队的袭击。8月，内务部长易卜拉欣发表声明，为所有承担保护政府机构职责的安全部队配备了武器和必要的弹药，将用实弹还击任何针对政府机构建筑和警方的袭击。8月14日埃及内务部派出安全部队，对开罗城内的两处支持穆尔西的示威者营地展开了清场行动。清场的安全部队在武装推土机和催泪瓦斯的支持下，对首都开罗附近的一大一小两处示威者营地进行清场，这两处营地分别是：较大的拉拜亚·阿达维耶清真寺广场示威者营地和较小的、开罗大学主校区外的阿尔·纳达广场营地。埃及军队没有参与此次行动。有消息称清场行动造成数十人、甚至数百人伤亡。当天，保安部队还与开罗法塔赫清真寺内的穆兄会示威者整日交火，最终把示威者赶出清真寺。埃及安全部队游说示威者离开清真寺没有成功后，有示威者从清真寺的塔尖向安全部队开枪，现场随即陷入一片混乱。埃及内务部随后发表声明称，当局在阿勒法特赫清真寺内逮捕了385人。8月16日穆尔西的支持者退守到阿勒法特赫清真寺，并与包围了清真寺的安全部队展开对峙。这一周，因埃及安全部队和前总统穆尔西支持者间的冲突，成为1952年以来埃及国内冲突中人员伤亡最多的一周。

五、突尼斯国家保安队

该部队于1957年建立，1.2万人，隶属内务部，队员具有宪兵身份，是一支具有多方面能力的后备机动警力。任务是完成宪法秩序的保护任务，大部分力量在农村地区实施警务，一部分力量负责公路巡逻，还有一部分力量担任总统贴身警卫和仪仗队。必要时协助军队对付暴乱、打击恐怖主义、抢险救灾等。其中编有特种部队。

六、乌克兰内卫部队

受苏联模式的影响，东欧各国都有内卫部队。乌克兰内卫部队在近十年动荡局势中扮演重要角色。2007年4月，总统尤先科宣布解散议会，提前举行议会选举，总理亚努科维奇为首的议会多数派拒绝接受总统的解散令，乌克兰由此陷入严重的政治危机。4月25日，总统尤先科签署命令，欲将内务部管辖、服从内务部长的内卫部队置于自己直接指挥之下，目的是"遏制对国家利益构成威胁的状况和可能出现的潜在威胁，阻止出于某一政治党派利益需要动用乌克兰内卫卫队的行为"。总统令还指示内务部内卫部队担负国家重要机关的警卫工作,并命令内卫部队指挥官亚历山大·基克琴科负责落实上述命令。乌克兰内务部管辖内卫部队和警察两部分武装,内卫部队3.2万人,警察22万人,都由内务部长瓦西里·楚什科指挥。尤先科总统令中指的仅是内卫部队,其指挥官基克琴科被认为是尤先科的支持者,而内务部长楚什科则是亚努科维奇的支持者。这个要求遭到了内务部长拒绝。随着内卫部队的卷入,总统和总理两派人马的冲突已经公开化,加剧了以后乌克兰政局的恶化。

2013年12月,乌克兰政府政策的反对者们在基辅市中心举行大规模集会,并控制了工会大厦和基辅市政府大楼。在总统府围墙外,年轻人们试图冲击总统府大楼。根据乌克兰内务部长指示,鉴于首都的大规模抗议活动,为确保社会治安,向基辅调集了近1000名内卫部队强力人员,前往国家政权机关的行政大楼附近值勤。

七、巴西国家公共安全部队

巴西2004年颁布法令,成立隶属司法部的国家公共安全部队(Public Security Force),用于解决严重的安全问题,比如监狱暴乱或是重大团伙暴力。公共安全部队是一个联合部队,根据任务需要临时抽调巴西宪兵(PM)、警察部队组成,所有部队接受统一训练和行动指挥。总部和训练基地设于首都巴西利亚邻近的卢吉亚尼亚市。

公共安全部队成立后,成为世界上少数任务最繁忙的安全部队之一,应对连续不断的严重安全问题。2006年12月27日夜,猖獗的贩毒黑帮武装袭击里约热内卢交通要道,拦截2辆公交大巴,纵火烧车,当场造成车内10多人伤亡。后与闻讯而来的警察激烈交火,向警局和岗哨发动十数次袭击,冲突蔓延到里约多个地方,一直持续到次日白天。2007年1月4日,巴西总统派遣国家公共安全部队前往里约热内卢,在交通要道设置19个检查站,对黑帮组织形成威慑,社会秩序和民心才得以恢复。

里约热内卢有600多座贫民窟,是藏污纳垢之地和贩毒、凶杀事件层出不穷的危险之所。在贫民窟，枪支泛滥是正常事件，黑帮分子的武器可能比警察的还好。很多贫民窟的居民都不否认，贩毒分子和黑帮的存在，一方面带来的是危险，另一方面带来的是资金。由于警力不足和难于管理，贫民窟一直游离于正统社会之外。因此，在这里黑帮甚至取代了政府，帮助贫民窟居民的生活。由于里约热内卢获得了2014年世界杯和2016年奥运会的主办权，巴西政府誓言彻底整治贫民窟的"毒瘤"。对贫民窟发动有计划的清缴活动，铲除当地犯罪集团，逮捕了大批武装人员，缴获了大量武器和毒品。清缴行动遇到了犯罪武装分子的激烈反抗。2010年11月，公共安全部队陆续出动，开入贩毒黑帮控制的贫民窟，12月底，巴西公共安全部队在里约热内卢与躲藏在贫民棚户区的五六百名毒贩进行了一场小规模的战争，历时7天。行动中至少有42人被打死，许多街区已经被安全部队完全控制，巴西国旗插在了克鲁赛罗贫民窟和阿莱芒贫民窟的制高点。但当局警告，随着在贫民窟搜捕嫌疑人行动的继续，里约热内卢有进一步发生冲突的可能。2011年6月，公共安全部队再次出动数百名队员、直升机、装甲车，继续打击气焰依旧嚣张的贩毒和暴力团伙。

2013年6月，本月不断上涨的公交车价，点燃了抗议者的怒火，最终演变成大规模群众示威游行，并与防暴警察发生冲突。巴西司法部随之发布通告："巴西政府将向5个举办世界杯的城市派出国家公共安全部队，以控制蔓延至全国的抗议活动"，并称该部队将以调停冲突为目标，而不会以惩戒抗议者为目的。

2016年里约奥运会期间，奥运村、比赛场馆、培训中心等公众聚集的地方，共计86万人的安全，都由国家公共安全部队负责。

八、洪都拉斯国家公共安全部队

该部队创建于1963年，现有编制人员8000人。上将衔总监统帅部队，受公共安全部和国防部领导，总部设国家调查局、交通局等部门。编有11个地区指挥部。职责是在全国城乡实施治安和警务，包括巡逻、交通管理、刑事侦查等，也从事一些民事活动，如修路、筑桥、公共卫生等。装备有军用武器和各种车辆。

第五节　联合国维持和平部队

联合国维持和平行动始于1948年6月，当时安全理事会授权在中东部署联合国军事观察员。此后，经历了4个发展阶段：早期阶段（1948—1955年），联合国先后派出两个军事观察团；发展阶段（1956—1978年），联合国曾先后进行11次维和行动；停滞阶段（1978—1987年），因美苏全面冷战，联合国没有出台新的维和行动；振兴阶段（1988年至今），因冷战的结束和东西方关系的缓和，联合国启动数十次维和行动。据估计自1948年以来有100万士兵或警察在联合国的旗帜下战斗过，来自超过120个国家的文职人员参加了联合国维持和平行动。超过3000名联合国维持和平人员为这项崇高的使命献出了宝贵的生命。维和部队对维护世界和平作出了重大贡献，并因此于1988年获诺贝尔和平奖。1992年4月，中国第一支"蓝盔"部队——军事工程大队，赴柬埔寨执行任务。2015年4月8日，中国第十批赴苏丹达尔富尔维和部队225名官兵被授予联合国和平荣誉勋章。

联合国维和部队（The United Nations peacekeeping forces）属于准军事力量，不同于正规军队，没有战场，没有敌人，是一支政治外交部队。联合国维持和平部队在执行任务时，除进行自卫外，不得擅自使用武力，不能主动攻击，必须严守中立，不得卷入冲突任何一方，更不能干涉所在国内政，不干涉驻在国内政或偏袒冲突中的任何一方。其维和行动是临时的和非持久的。

维和部队受联合国大会或安全理事会的委派，是联合国维和行动的使者。维和行动的主要目的是遏制冲突的扩大或防止冲突的再起，阻止局部冲突扩大化，并为冲突的最终政治解决争取时间，创造条件。具体职责包括：监督停战或停火、撤军；观察、报告冲突地区的局势；执行脱离接触协议；防止非法越界或渗透；维持冲突地区的治安等；帮助在战争中受害的平民百姓，以及联合国决议赋予的其他使命。近些年，随着维和行动的发展，职责也在逐步扩大，已从传统的监督停火、居中斡旋，扩大到开展预防性外交、维持和平与重建和平，监督选举、全民公决、保护和分发人道主义援助，以及帮助扫雷和难民重返家园等许多非传统性的工作。

联合国宪章规定各国必须参与维和行动，所有联合国成员都要提供安理会所需的部队和设备。维和部队人员由联合国成员国自愿提供，由各国武装部队的分遣队组成。发展中国家参加维和部队人数超过发达国家，主因是兵员来自较小的国家可以帮助冲淡帝国主义色彩。维和部队经费由联合国会员国分摊或自愿捐助。联合国维和部队的总司令是联合国秘书长。

联合国规定在执行国际维和任务时各国的军队着本国军队的制服，佩带本国的军衔标志，左臂佩戴本国的国旗，右臂佩戴联合国旗。为了方便识别维和部队，各国部队均头戴蓝色的头盔，因为蓝色代表和平，头盔上有联合国标志和英文"UN"，车辆、建筑物等会漆成白色，也标有"UN"。人们习惯性地称维和部队为"蓝盔"部队。

第四章 / 警察部队

警察部队（Police Force）是一个泛称，泛指警察组织中所有准军事化的警察单元，如承担机动、控暴、作战任务的单位。它们在编组、训练、装备等方面接近军队。有的国家将整个警察组织称为警察部队，表明其组织中准军事化单元占比更高。警察部队是全球分布最广、日常动用最频繁的准军事力量，对维持各国社会治安和法律秩序都至关重要。

第一节 全球警察部队概述

警察部队的组建是世界警察制度发展到一定阶段的产物。1829年英国苏格兰场成立，标志现代警察制度出现。在此后很长一段时间，警察一直是穿制服的平民，不具武装性。当时城市犯罪、动乱还未成气候，依靠手持警棍和防身手枪的警察可以确保城市的治安。如遇特别威胁，还可以请求军队支援。到20世纪60年代，情况发生了很大变化，随着城市的扩大和治安情况的复杂，各国不同程度地发生恶性枪杀、抢劫、骚乱、暴乱以及恐怖活动，给政治和社会秩序带来极大的破坏，给市民造成巨大的生命威胁和财产损失。穿制服的平民警察面临越来越危险的治安任务，经常出现力不胜任的情况。加上二战后军队介入城市治安受到越来越多的诟病，穿制服的平民警察后援也无望了。在这种窘境下，一些国家的警察机构陆续组建武装化的成建制警察单位（Formed Police Unites），以应对恶化的城市治安形势，如：

英国伦敦警察厅1965年组建特别巡逻队；美国1969年成立"特别武器和战术分队"，即SWAT；苏联莫斯科内务局1978年在警察局内部成立独立分队，专责抓捕罪犯等等。这种武装化的成建制警察单位逐渐蔓延到各大洲，波及四五十个国家，成为全球准军事力量格局中继宪兵、内务部部队之后的又一大板块。

警察部队不同于宪兵。宪兵是军队的一个兵种，由军队派出执行维持军纪和社会治安任务，负有法律赋予的军事警察、行政警察和司法警察的权力；警察部队则隶属政府警察部门，听从警察署（厅、局）长的指挥，具有法律赋予的警察权。两者的区别，在法国和受其影响的国家，还表现为执勤地域的不同，宪兵负责农村地区和小城镇的治安，警察则负责大中城市的治安。

警察部队也不同于内务部部队（内卫、安全部队）。内务部队作为警察后备、后置力量而组建，由内务部长指挥，不列入警察编制，没有或只有很少的警察权，如俄罗斯法律严格限制内卫部队适用警察的权限，只有当部队担负维护社会治安的特殊任务时，才被允许采取相应的警察措施。警察部队则隶属警方，列入国家警察编制，具有更多的警事权。与内卫、安全部队相比，组建警察部队的好处：一是方便警方调用，现代国家处置国内安全问题的部门首先是警方。从警方考虑，为了方便行政，及时处置冲突、骚乱或集体事件，免得遇事向军方或内务部申请兵力，因协调困难而影响执法效率、贻误战机，组建归自己指挥的警察部队便顺理成章。二是有利于任务部队执法，相比安全部队一线执法受限的情况，警察部队受限较少。

警察部队与内卫、安全部队、宪兵的差异，还可以通过各国如何选择设置三类部队来考察。世界上组建警察部队的国家，大致分为三类：

第一类是只有警察部队没有宪兵和安全部队的国家，即一元体制国家。源自英国及其殖民地的警察制度。不同于法国实行的城乡宪警二元体制，英国实行城乡一体的警察制度。英国警察制度发育较早和完善，依靠警察和其中的准军事化单位就可以维持社会治安，无需再配置其他准军事力量。英国在本土实行警察武力最低化原则，坚持

"警察是穿制服的平民",与其岛国宗教、民族、城乡各种社会矛盾相对平和有关。而在英属殖民地,英国警察的武力水平要高很多。二战后,一元警察体制和警察武力化在许多摆脱英国殖民统治的国家延续下来,有些国家甚至实行所有警察的准军事化,普通警察也按军队编组,人员实行军队衔级,专门的机动、控暴、作战单元在整个警察中的占比也较高。与其他兼有警察部队、宪兵或安全部队的多元化国家相比,一元警察体制国家的警察部队更强,否则难以单独完成维持国内公共安全的重任。

第二类是既有警察部队也有宪兵或安全部队的国家,即二元体制国家。在警宪并立的国家,有的实行警宪分区,有的实行先警后宪依次部署。法国是警宪各有负责地区的国家,组建警察部队是为了加强城市应对武装冲突或群体冲突的能力。实行先警后宪力量部署的国家,组建警察部队则是为了在警宪之间再增加一个力量层次,常规部署是:先警察,后警察部队,再宪兵,以适应社会安全威胁多层化的趋势。在警察、安全部队并立的国家,实行社会治安和守备护卫任务的区分,并以安全部队作为警察部队的后备力量。

第三类是警察部队、宪兵和安全部队三者都有的国家。国防部、内务部和警方分别建立自己的准军事力量,实行三元化体制。这与这些国家的政治和行政架构有关,注重各部门权力平衡和相互制约,避免任何一支力量对政治的绑架。在这些国家,维持国内安全秩序的用兵次序为:先警察部队,再安全部队,最后是宪兵。维持秩序的次序与各力量的使命作用有关,警察部队是一线部队,承担处置的治安问题更频繁,但冲突性和武装性稍低;安全部队、宪兵则是警察部队的后援力量,承担冲突升级局面的处置。从部队装备情况考察,警察部队武器火力最弱,其次是内卫安全部队,最强为宪兵。

警察部队按其任务区分,可分为警卫守备型警察部队和防暴处突型警察部队。这两类部队人数较多,数百人以上规模,中队、大队以上编制。还有一种警察部队是执行反恐、解救人质等特殊任务的特种部队,人数较少,百人以内,小队编制。本节仅介绍前两者,后者将在第九章

"准军事部队中的特种部队"中介绍。

从政治角度考察，组建警察部队对国家政治和社会也有潜在的危险。警方的准军事力量越大，离警察国家也就越近，警方干涉国家政治的可能性就越大。就全球范围而言，警察部队的出现，促使全球准军事力量规模扩大，是一个难以掩饰的文明倒退事实。但它又是与全球正规军事力量缩小而共生的，一些国家用准军事化警察，而不再用军队维持社会治安，从这个视角考察，又可看到人类文明的进步。

警察的准军事化程度存在很大的国别和地区差别。英国人梅拜将世界各国的警察体制划分为四种模式，其划分标准是警察合法性的缘由、管理体制（如中央集权或地方自治）、警察性质（准军事化程度）和警察作用。他认为，英国警察模式，警察性质为非武装的平民化力量；美国警察模式，基本与英国警察模式相同，差别在于警察性质方面，为武装性质的文职力量；大陆警察模式，警察性质为武装的准军事力量，以宪兵为代表；殖民地警察模式，以武装为特色。其他学者也有关于不同国家警察准军事化程度的表述，都有助于认识本章内容。

以下是各国以警察部队命名的准军事部队：

阿富汗国家警察部队、巴勒斯坦民事警察部队、菲律宾国家警察部队、韩国战斗警察、柬埔寨警察部队、卡塔尔国家警察部队、老挝警察部队、黎巴嫩警察部队、马来西亚警察战斗部队、孟加拉武装警察、缅甸人民警察部队、尼泊尔武装警察、塞浦路斯武装警察部队、斯里兰卡国防部警察、文莱皇家警察、新加坡警察部队、伊拉克警察部队、印度后备警察部队、印度尼西亚国家警察、安哥拉快速反应警察部队、博茨瓦纳机动警察部队、冈比亚警察部队、刚果（金）国民警察、加蓬警察部队、津巴布韦共和国警察部队和警察支援部队、肯尼亚警察勤务部队、卢旺达国家警察、马拉维机动警察部队、马里国家警察、纳米比亚警察特种部队、斯威士兰警察机动部队、坦桑尼亚警察作战部队、赞比亚机动警察部队、保加利亚安全警察、比利时国家警察、波兰防暴警察、黑山警察特勤部队、克罗地亚武装警察部队、马其顿武装警察、摩尔多瓦防暴警察、葡萄牙公共安全警察、塞浦路斯武装警察、斯洛文尼亚武装警察、希腊公共安全警察、意大利安全警察部队、英国警察支持分队、安提瓜和巴布拉警察部队、巴巴多斯警察部队、巴拿马国家警察部队、秘鲁国家安全警察、玻利维亚国家警察、伯利兹国家警察部队、多米尼加国家警察、厄瓜多尔武装警察、哥伦比亚国家警察部队、格林纳达警察部队、海地警察部队、加拿大警察战术部队、美国警察特种武器与战术分队、墨西哥联邦防暴警察、萨尔瓦多国民警察、圣克里斯托弗和尼维斯联邦特种战术警察部队、圣卢西亚皇家警察部队、圣文森特和格林纳丁斯警察部队、特立尼达和多巴哥警察部队、危地马拉国家警察、新西兰武装骑警队等。

需要指出的是，上述部队中有一些名为武装警察部队、安全警察部队的组织，虽冠有警察名称，但不隶属警方，归内务部调用，部队成员不具有警察权力，在性质上属于内卫、安全部队，是警察部队的后备、预备力量。

一些国家的警察部队中包含海上警察部队、边境警察部队。由于海上警察部队、边境警察部队通常是该国警察部队中的独立单元，性质等同于其他国家的海岸警卫队和边境警卫队，故本书将它们分别列入"海岸警卫队"和"边境警卫队"两章中介绍。

第二节 美、英、法、俄警察部队

美、英、法是世界警察制度的早期发祥地。部分警察实行准军事化，也是源自这三个国家。其理念、制度广泛影响至全球。

一、美国警察特种武器和战术分队

警察特种武器和战术分队（Special Weapons And Tactics，SWAT）是美国各州警察中拥有先进技术和战术手段的反暴力、反恐怖特别执法单位，承担解救人质、搜查、逮捕危险人物、对付极度危险的严重暴力罪犯等任务。自1969年第一支SWAT在洛杉矶成立以来，已经有近半个世纪的历史。

20世纪60年代，美国一些城市暴力肆虐、恐怖活动四起、毒贩横行无忌、群体性骚乱事件频发、政治暗杀事件和武装团伙组织的恐怖活动也时有发生，对城市公共安全构成了严重威胁。1966年8月的一天，在奥斯汀德克萨斯州立大学校园内，一个后来被称为"德克萨斯钟楼狙击手"的年轻人，携带一支大威力狙击步枪，爬到了钟楼上，居高临下肆意对行人进行射击。在射死、射伤30余人后，警方赶到现场，却因为缺乏应对类似暴力犯罪的训练和应急手段，任由罪犯继续射击，又射杀了10余人后，才被警方击毙。

为了扭转这种尴尬的局面，寻求应对此类棘手案件的新手段，1967年洛杉矶警察局开始与附近的海军陆战队展开密切合作，制定了一些新的独特的警察作战条例，1969成立了"特种武器和战术分队"，即SWAT。此后，其他各市也相继组建各自的特警队，编制、名称不尽相同，如芝加哥"反恐分队"（HBT, hostage barricade and terrorism unit），西雅图"危机反应小队"（ERT, emergency response team），纽约市"危机支援分队"（ESU, emergency service unit），波特兰"特别危机反应小队"（SERT, special emergency reaction team）等。但在警服标识和徽章上，大多数都标有"SWAT"，并成为美国各州警察力量的一个共同组成部分。SWAT接受美国各州警察署指挥，专门负责普通警察难以解决的事件，其职责包括：保护人身安全；担任要人警卫；拯救处于危险状态下的警官或平民；歼灭恐怖分子或任何暴徒；以最小伤害为前提，处理任何高危案件；处理人质劫持案件；对毒品查缉、搜寻、逮捕行动提供支持。

以下是美国一些州、市和联邦调查局的SWAT情况：

（一）洛杉矶市的SWAT

编制60余人，下设6个小队，每个小队编为2个战斗小组，每个小组5名队员，包括小组长、观测手、狙击手、前方警戒手和后方警戒手，通常以小组为行动单位。目前已成为美国各州 SWAT 的经典编制。队员主要来自本州警署的精英,还有一些来自陆军"绿色贝雷帽"、海军"海豹突击队"等特种部队的退役队员。无论来自哪里,都要接受严格的考核和训练。训练包括基础训练和高级训练。基础训练是综合性体能训练,高级训练分为心理训练(提高心理调节和控制能力,克服胆怯和恐惧心理)、环境训练(锻炼在诸如密林、山洞、都市、深山、罪犯大本营等场所的适应能力)、秘密行动和追踪训练(学会利用地形、掩蔽物、气候条件等不留痕迹地进行隐蔽行动以及追踪、反追踪的本领)、伪装技术训练(服装颜色、行动姿势等方面的伪装与识别)。尤其重视运用直升机进行作战的技能训练,除了快速垂直降落的空降技术外,还训练乘直升机飞行时精确射击。洛杉矶 SWAT 的装备精良,有 M4 卡宾枪、MP5 冲锋枪、乌兹冲锋枪、西格·绍尔 P220 手枪、史密斯·威森手枪、格洛克 17 式手枪等,还有分散注意力武器、三维成像雷达、监窃听器、孔照相机、动感应雷达、性力破门槌等。

1969 年 12 月 9 日洛杉矶 SWAT 围攻了一伙自称"黑豹"的暴力组织,这是其自成立以来的首次成规模突击行动,双方发生了激烈枪战。1974 年 5 月 17 日下午,一伙自称"救世军"的武装团伙据守在一所房子里,与 SWAT 展开激烈交火,最后武装分子被击垮,洛杉矶 SWAT 由此声名大振。

(二)俄亥俄州的 SWAT

组建于 1969 年,其英文缩写为 TRT,即"战术反应小组"。初建时 22 人,后精简为 16 人。成员来自州警署的缉毒、防范、情报、秘密搜查、保安、机动队等部门,并通过严格考核和训练。其中毕业综合考核是模拟性实战狙击行动。学员得到的信息只有大概的狙击潜伏地点、狙击目标特征等,至于目标何时出现、以何种方式出现等确切信息,则靠学员自己观察、识别和判断。如果学员不能成功狙杀目标,则无法毕业。俄亥俄州"战术反应小组"队员有独特的外在标识,除了服装前胸、后背及钢盔上的警察标识外,警车侧面漆有蓝边黄心带有"TRT"字母的队徽，让人一眼就能认出。武器主要有奥地利 AUG5.56 毫米突击步枪、M700 型 7.62 毫米狙击步枪、MP5A4 冲锋枪、37 毫米瓦斯枪、格洛克 17 型 9 毫米手枪、M1100 型步枪等。还配备有一种辛辣瓦斯催泪弹，其中混有一种植物提取液，催泪效果独特，对于那些因饮酒或吸毒失去疼痛感的人同样有效。警队还配备 4 辆特制的高级变速自行车，车后架装有一个可拆卸的金属工具箱，可用来盛放各种工具和装备，以备在狭窄环境快速执行工程技术性任务。

（三）新墨西哥州的 SWAT

新墨西哥州地理位置特殊，位于美国西南部，与墨西哥接壤，发源于科罗拉州的格兰德河是新墨西哥州的重要交通运输命脉，沿岸密布着数不胜数的河湾和大小不一的湖泊。犯罪分子利用这一独特的地理条件，进行毒品走私，隐匿赃物、罪证，非法潜入潜出美国国境等犯罪行为。为了打击这个地区猖獗的跨国犯罪，新墨西哥州成立了一支水中搜索救援特警队，执行水上侦查、打击水域犯罪分子等独特任务。除了与其他州特警队相同装备外，还装备有特制水中枪、水中刀（不沉于水）、水下呼吸器、带有水下照明灯的防护面具等。水下战斗服设计具有人性化，不透水、轻便、保温效果好，即便在严寒天跳入水中执行任务也不会感到寒冷。

（四）迈阿密市的 SWAT

迈阿密市是佛罗里达州的首府。佛罗里达半岛三面环海，与古巴隔海相望。这一地区是各种海上犯罪和海难事故的频发地，要求警方有一支能够履行近海作战任务的特警队。该队编制仅 13 人，1 名队长，12 名队员，分为 3 个小组。遇有任务时，通常出动两个组，留一个组待命，随时准备增援。为了能够第一时间赶往事发地点实施救援和执行作战任务，装备了设有"紧急出口装置"的特种直升机。这种装置具有自动为救生衣充气、供氧、控制潜行距离和浮升速度等多种功能，可以让特警队员自悬停的直升机上安全跳入海中，并能支持他们在水下顺利执行任务。

（五）亚利桑那州核电站的 SWAT

亚利桑那州位于美国西南部。该州有一片偏僻荒凉的沙漠，沙漠的边缘有一座帕洛·韦尔德核电站，是美国西南部供电的重要源头。核电站的安全由经营方负责，亚利桑那公用事业公司出资组建了一支保卫核电站的特种武器和战术分队，标识也是英文 SWAT。招收了 60 名经验丰富的退役警官，再施以基础训练、高级技能训练和理论知识培训，使他们具备核电站保护的意识、知识、技能和战术素养。与各州的 SWAT 不同的是，亚利桑那州核电站 SWAT 队员不具备警官身份，只承担设施警卫守备责任。之所以核电站需要组建 SWAT，是因为该核电站距最近的大城市菲尼克斯只有 90 千米，一旦核电站发生危险，靠城市警察可能救援不及。同时，设立 SWAT 也是依法行为，美国核管理委员会规则中规定核设施可以配备相应的"武装人员"。

（六）联邦调查局的 SWAT

成立于 1982 年。最初是警察组织内部为了对付犯罪活动由一些志愿者组成的临时性组织，后来由于社会治安的迫切需求，这种临时性组织才演变为真正的专业队伍。SWAT 的主要任务是处理一些高度危险的特殊任务，如劫持人质，平叛暴乱等。典型的 SWAT 由 5 名队员组成，特殊情况下，可扩展为 7—9 人，包括突击队长、分队长、突击手、正副狙击手、化学武器专家、战术医疗人员等。SWAT 小组除了拥有一般的枪支弹药以外，还配备特殊的通讯及电子设备、夜视器材、防弹衣、防毒面具、消音器、攀爬工具及爆破工具等。SWAT 的成员必须接受严格的审查。首先要在规定时间内完成持续跑、爬绳、俯卧撑等基础体能课目，其次是视力检查，色盲和视力障碍者会被排除，最后是检查队员有无情报收集及分析判断能力。

二、英国警察特别巡逻队、特警队、警务支持分队和国防部警察

1856年,为维持治安秩序,英国议会通过治安法,决定在伦敦等地创立警察。这是世界警察制度的开端。英国警察管理实行分散制,在52个郡设立了警察局,其中英格兰和威尔士43个,苏格兰8个,北爱尔兰1个。伦敦地区的警务由伦敦警察厅和金融城警察局管理。此外,英国还设4个特别警察局,分别为大不列颠交通警察、国防部警察、民用核能警察和苏格兰犯罪与毒品管制局。按照英国警察理念,警察是穿制服的平民,以维持社会治安和保护民众生命财产安全为己任,执行一般日常勤务的警察和街头巡逻的警察不配备枪支。但是,执行特殊任务的警察则配备必要的武器装备,甚至编组为一些准军事化的部分队,如伦敦警察厅的特别巡逻队和特警队、地方各警察局的警务支持分队、国防部警察等。

(一)伦敦警察厅警察特别巡逻队

伦敦警察厅于1829年由国会通过法案而设立,提案人是当时的内务大臣皮尔爵士。警察厅取代了18世纪中叶由法官与小说家费尔丁所组织的一个支薪的警察小组"弓街警察队"。伦敦警察厅总部初期设在白厅街4号,有个入口位于大苏格兰场(此地因当年苏格兰贵族造访伦敦时下榻的一座中世纪宫殿而得名),所以伦敦警察厅也被称为苏格兰场。伦敦警察厅由数个主要部分构成,每个部门各司其职。主要部门有:地区巡逻部、专门刑事部、特别行动部、中央行动部、行政与支持部等。每个部门皆由助理警察总监负责监督。其中,特别行动部、中央行动部、行政和支持部都编设有准军事人员和分队。

地区巡逻部负责大伦敦地区每日的地方性巡逻,除大伦敦的每个自治市各自的巡逻外,地区巡逻部还设有特别巡逻队。英国警察史上一件大事是1965年伦敦组建特别巡逻队(SPG,Special Patrol Groop),这也是世界范围警察力量发展的里程碑事件,是全球警方建立准军事

部队的滥觞。特别巡逻队最初由 100 名警察组成，在随后的 9 个月里，缉捕了 396 人。伦敦特别巡逻队今天的规模约 200 人，是平暴治乱的高度机动打击力量，平时分成 6 个行动组在伦敦重要目标区域持枪执勤。

（二）伦敦警察厅特种武装作战组

伦敦警察厅中央行动部包括以下单位：本部、紧急战备行动指挥组、枪械指挥组、中央通讯组、公共秩序行动指挥课、交通机动指挥课、特种武装作战组、地区支援课等。其中特种武装作战组（Specialist Firearms Command），与美国的 SWAT 类似，是特警队，有 2700 名特警，具有精良的武器装备、严格的训练和专业的编组与战术。地区支援课辖有空中支援小组、警犬支援小组、水上支援小组和骑警队，也是准军事化的警察组织。

特别行动部包括警备指挥组、反恐指挥组和保安指挥组。警备指挥组负责要员保护、皇室成员保护、外交人员保护，编设有个人贴身护卫小组、特殊护卫队等准军事分队。

（三）各警察局警务支持分队

是伦敦和地方警察局都编设的准军事化组织。20 世纪七八十年代，迫于工人运动的压力，英国内务部制定了一项应付大规模突发事件的计划，在每个地方警察局都组建了一支快速反应力量，即"警务支持分队"。伦敦警察厅所辖 8 个区都组建了警务支持分队，每个分队 118 人，由一名警司指挥。成员均经过心理测验，严格挑选，服务期为 4 年。任务是支持各区警察分局打击犯罪，执行目标监视任务；在缺少警力、物力的地区出现骚乱预兆时，按行动计划快速反应。重要的商港城市普利茅斯，共有警察 400 人，其中 200 人参加警务支持分队，分为 10 个小组，每个小组督察 1 人，警长 2 人，警员 20 人左右，服务期 3 年。

各警察局警务支持分队的警官都必须接受处置大规模突发事件的训练，按统一的训练大纲和标准施训。为此，英国警方建立了一处专门供警察防暴训练的基地，即闻名世界的英国防暴警察训练中心"防暴城"，位于伦敦西南的豪恩斯洛市，占地6000英亩，高墙环绕四周。里面不仅建筑林立，街道纵横，路旁有豪华商场、宾馆、赌马赛签注店，还有地铁和车站、停机坪，俨然是伦敦的缩影，为城市防暴训练提供了真实的环境。英国政府每年还拨款200万英镑，用来购置先进的防暴装备和训练器材。"防暴城"每年接待6000名来自英国各大城市的警察。每次演练的场景都根据真实的情况设计：市中心街道上烈焰熊熊，用废轮胎、木头设置的路障随处可见，一大群由教练扮演的暴徒用真正的汽油弹、砖块向毫无经验的受训者发起猛烈攻击，只见砖头石块漫天飞舞，汽油弹"乒乒乓乓"到处开花，刺鼻的汽油味夹杂着轮胎被烧过的焦臭味扑面而来，震耳欲聋的呐喊声，与抛掷物品发出的噼里啪啦声不绝于耳。身穿黑色防暴服装、置身于罗马式盾牌后的受训者伺机向暴徒发起攻击。置身于这种真枪实弹的场景中，受训者会全身心地投入战斗，去真正体验暴乱的场面和平暴的作用。

（四）国防部警察

英国国防部警察（Ministry of Defense Police，MDP）组建于1971年，执法（行动）权限为英国及其领地，司法权限为国防部警察管辖权限，构成依据为《1987年国防部警察法》，是具有宪兵特性的执法单位，总部位于英格兰埃塞克斯郡的韦琴斯菲尔德市，2016年4月编制人数为2400人左右。

MDP不是军事警察，与英国皇家军事警察是两支队伍，各有所司。MDP由空军部警察、陆军部警察和海军部警察合并而成，属于民事警察，但其作用及职责又不同于其他民事警察。基本职责是为英国及其属地范围内的国防部财产、人员和设施提供武装保护，包括安保级别较高区域的武装巡逻和警卫，有权盘查进入防区内身份、行为可疑的军人和平民，担负反恐、治安管理，以及相关犯罪调查等任务。日常勤务是武装警卫和反恐，治安巡逻，犯罪调查，国防部社区治安，以及国际警务等五个方面。

MDP 曾经担负安全保卫任务的国防部场所达 120 处，如皇家军械库、弹药库、皇家兵工厂以及国防部原子武器研究所等。随着冷战结束和北爱尔兰问题的解决，皇家军械库和兵工厂等大型设施的数量逐年减少，以前许多依赖 MDP 的警卫任务转给了军事纠察部门，MDP 目前部署在大约 100 个需要提供武装保卫的场所。

MDP 还履行涉外警务，包括海外冲突地区的治安，以及驻在地警察的培训任务。这些海外行动是在联合国、北约或英国外交部的授权下开展的。近年来，MDP 陆续向一些国家或地区，如波斯尼亚、科索沃、伊拉克、阿富汗、苏丹和塞拉利昂等派遣维和警察分队。2000—2007 年，MDP 还向位于南太平洋地区的英国领地皮特凯恩群岛提供治安警察。目前，大约 100 名 MDP 警员在海外履职，多数在科索沃和阿富汗。

三、法国警察机动巡逻队和共和国治安部队

（一）公共安全警察机动巡逻队

在法国，承担社会面治安巡逻任务的警察部门有两个：公共安全警察和共和国治安部队。公共安全警察的主要职责是：维护城市社会治安秩序，查处轻微犯罪案件（治安案件）。履行职责的主要方式是对城市实行 24 小时巡逻，加强对社会的治安控制。全国有公共安全警察 8 万人，占全国警力的 38%。巴黎市警察局有警力 1.7 万人，其中公共安全警察有 1.2 万人，占全局警力的 70%。该局专门建立了一支 100 名警力的机动巡逻队，负责城市繁华地区和主要街路特别是夜间的治安巡逻。下属的 20 个警察分局也都建有一支 30—40 人的机动巡逻队，负责重点地区和复杂地段的巡逻工作。机动巡逻队具有准军事化性质。各省、市也都有机动巡逻队，主要任务是加强夜间的巡逻防控，他们分为 3 班巡逻。夜间巡逻的重点时段是晚 0 点 30 分到 5 点 30 分。警方认为：法国城市夜生活时间长，这个时段内市民大都在户外活动，易发生斗殴、抢劫等治安问题，因此对这个时间段的巡逻作了

重复安排，加派了警力。

（二）共和国治安部队（CRS）

法国社会治安防控的一支重要力量，创建于1944年。共有9个团、60余个大队，每个大队编制220人，分为4个中队，每个中队约50人左右，总兵力1.5万人。作为全国的治安机动部队，平时以团为单位分驻在各个城市，负责重大治安事件处置及其他辅助性任务，配合地方警察部门加强治安巡逻工作，维护社会治安秩序，负责城乡结合部、重点地区的治安巡逻及城郊高速公路的交通管理。除此之外，职责还包括海边以及深山救援等。在法国一些群体事件中，比如游行示威、罢工活动、球赛等，面对密集人群的，总是CRS的身影。

治安部队始终处于临战状态，由内务部垂直领导，在全国范围内集中调度使用，每个大队平均每年有235天在驻区外执行任务。法国警方认为，治安部队相互调防、异地用兵，可以减少人为因素的干扰，有利于处置骚乱暴乱等群体性事件。共和国治安部队经费列入中央财政，与地方无关。

共和国治安部队队员素质较高、训练有素。全部是从警察中挑选，由警察学校统一培训，经过半年的防暴训练，合格者成为正式队员。训练内容有：体能素质训练，包括长跑、游泳、爬山；专业训练，包括自我防护、各种枪支、警械具的使用等；贴近实战的对抗性训练。

部队有精良的装备，每个大队配备21辆车，包括17辆具有防弹功能的行动用车及通讯指挥车、警用器材车、后勤补给车、排障车和车用防暴铁栅栏。队员个人装备有防弹头盔、防化面具、防弹衣、护肩、护肘、护腿、护脚、轻型钢化玻璃盾牌、丁字警棍、无线步话机、催泪瓦斯、声震弹、自卫用步枪、手枪等。另外，法国警察还拥有自己的直升机飞行大队，用于空中运输和空中监控，机上的指挥人员可以及时发现地面上发生的情况，调整兵力部署，控制骚乱场面。在执行一些特殊任务时，还配备非杀伤性武器。一种清障车可存储10吨水，还可存放瓦斯，对驱散骚乱人群非常有效。

法国警察部队中还有两只特种部队，专门承担反恐和制止重大犯罪如绑架、内乱等的任务。一支是国家警察"黑豹"突击队，一支是国家警察干预队，前者在巴黎执勤，后者在外省。详情在第九章"准军事部队中的特种部队"中介绍。

四、俄罗斯特警队（奥蒙）和特种分队（奥索姆）

苏联在筹办 1980 年莫斯科奥运会期间组建。1978 年莫斯科内务局决定在警察局内部成立独立的分队，专门负责抓捕罪犯。这标志着办案民警亲自抓捕危险罪犯的时代宣告结束。1989 年第一支特警大队（Отряд милиции особого назначения）成立，入选者都是内卫部队、海军陆战队或边防部队的退役战士，体格健壮，意志坚定。这支队伍后来改名为特别机动队（Отряд мобильный особого назначения，ОМОН），还有"黑色贝雷"、"黑手党杀手"等称谓。中国有媒体称其为"奥蒙"。"奥蒙"不断拓展任务范围，负责俄罗斯境内高危险性的打击犯罪任务，例如反劫机、营救人质、围剿恐怖分子，也用以对付大规模群众骚乱等。平时在本地发挥维护社会治安的支柱作用，紧急时由内务部统一征调，可以派到联邦任何地方参加战斗或维持治安任务。2002 年 10 月，车臣武装分子制造了俄罗斯歌剧院人质事件，ОМОН 和阿尔法部队为解救人质做出了重要贡献。"奥蒙"在全国各个大中城市均编设一个支队，内部分为战术和防暴两部分。2014 年时共有 160 个支队，4 万人。如乌德穆尔特自治共和国首府伊热夫斯克特警大队由 150 人组成，1994—1999 年曾 12 次赴车臣执行任务。"奥蒙"在性质上属于警察部队，具有抓捕、拘押等警察权力，听从各地内务部（局）警察部门指挥，是类似美国 SWAT 的警察单位。

在一些地方警局，还编设有奥索姆 OCOM 特种专业分队。这是一种支援分队，编制上不属于内卫部队，但是经常与内卫部队协同行动。第一支奥索姆特种分队于 1982 年在地区一级组建，分队一般由狙击手、烟火作业手等专业人员组成。"争戴栗色贝雷"帽训练是对奥索姆特种分队队员最严格也是最正规的测试。

第三节　其他国家警察部队

受美、英、法国家警察制度的影响，也出于本国治安的需要，自20世纪60年代，许多国家都在警察序列中编设了一些准军事化的部队或分队，用以处置群体性、暴力性治安事件。

一、菲律宾国家警察部队

国家警察部队（Constabulary）属于宪警一体的组织，共约4万人，隶属内务部和地方政府，编有地区司令部15个，省级司令部73个，并编设警察快速反应部队、国家警察野战部队等。警察部队成员接受专业的警察与宪兵业务训练。负责维持菲国内和平与社会治安秩序，对非法叛乱、暴动、盗窃、不法集会等扰乱治安行为和其他犯罪行为负有镇压、逮捕、移送、判决等任务，肩负在全国各地执行司法警察勤务之责，具体职责包括：道路巡逻、重要官署居舍安全警卫、执行特别行动、反情报、海岸巡防、刑事鉴识、犯罪调查等。

二、韩国战斗警察

韩国警察分为义务警察和战斗警察。义务警察担任交通指挥和一般巡逻任务，战斗警察则在战时以武装警察身份维持治安，平时则在示威活动、骚乱和暴乱中担负警戒、规范和镇压任务，成员服战斗警察役，如同服兵役。同义务警察一样，战斗警察由警察厅管辖。20世纪70年代末组建第一支特别战斗警察，分成24个战斗小组，分布在沿海、边防和内地，以应对反政府的渗透行为。由于发生群体性骚乱事件时，女警比男警更容易平复公众情绪，有利于控制局面，故成立女警防暴队。

为吸取1972年慕尼黑奥运会惨案的教训，保证1986年汉城亚运会和1996年汉城奥运会安全，韩国成立警察特种部队，包括汉城的KNP868特种部队和分布在大邱、大田、光州、釜山等地的地方警察特种部队。KNP868创建于1983年，归属韩国治安本部"大韩民国警察厅"。KNP是韩国国家警察的头3个英文字母，868是1986年汉城亚运会和1988年汉城奥运会的主办年号的后两位数字组合。KNP868特种部队是韩国最精锐的战斗警察部队，由200多名成员组成，下设行动分队、教育队、爆炸物处理队和警犬培训队。行动队队员都是经过精心选拔的精英，构成多个行动组，每个行动组由2个突袭小组、1个狙击/侦查小组组成，通常每个小组有2—7名成员和1名预备队员。在指挥官的指挥下执行狙击、护卫、战斗、解救人质等各种任务，同时也执行类似其他警察部门的特别行动，如抓捕危险嫌疑犯和保护要员等。爆炸物处理队主要负责对爆炸物的检查和处理以及担负作战支持任务；教育队负责指导新队员，包括各种战术和作战的全面教育。2000年起，为了更有效地保护女性要员，组建了女子反恐组。KNP868特种部队队员来自韩国各种特种部队，包括韩国陆军特种作战司令部空降旅、陆军情报部队、海军特战旅、海军情报部队及海军陆战队。入选者必须具有2年以上特种部队服役经历，拥有某种格斗技能，如二级以上黑带资格。入选淘汰率很高，1999年260多名申请者只有7人入选。

三、马来西亚警察作战部队

马来西亚独立后，由于外国势力的影响，政治和社会局势一度不稳，政府遂成立警察作战部队（也称警察陆战队），担负镇压武装暴乱、征伐背叛者及颠覆者、打击有组织犯罪和集团犯罪、边防荒野丛林巡逻等任务，还参加抢险救灾和维持公共秩序。法律规定13项勤务，包括：逮捕犯人；调查有关治安事项；执行法律规定的起诉事项；协助对港口、机场、基地等要害部门的军事保护等。现有规模为1.8万人，编有旅司令部5个，营21个，独立连4个；装备装甲车辆约100辆，装甲输送车

170余辆。

四、缅甸人民警察部队

缅甸人民警察部队的主要任务是维护国内社会治安和打击毒品走私，隶属于内务部，是缅甸的准军事部队，也是缅甸政权的重要支撑。现编制7万人，设有14个省（邦）级警察总队，65个县警察支队。每个省（邦）警察总队增设了3个机动警察连，每个县警察支队增设了一个机动警察连，每个镇区警察队（局）组建了一个机动警察排。仰光和曼德勒警察部队的实力为670人和310人。人民警察部队还设有一个警察作战营，500人；16支防暴警察部队，每支500人，均属于当地陆军司令官管辖；警察预备队约3.5万人。

五、泰国曼谷防暴队

该防暴队隶属曼谷警察局，总部设在离市中心不远的中华街。开始是为平定首都暴乱而组建，随着全国安全局势的变化，任务范围逐步扩大到全国。泰国境内各种有组织的犯罪团伙活动猖獗，其活动范围大大超出地方警局管辖范围，再加上泰国地方警察在采取行动时各自为政，国家也没有超越各地警局范围活动的警察组织，于是，曼谷防暴队被授予超越地方警察权限，可以在全国范围对严重暴力犯罪团伙实施震慑和打击。防暴队任务从平定城市骚乱的单一任务转向多元，包括：执行反恐作战任务，解救各种被劫持的人质；充当国家缉毒行动的特警队，深入毒贩出没的丛林搜集情报、追踪毒贩；担任要人警卫任务，在受到攻击的情况下进行紧急反击，确保要员安全，让其尽快撤离险境；实施远距离机降或伞降，打击拥有重武器的大股聚集暴徒等。防暴队员配备有长短两种枪械。根据不同任务着装，日常执勤身着淡茶色警服；执行特殊任务时着迷彩服、头戴黑色头套；执行警卫任务时则穿着便服。

六、新加坡警察部队的国民服役警察和专门任务部队

新加坡警察部队隶属内务部。全国共有正规警察 8000 人，国民服役警察 3000 人，警察后备役力量 1.6 万人，平民职员 1000 人。每一位年满 18 岁的新加坡公民都必须参加国民服役。每年都有一部分国民服役人员被分配到警察部队服役。国民服役警察与正规警察在服装和装备上完全一样，所从事的工作也基本相同，但不享受警察的工资和待遇，与在军队服役人员一样，领取少量津贴。

全国划为 7 个地区警署，负责维持本地区社会治安和打击、预防犯罪工作。另编设安全警卫部队、特别行动部队、廓尔喀人部队、海岸警卫队等专门任务部队。安全警卫部队负责来访的国家元首及其他重要人物的安全保卫工作。特别行动部队创建于 1992 年，下设警察防暴队、特别行动队和警犬队，其中防暴队负责处置大规模暴乱、在大型活动中控制人群、在灾害现场提供救援；特别行动队成立于 1993 年 11 月 9 日，用以对付持枪犯罪和解救人质；警犬队由警犬训练和使用人员组成，负责各口岸检查毒品走私及其他犯罪。廓尔喀人部队主要由尼泊尔的廓尔喀人组成，受新加坡警察雇佣，负责监狱等重要部位的安全警卫工作，并作为新加坡警察部队的后备力量。海岸警卫队负责维护新加坡水域和海上设施的安全，执行港口有关规则和法令，调查海上犯罪和灾难事故，搜查过往船只以防止走私贩运违禁物品，与新加坡海关和移民局密切配合，打击海盗行为和非法移民活动。

七、以色列特别巡逻队

以色列第一支特别巡逻队 SPU 成立于 20 世纪 90 年代初，地点在耶路撒冷，作为一支机动力量以应付大规模政治性示威活动，防止示威升级为难以控制的全面骚乱。之后其他地区的警察部门也组织自己的 SPU，如伊夫塔什地区有 25 名 SPU 队员，日常负责各条街道和邻近地区巡逻，

以及为到访要员警卫，装备 0.38 英寸口径警用版马盖尔突击步枪、乌齐微型冲锋枪、941 至 9MM 手枪、37mm 转轮催泪发射器、凯夫拉系列防护装具。

八、印度警察反恐突击队

1988 年，为了打击国内恐怖分子的破坏活动，印度警察总监吉尔在旁遮普邦率先建立了一支警察反恐突击队，随后其他邦纷纷效仿，建立了各种名称的警察反恐突击队，但这种突击队并未形成一个全国性的统一组织。印度警察反恐突击队面向警察队伍挑选成员，对新成员进行一系列的专门训练，如翻越障碍、追逐车辆、攀缘、野外生存、射击、心理战技能等。经过残酷的训练淘汰后，只有极少数人能够留在队里。印度各地政府对反恐突击队的工作非常支持，在武器装备及其训练方面给予各种积极的财政支持。如泰米尔邦政府花 500 万卢比为该州的反恐突击队进口了 50 支 MP-5 近战步枪和 70 支玻璃纤维 CLOCK 手枪，并在印度国内率先为反恐突击队装备了摩托罗拉公司生产的通讯系统。旁遮普邦则花 1000 万卢比建立了一套计算机模拟作战射击场。

九、印度尼西亚国家警察部队

印度尼西亚 1945 年独立，1946 年组建国家警察，当时主要用于对日军的缴械、受降，以及国家政要和首都的保护。1967 年警察力量划归国防部管辖，军方接管了警察的权力，警务活动经费和警力被消减，警民比例由 1∶500 下降到 1∶1200。2000 年脱离国防部，转由总统办公室直接管辖。国家警察是国家武装力量一部分，警察总部与陆海空三军种地位相同，功能和任务主要是维护国内治安、镇压暴动、平定内乱。警察总部下辖一般警察部队和特别警察部队与教育部队。特种警察部队 1.4 万人，设航空队、机动队，其中机动队分为山岳总队和步兵总队，编设 56 个连，装备战斗车辆 34 辆，运输机 5 架，直升机 20 余架。承担反恐、处突、排爆、搜索、营救等任务，在镇压暴乱中发挥作用。机动部队的组织体系和培训内容完全参照军队设置。印度尼西亚警察体制是法国城市警察和地方宪兵制度的结合体，为警宪一体，与泰国等东南亚国家（原法属殖民地）相同。

十、越南机动警察部队

2009年11月，越南公安部设机动警察司令部，司令、政委为中将衔，下设东北部、西原、中部、西南部、西北部、东南部共6个机动警察团，另辖3个特任警察营。

十一、肯尼亚警备队

编制3000人，组建于1953年，是一支维护国内安全的精锐力量，与飞行大队协同作战，处置骚乱和其他威胁公共秩序事件。编成以连为基本单位，拥有相应的运输、通讯设备和武器装备。

十二、阿根廷警察防暴部队和国家警察特别行动组

阿根廷联邦警察防暴部队是一支训练有素的部队，隶属于首都安全督察署，主要任务处置各类突发事件，追捕重要案犯，对重大活动、集会、体育比赛的安全戒备，对城市重要场所与重点目标的巡逻、警卫、反恐怖、反劫机等。编制1700人，其中警官70余人，士官1600余人，编有步兵队、骑兵队（内设有装甲车队）、警犬队和训练中心。各单位协同配合默契，步警、骑警、警犬平时经常在一起训练，并常在一起执行任务。防暴部队装备有各类非致命性武器、防弹背心、头盔、防毒面具、匕首等。机动交通工具有直升飞机、装甲车、运兵车、摩托车、高压水龙车。每个战斗小组配有两部对讲机。特种战斗小组还配有潜水、防暴等专用器材。

防暴部队处于"三级一体"的反恐防暴机制之中。联邦警察局首都安全督察署指挥中心负责掌握收集各类情报信息,决定派遣防暴部队兵力数量、种类,对突发事件实施宏观控制;本市出事地区警察分局负责对现场情况的了解,指挥配属的防暴分队行动,并将事态发展向指挥中心报告;防暴分队听从警察分局长指挥,使用非致命性武器,由分队指挥官下达命令。这种"三级一体"的机制,各级责任、权力明确,减少了烦琐的请示报告,利于掌握战机,达到控制事态的目的,为迅速平息城市骚乱、暴乱提供了有效的保障。

十三、加拿大皇家骑警队及警察特种部队

加拿大皇家骑警队(Royal Canadian Mounted Police,RCMP)。英语区称皇家骑警队,法语区称皇家宪兵。约1.8万人。1870年加拿大建立法式共和国卫队,是一支具有军事性质的警察力量,兼具军事警察和民事警察职责。后来英国统治加拿大,按英国模式将共和国卫队与军队分离,1873年改建成加拿大骑警队,隶属内务警察部门。1876年骑警队开始配备武器,卡宾枪挂在马鞍右侧,体现英、法殖民者对殖民地的统治。20世纪后警员转配手枪,同时组建火炮支队,继续保持准军事力量性质。总部设在渥太华,在各地设地区司令部,共有13个地区总部。还编设有一支海事队伍。

渥太华警察战术部队(Ottawa Police Tactics Group,OPTG)。1976年,也就是慕尼黑奥运会惨案的第四年,渥太华卡乐顿地区警察组建了一支战术部队,这就是渥太华警察战术部队的前身。今天,这支部队已被认为是加拿大最棒的警察单位。从1976年至1993年,渥太华警察战术部队的职责同其他常规单位差不多,主要是管理交通、对杀人者实施侦查追踪。1993年成为专职的特警部队,类似于美国警察的SWAT部队,建立了24小时待命的机制,可以执行其他警察单位无法执行的任务,如社区安全保障、城市安全防卫及巡警支持等。他们需要在第一时间对潜在的危险作出反应,及时制止任何可能危害社会的行为。后来,

渥太华警察战术部队的活动范围又扩大到机场地区，负责机场地区的安全保卫并协助解救被劫持的客机。在渥太华起降的国际航班客机归国家人质救援部队——加拿大地面武装部队联合特遣队2队（JTF2）负责。这支部队同样驻扎在渥太华。

作为加拿大警察部队的一柄尖刀，渥太华警察战术部队只有在事态非常严重时才会出动。按照规定，有以下3种情况发生才能动用这支部队。其一是发生犯罪事件，并有暴力行为或对巡警构成威胁。其二是犯罪分子拥有武器并可能对警察构成威胁。在此种情况下，队员将尽一切可能以和平方式解决问题。其三是犯罪分子拥有武器，已经使用武器或威胁使用，对警察构成严重威胁。在这种情况下，需要两个8人小组执行任务，狙击手就位，疏散周围的民众，救护车和医院急诊室待命准备。

目前，渥太华警察战术部队共有34名成员，由一名总队长负责，另有一名副队长和一名训练警官。其余的32名队员分为4个小队，每队8人，由一名小队长负责管理。值得一提的是，每个小队都有一名狙击手。每个小队的训练及值勤都是独立的，其时间表并不固定。通常，一个小队训练的时候，其他单位则严阵以待，随时准备处理突发事件。如果遇到特殊情况也会同时出动。同世界上多数地区的特警单位一样，该部队的成员也全部由志愿者组成，需要有优异服务记录且至少工作4年。所有报名的志愿者都要参加一系列体能及技巧测试，只有在测试中得到高分的人才能成为这支精锐部队的一员。入队后必须和有经验的队员一起配合，进行为期3周的基本训练。训练课目包括：精确射击、管道训练（穿越狭窄走廊、公共汽车、建筑物）、乡村行动（渥太华卡乐顿地区警察局所管辖的大部分地区是郊区和农场）、缉捕犯罪嫌疑人。

温哥华紧急应变部队（Emergency Response Team，ERT）。组建于第一次海湾战争期间，由于队员执行任务时身着灰色迷彩服，头戴只露两只眼睛的黑色头套，腰别一把"兰博"利刃，身手敏捷，来去隐秘，人们把他们称之为"灰衣人"。部队总人数约有30人，都是从当地警员中挑选出来的佼佼者。其中有20多名"谈判专家"。队员平时各有岗位，担任巡逻或者其他工作，但必须24小时待命，有任务时紧急集合起来迅速出动。温哥华紧急应变部队面向警察录用队员，只有那些背景清白、履历良好、体能和心理素质优秀的志愿者，才有可能加入这支队伍。各项考核通过者还要集中起来进行一系列战术训练，通过者才可正式入队。

十四、澳大利亚警察特工队

属于英国警察模式和准军事力量模式，主要依靠普通警察和特别警察进行社会治安。普通警察被授予最优先权力，特别警察是支援和后备力量。各州警察机构中设有各种特工队，分别负责应对武装抢劫、团伙犯罪、贩毒、诈骗、机动车犯罪、特种犯罪等，装备有武器。其中，西澳大利亚州刑侦处设有帕斯地区快速反应巡逻队，成立于1979年。

第五章／国民警卫队

国民警卫队（National Guard）原是民众志愿性武装，是国防力量的预备队。后来向着常备化、警察预备队的方向发展。美、俄国民警卫队尽管有很大不同，但都承担国内安全任务，也都对国际局势发生影响，引世人关注。

第一节 全球国民警卫队概述

全球以"National Guard"为国际通用英文名的准军事组织有40余个。仔细考察它们的组织性质、任务、编制、装备和传统渊源，可以发现存在许多差别。根据这些差别，大致可以将各国国民警卫队分为三类：一是美国式的预备役国民警卫队；二是西班牙式类同宪兵的国民警卫队；三是其他国家类同内务部、安全部队的国民警卫队。

一、美国式国民警卫队

美国式国民警卫队历史悠久。1221年奥地利在维也纳创建国民警卫队，是最早的同类组织。此后，法国在大革命时期建立国民警卫队，美国在1824年建立国民警卫队，另一些国家在一战和二战后也陆续组建此类国民警卫队。其中美国国民警卫队影响最大，代表着这一类组织的基本样式。

美国式国民警卫队是地方性、自卫性和民众性武装，建立在民兵组织基础之上，比一般民兵队伍正规化和常备化程度更高，是民兵制度的高级形态，目的是提高部分民兵的组织水平和军事能力，以便将整个群众型武装区分为若干等级，建立有次序的征召制度，以备不同的战争和国内安全需要。具有国防军预备队和警察预备队的双重作用，既可以在战时补入正规军队，也可以在需要时支援警察，参与维护社会治安和法律秩序。

美式国民警卫队与那些大规模的、具有全民皆兵性质的普通民兵组织，如工农卫队、人民动员军等有很大不同，具有更严密的组织编制、更严格定期的训练、更良好的武器装备和更为常备的军事和安全任务。各国的美式国民警卫队有不同名称，如民众警卫队（Popular Guard）、家乡警卫队（Home Guard）、市民警卫队（Civil Guard）、乡村警卫队（Rural Guard）、国民勤务队（National Service）、国家人民军事组织（National People's Militia）、人民军事防卫力量（Defense Force of People's Militia）等。北欧国家挪威、瑞典等国的此类组织都称家乡警卫队（Home Guard），历史上英国也曾设立家乡警卫队，作为协助正规军队保卫乡土的力量，美国林肯政府也组建过名为家乡警卫队的武装。中非国家坦桑尼亚、赞比亚等国则称国民勤务队（National Service）。

在各国美国式国民警卫队中间，也存在一些区别。在地方自治、邦联制的国家，国民警卫队多数都是地方武装，归地方政府、部落等指挥，以便于民众自卫，如美国；而在中央集权的国家，国民警卫队不具有地方武装的性质，如瑞典国民警卫队。从常备性角度考察，美国国民警卫队具有更强的常备性，制定有严格的执勤和轮流戍卫制度，每年离开自己职业的时间更长，与民兵差别更大，离常规军人更近；而瑞典、格鲁吉亚国民警卫队制度则更偏向民兵。

美国式国民警卫队与各国宪兵、内务部部队、警察部队等具有相同点，即都负有维持公共安全的责任，但也存在差别：首先，各国宪兵、内务部部队、警察部队是常备武装，美国式国民警卫队是志愿性、预备役武装，其成员平时有自己的职业，需要时应征入队服务；其次，宪兵隶属军方，内务部部队（内卫、安全部队）隶属内务部（或安全部、公安部等），警察部队隶属警方，而国民警卫队则归属国防系统；其三，就日常任务而言，宪兵、内务部部队和警察部队不承担国防责任，国民警卫队则承担国防任务。它是国防军和警察的双重预备队。依靠志愿人员帮助维持社会公共安全，是美国的创举。但与宪兵、内务部部队在全球的普及程度相比，美国模式推广面相对较窄。美国模式建立在自卫自治的建国传统之上，建立在雄厚的民兵传统之上，多数国家国情与此差别较大。

拥有美国式国民警卫队的国家，多数没有其他准军事力量，如宪兵、安全部队、警察部队等。多数国家具有一元化的准军事力量，但也有二元、三元甚至四元准军事力量体制。造成多元模式的原因，往往在于这些国家在很长历史时期内分别接受不同大国、宗主国的影响。

在看到美国式国民警卫队与其他准军事力量存在差别的同时，也要看到国民警卫队在发展历程中，存在着由民兵性质武装逐步向着常备安全部队转变的痕迹。今日美国国民警卫队比200年前的国民警卫队，更具常备性，更多担负国内安全任务；1917年成立的沙特阿拉伯国民警卫队，初期是部落民兵式武装，随着该部落首领掌握国家政权，国民警卫队也逐渐成为政府常备的安全部队，主要负责偏僻和边缘地区的安全，在城市发生大规模社会动乱时协助警察控制局面；阿塞拜疆、乌克兰、俄罗斯等改造其内卫部队，更名为英文 national guard，也显露出世界范围内安全部队（包括内卫部队）向国民警卫队靠拢的迹象。

二、西班牙式国民警卫队

1492年，哥伦布率船队由西班牙加迪斯出发，10月12月发现了美洲新大陆并登上巴哈马的圣萨尔瓦多岛，然后带了几个土著人及一些物品返回西班牙。哥伦布发现西印度群岛后，西班牙逐渐成为海上强国，此后三个世纪里，西班牙在美洲大陆和加勒比海地区不断地进行着征服和殖民，先后占领了大部分加勒比海岛屿（西印度群岛）、墨西哥、南美大部、中美洲地区、北美西部太平洋沿岸（直达阿拉斯加）和北美中部内陆。又从墨西哥横跨太平洋，经菲律宾到东亚。澳门、东帝汶、印度尼西亚、菲律宾、莫桑比克、苏丹、阿曼、巴西、墨西哥、中美洲、西印度群岛、秘鲁、智利、阿根廷、乌拉圭、巴拉圭、玻利维亚，都曾是西班牙的殖民地。另外，因为当时的西班牙吞并了邻国葡萄牙，所以葡萄牙的大片海外殖民地在名义上也属于西班牙。西班牙在欧洲，在名义或实际上拥有过葡萄牙、撒丁、西西里、那不勒斯、米兰、奥地利、匈牙利、比利时、荷兰、威尼斯、斯洛文尼亚、克罗地亚、瑞士、捷克等国家或地区的全部或部分土地，是名副其实的第一代日不落帝国。

西班牙在殖民地推行各种政治、军事制度，1844年西班牙建立市民警卫队，随后推向殖民地各国，形成世界准军事力量格局中的一个大的板块。后来，随着西班牙殖民时代的结束，一些国家在独立后废弃了这种制度，但也有的保留下来直至今天。

西班牙市民警卫队同美国国民警卫队名称相近，都是政府组织民众自卫自治的准军事组织，都隶属国防系统，是国家武装力量的预备力量。但由于毕竟是不同的源流，两者也有一定的差别：美国国民警卫队是民兵组织，不是常备军；西班牙市民警卫队是常备军；美国国民警卫队主要责任是防御外来入侵，是国家国防力量的组成部分，而西班牙市民警卫队除了国防责任，平时更多地承担社会治安责任，是国家警察力量的一部分。从一定角度观察，西班牙市民警卫队的性质靠近法式宪兵，2008年欧盟建立宪兵部队，西班牙市民警卫队同法国、意大利、荷兰等国宪兵一并加入。

尽管美式国民警卫队与西式国民警卫队之间存在传统上的差别，但在近50年来，随着全球一体化进程，各国安全局势面临的共同威胁增加，如街头暴乱、走私、恐怖主义等，美国国民警卫队的常备性和警务性在逐渐增加，美、西国民警卫队之间有靠拢的趋势。

三、其他国家国民警卫队

除了美国式的国民警卫队,还有一些国家的国民警卫队,英文官方名称也是 The National Guard,但没有民兵组织的属性。这些国家组建国民警卫队,各有各的初衷:有的国家没有正规军队,组建国民警卫队作为唯一或主要的常备武装力量,如塞浦路斯、哥斯达黎加等;有些国家组建国民警卫队作为除海陆空三军之外的又一常备武装和治安部队,如委内瑞拉、沙特等;还有的国家将原内卫部队改建改称为国民警卫队,如乌克兰。之所以这些部队都采用国民警卫队的名称,是因为它们认同国民警卫队在世界史中的声名,看到自己与国民警卫队在使命、编成等方面的相同之处。

原社会主义阵营国家的内卫部队改组改名为国民警卫队或另建国民警卫队,是一股潮流,持续了20多年。这是苏联解体后这些国家军事体制变化的重要部分,也与美国在中亚、东欧推行其政治和军事制度深有关系。美国制定了长期的安全援助目标,注重军队、边防军、缉毒部队以及反恐部队的专业化训练,例如:亚利桑那州国民警卫队训练哈萨克的现役和预备役军队,路易斯安那州的国民警卫队训练乌兹别克斯坦的参与者;蒙大拿国民警卫队训练吉尔吉斯斯坦的参与者;弗吉尼亚国民警卫队训练塔吉克斯坦的参与者等。经改造的内卫部队,名称和任务有所变动,但组织性质仍是内务部门所属的安全部队。

2016年4月5日,俄罗斯总统普京宣布在内务部内卫部队的基础上成立新的部队,俄文名称为 Российской национальной гвардии,英文官方名称则为 Russia's national guard。国内一般将其译为"俄罗斯国民警卫队"。本书采取从众的原则,也译为"俄罗斯国民警卫队"。但需要指出,如将俄罗斯这支部队译为中文"国家卫队",也许更符合普京改革的意图:将从属于内务部的部队改编为直接从属国家的部队。

上述三类国民警卫队存在着明显的同名异质现象,这是全球准军事力量的发展还处在生长期混沌状态的标志。与全球正规军事力量相比,各类部队的规范性、名称一致性不够，存在各国各自为政、各立名目的情况。今后随着准军事力量的进一步发展，这种同名异质现象会逐渐弱化，同一名称的组织具有未来发展同向性，相互间会相互参照，慢慢开启同质化进程。

目前全球以国民警卫队为名称的部队（包括市民警卫队、公民警卫队等近似名称的部队）广泛分布于亚、非、欧、美各大洲，如下：

阿曼部族国土卫队、阿塞拜疆国民警卫队、巴基斯坦国民警卫队、巴林国民警卫队、菲律宾国民警卫队、格鲁吉亚国民警卫队、吉尔吉斯斯坦国民警卫队、柬埔寨民兵游击队、科威特国民警卫队、老挝民兵自卫队、塞浦路斯国民警卫队、沙特国民警卫队、斯里兰卡国民警卫队、塔吉克斯坦国民警卫队、泰国猎勇部队、土耳其国民警卫队、土库曼斯坦国民警卫队、乌兹别克斯坦国民警卫队、约旦人民军、埃及国民警卫队、赤道几内亚国民警卫队、冈比亚国民警卫队、刚果（布）国家人民自卫队、毛里塔尼亚国民警卫队、摩洛哥军队辅助队、塞舌尔国民警卫队、苏丹全民防御组织、坦桑尼亚国民勤务队、赞比亚国民勤务队、爱沙尼亚支援防卫联盟、立陶宛武装联盟（步枪射手协会）、挪威国民警卫队、葡萄牙国民警卫队、瑞典国民警卫队、瑞士民防部队、乌克兰国民警卫队、西班牙国民警卫队、希腊国民警卫队、哥斯达黎加国民警卫队、圭亚那国民勤务队、美国国民警卫队、萨尔瓦多国民警卫队、委内瑞拉国民警卫队等。

第二节　美国式国民警卫队

一、美国国民警卫队

在各国民兵和国民警卫队组织中，最具影响力的是美国国民警卫队（United States National Guard, USNG）。它以历史久远、规模庞大、制度完备而对其他类似组织产生引导甚至规范作用。

(一) 漫长历史

美国国民警卫队已有 380 年历史。1636 年 12 月 13 日，波士顿建立了第一支民兵队伍。今天陆军国民警卫队的第 101 野战炮兵团、第 182 步兵团、第 101 工兵营及第 181 步兵团都可上溯到这支队伍。因此有人说民兵的历史比美国历史还要长。这一天被美国国民警卫队认定为诞生日。

1824 年与 1825 年之间，法国将军拉法叶侯爵访问美国，欢迎队伍中有民兵队伍，其中纽约第 11 炮兵团第 2 营打着"国民警卫队"旗帜，以纪念法国大革命中该将军麾下著名的"国民警卫队"。将军特意跳下马车，与该队士兵逐一拥抱。"国民警卫队"从此成为美国民兵的一个骄傲名称。很快，到了 1824 年 8 月 25 日，所有民兵队伍便统一改名为国民警卫队。由此看到，国民警卫队源自民兵，所以美国国民警卫队又称为联邦国民兵。今天国民警卫队的标记，就是一个独立战争时期穿便服民兵的形象。

1903 年美国国会通过《民兵法案》，又称《迪克法案》，将各州的民兵组织纳入国民警卫队体系，使其蜕变成"井井有条的民兵"。由联邦政府负责办理多数国民警卫队事务，例如联邦拨款、由中央政府供给枪械及装备、与陆军联络等。1916 年，国会又通过《国防法案》，使国民警卫队取得享受联邦政府年度拨款的资格以及联邦预备役军事力量的地位，其编制、装备和训练开始参照正规部队的条款实施。在应征服现役期间，国民警卫队与正规部队一样接受统一法规的约束，并享受与正规部队同样的工资待遇和补助。

二战结束后，国民警卫队总计有 27 个师，其中 25 个步兵师、2 个装甲师。随着空军的建立，1947 年 9 月 18 日空军国民警卫队成立。由于美国宪法不允许各州在和平时期拥有战舰，所以没有海军国民警卫队。冷战结束后，美国国防部裁减冷战时期部队，陆军国民警卫队的机动部队由 10 个师缩减至 8 个师。在战后漫长时间里，国民警卫队服从州政府调遣和指挥，维护社会治安和参加抢险救灾，留下了一些重要行动的历史记录，如：

1957年，阿肯色州州长反对种族融合，调动国民警卫队阻拦9名黑人学生入读小石城中央中学上课。同年9月24日，美国总统艾森豪威尔勒令联邦政府接管阿肯色州全部国民警卫队，并派遣101空中突击师士兵护送黑人学生返校。一连串种族教育争议最终呈上最高法院。

1964年7月，纽约州州长派遣本州国民警卫队前往罗彻斯特市，以平息当地的种族骚乱，这是国民警卫队在北部城市首次执行平乱任务。1965年8月，加州陆军国民警卫队奉州长令平息洛杉矶动乱，以恢复治安，重建秩序。1970年俄亥俄州州长下令本州陆军国民警卫队进入肯特州立大学，镇压反越战示威。5月4日国民警卫队向学生开火，枪杀4名学生，9名学生受伤，激起社会空前震动。

1992年洛杉矶发生大规模暴动，市中心南部陷入混乱，当地警力不够，加州国民警卫队遂紧急增援，上街巡逻，以恢复当地秩序。期间因怀疑有人违反宵禁令，国民警卫队5次开火。1993年德州国民警卫队奉命到场协助美国烟酒枪炮及爆裂物管理局处理韦科镇山庄事件。当时大卫教派的教徒匿藏于总部建筑与外界对峙，进行武装抵抗。国民警卫队负责防守各点，并部署M1A1坦克掩护管理局人员撤退，数架国民警卫队直升机一直在上空悬空监视、侦察，地面则配以狙击手支援警方突击。

在"9·11"事件发生后几分钟之内，国民警卫队和后备队人员就开始响应召唤，在遍布全国的重要地点进行空中巡逻和街道巡逻，提供医疗援助、通信和保安服务。仅纽约州国民警卫队在24小时内就调动了4000名士兵备勤，其中约有1000名士兵提供了安全、医疗和工程等方面的服务。时任美国总统布什要求州长们征召7000多名国民警卫队人员帮助维护全国429个商用机场的安全。国民警卫队空军战斗机也升空执行战斗巡逻任务。马里兰州陆军国民警卫队应召被派往五角大楼承担安全保护任务。国民警卫队人员还帮助美国移民局和海关总署加强边境安全工作。2002年2月25日，开始在边境地区部署国民警卫队，以加强边界安全。

2005年8月29日,"卡特里娜"飓风袭击了美国路易斯安娜州、密西西比州和阿拉巴马州,造成巨大人员和财产损失。美军出动了5万多名国民警卫队员和2.2万多名现役军人,展开了美国史上最大的抗灾行动。国民警卫队进入灾区维持治安,抢险救灾,协助复苏。2007年1月和2月雪灾肆虐,积雪厚达数尺,来自8州的国民警卫队奉命往灾区,给被困灾民派发食物和日用品,清理冗雪,运粮接济牲畜,调度交通和救援深陷雪中的司机。自2008年起,美国开始向阿富汗派遣执行农业开发任务的国民警卫队人员。农业建设队被认为是美国在阿反恐战争的重要一环,以借此"公关"举措改善美军形象,扩大民众基础。国民警卫队的农业开发项目很多,从作物栽培、流域灌溉到养蜂、畜牧。国民警卫队队员在执行教育培训和相关农技工作之余,仍要扛枪作战,配合正规军维持治安。

2014年10月16日,美国总统奥巴马签署行政命令,授权国防部动用国民警卫队和预备役部队力量支持美国在西非的援助行动,抗击埃博拉疫情。同年11月,美国弗格森枪击案中击毙黑人青年的白人警察被免予起诉,引起美国多地的抗议和骚乱。美国密苏里州州长杰伊·尼克松17日宣布,密苏里州进入紧急状态,并派出国民警卫队帮助维持治安。密苏里州的国民警卫队共9000人,相当于四分之一人马被派到弗格森这个仅有2万人的小镇。冒雪列队守卫警察局等地,弗格森小镇在经历连续两晚的骚乱后,终于恢复了平静。

国民警卫队参加了美国参与的历次战争。第一次世界大战期间,驻法美军的战斗单位里有四成是国民警卫队。第二次世界大战时,国民警卫队共组成19个师参战,其中有以阿肯色州国民警卫队为基础组建的第35步兵师和在菲律宾作战的俄亥俄州国民警卫队等。朝鲜战争总共动员14万名国民警卫队。越南战争中国民警卫队不需到国外服役,只需防守美国国内,但也有零星参战记载。肯塔基州国民警卫队的第138野战炮兵团第二营曾于1968年年末调派越南,支援第101空降师的行动。越战后美国不再实行征兵制,军队全部改募兵制,进行海外战争时军力不足,因此又修法让国民警卫队出兵参与海外战争。海湾战争就征调超过6.3

万名国民警卫队队员。2001年10月7日开始轰炸阿富汗时，3万多名后备役人员在支援"雄鹰行动"和"持久自由行动"。2005年，国民警卫队现役及其预备队担当近50%前线作战任务，大概有18.3万国民警卫队兵员（包括预备队）在全球执勤，包括30万家眷。除了参加战争，国民警卫队还履行国际维和任务，地方包括索马里、海地、沙特阿拉伯、科威特、波斯尼亚和科索沃。

多位美国总统曾参加过国民警卫队。这一履历为他们成功竞选加分不少。有3位总统——乔治·华盛顿、托马斯·杰斐逊和詹姆斯·麦迪逊曾是殖民地民兵；有15位总统曾是州民兵；1903年民兵改名国民警卫队后，杜鲁门总统于1905年加入密苏里州国民警卫队，小布什总统曾参加空军国民警卫队。

（二）法律基础

美国法典第十篇和第三十二篇规定，合众国民兵包括所有17岁以上以及45岁以下的合众国公民；合众国民兵分为有组织民兵（包括国民警卫队及海军民兵），以及未组织民兵（包括非国民警卫队及海军民兵的民兵成员）；国民警卫队队员散驻各州和其他国土，听命于州长或民兵指挥官，遇有紧急状态及灾害如风灾、洪水或地震，州长或民兵指挥官可下令召集国民警卫队。此为创立国民警卫队的依据。

《1792年民兵法案》授权总统召集民兵，法案一直生效了111年。

《1903年民兵法案》（《迪克法案》）将各州的民兵组织组合成今日的国民警卫队体系。

《1947年国防法案》第207节（f）确认成立空军国民警卫军，隶属国民警卫局。

《1987年财政年度国防授权法案》（蒙哥马利修正案）。州长不得拒绝国民警卫队的海外现役任务，不论是基于任务地区、目的、类型或时间问题。

《2007年防卫授权法案》修改联邦法例第1076节，州长在紧急情况下不再是该州国民警卫队的唯一统帅。总统可全权指挥该州国民警卫队，无须征求州长同意。此举引致 50 州州长向国会发表联署反对信。《2008年国防授权法案》撤销联邦法例第 1076 节的条例，但仍允许总统在战争时期或国会认可的国家紧急情况下，召集国民警卫队履行联邦军事任务。

（三）组织性质

美国国民警卫队是一个特别的武装组织，具有多种属性：

第一，国民警卫队是美军整体力量的重要组成部分，总统在战争时期或国会认可的国家紧急情况下，有权召集国民警卫队履行联邦军事任务。

第二，国民警卫队是隶属于各州政府的地方部队，除了在特殊情况下必须接受联邦政府的征召之外，国民警卫队仍由各州政府指挥。这一属性使它区别于美军整体力量的其他组成部分，如陆军、海军、海军陆战队、海岸警卫队等都属于联邦政府武装。

第三，国民警卫队是美国军队的重要后备力量。美军后备力量分为国民警卫队和联邦后备役部队两大部分。两部分之间有着重要区别，国民警卫队属于地方武装，负有治安和军事作战双重任务，联邦后备役部队是联邦政府武装，专为军事作战而组建和训练。

第四，国民警卫队是民兵组织，成员有自己的职业和住处。美国防务在很大程度上基于这样一个思路：民众在和平时期准备加入现役部队，当国家处于紧急关头时即成为战士。但国民警卫队又不同于一般民兵组织，是组织化程度更高的民兵。

第五，国民警卫队是常备武装组织。通常来讲，世界各国的民兵组织、后备组织都不是常备力量。美国国民警卫队虽是民兵组织、后备力量，但实行的征召制度使其具有常备力量的属性。海湾战争以来美国国民警卫队的参战经历和"9·11"事件以来美国国民警卫队在国内治安中的作用，都凸显了这一属性。国民警卫队原本是不需要经常出境作战的，但是因为美军追求精简，又要到处驻军和打仗，所以一旦作战行动持续时间较长，就会出现作战力量不足的情况。在这种情况下，一个办法是增加征兵数量，但是这需要比较长的时间，第二个方法是抽调联邦后备役部队，第三个方法就是与各州协商，抽调各州的国民警卫队临时加入现役进行海外部署。所以，国民警卫队常备化，实际上是美军军队人数不足的一个临时解决方案，也是战后国民警卫队属性变化的主要方面。美国久已有意使国民警卫队成为正规军队的一部分。战后美国陆军多次裁减，一些陆军师成建制转为陆军国民警卫队，如朝鲜战场表现不佳的第24师就被降格为国民警卫队。美国国民警卫队已不再像冷战时期预想的只是作为"一次性"的战略储备之用，20世纪的头十年里"持续性"已经取代了"一次性"。一个"持续冲突"的时代需要一种"时刻准备着"的状态，国民警卫队成为美国国防的"全职"参与者，是整个美军常备力量的一个必要组成部分。美国舆论认为，警卫队员们证明了民兵是真正的战士，是整个美军部队的必要组成部分，能够24小时战斗在前线，他们与现役部队的士兵没有差别。

（四）使命任务

美国国民警卫队同时肩负着治安与国防两项任务，即平时服从州政府调遣和指挥，维护社会治安和参加抢险救灾；战时经总统发布征召动员令后，向现役部队提供训练有素的建制部队。

作为救灾主力的国民警卫队在美国的救灾体系中的角色与功能，举足轻重。当本州发生灾难或紧急状况时，由州长指挥动员已受过训练的国民警卫队，执行应急任务。美军国民警卫队因仅列装轻型装备，支持能力不足，主要担负任务包括：维持治安（荷枪实弹），担任安全警戒维护；协助运输灾民，疏散民众；运送物资至灾区；开设灾民收容站；提供帐篷、饮水及食物；抢救后送伤员实施紧急医疗；清理灾区恢复旧观等。2007年美国陆军绿皮书第8节《陆军国民警卫队》中强调，陆军国民警卫队与其370年历史中任何时刻所做的一样，仍积极应对诸如"9·11"恐怖袭击、飓风、龙卷风、火灾等突发事件和执行边境警卫任务。

在支援战争方面，越南战争以前国民警卫队不需到国外服役，越战后美国改行募兵制，进行海外战争时军力不足，于是修法让国民警卫队出兵参与海外战争。国民警卫队和后备队人员对作战需求的支援在稳定增加，由20世纪90年代初每年90万人日增加到1995年以来的每年1200万人日，相当于3.5万现役军人日。

空军国民警卫队是国民警卫队的特殊部分，其特殊任务为：平时作为各州政府的地方武装组织，在州的法律权限内维护治安，参加抢险和缉毒工作；战时或国家处于紧急状态时转入现役，用于国内防空或派往海外战区执行作战任务。

除了以上任务，有的州将国民警卫队作为州行政机构的劳动力储备，履行一些非军事性义务。美国国防部文件对此有过质疑。

（五）组织编制

美国国民警卫队的编制体制、武器装备、后勤供应、人事制度以及执行的条令条例均与现役部队相近。这种体制还是200多年前华盛顿总统创立的。由于其具有便于训练、便于迅速征召和动员等优点，一直沿用至今。

平时，国防部对国民警卫队只有指导权而无指挥权，国民警卫队由各州政府指挥，受所在州专管国民警卫队事务的副州长直接领导。州长如宣布该州处于紧急状态，可召集该州国民警卫队。战时，联邦政府有权调动国民警卫队部队服现役。如果国会、美国总统或国防部长宣布国家进入战争或紧急状态，国民警卫队可征召入现役，以补充常规军队兵力。

国民警卫队经费开支由联邦政府和州政府共同承担。

国民警卫队由位于弗吉尼亚州阿灵顿的国民警卫队局（National Guard Bureau）管理。该局与国防部联合处理美国法典第十篇规定的一切行政事宜。局长为四星陆军或空军上将，是参谋长联席会成员，主管政策发展，就一切国民警卫队事务向陆空军部长和参联会主席提出建议。

美国各州均设有国民警卫队。各州国民警卫队受州政府和联邦政府双重领导。除个别时候应联邦征召外，美国国民警卫队主要由各州政府指挥。受州政府指挥期间，州长是本地国民警卫队总司令。美国各州可根据本州情况、在本州自付开支的情况下自由动用当地国民警卫队。

按军种划分，国民警卫队分为陆军国民警卫队和空军国民警卫队。陆军国民警卫队35.8万人，现有8个作战师，15个独立旅，包括装甲旅、机械化步兵旅、步兵旅和装甲骑兵旅。另编侦察大队1个、独立步兵营1个、独立炮兵营42个、独立航空营32个、独立防空营11个、独立工兵营40个，心理战大队2个，民事营（连）32个。

美国陆军国民警卫队编有2个特种战斗群：第19特种战斗群总部设于犹他州，下属连队驻扎在华盛顿州、西弗吉尼亚州、俄亥俄州、罗德岛州、科罗拉多州和加利福尼亚州，部署于东南亚、东北亚和欧洲。第20特种战斗群总部设于阿拉巴马州伯明翰，下属连队驻扎在阿拉巴马、密西西比、佛罗里达等州，在32个拉丁美洲及加勒比海地区国家设有任务区域。国民警卫队特种作战群在执行敌后游击战、破袭战、侦查、反恐等任务时，接受美国陆军特种部队"绿色贝雷帽"的指挥。

空军国民警卫队成立于1947年9月18日，总部设在华盛顿市五角大楼。平时，为各州政府的地方武装组织，在州的法律权限内维护治安，参加抢险和缉毒工作；战时或国家处于紧急状态时转入现役，用于国内防空或派往海外战区执行作战任务。分别配属于空中作战司令部、教育与训练司令部、航天司令部、特种作战司令部、空中机动司令部、太平洋空军司令部。10.9万人，编为87个联队、105个中队，包括战斗机中队2个、战斗/攻击机中队32个、救援/搜索机中队3个、运输机中队29个、空中加油机中队24个，特种作战飞机中队1个，训练飞机中队7个等。装备飞机1079架，其中B–lB型轰炸机16架，F–16、F–15型战斗机、A/OA–IOA攻击机650架，EC–130E型特种作战飞机4架，C–130、C–5A、C–141C等型运输机259架，KC–135、HC–130型空中加油机211架，HH–60G型直升机15架。

除常规部队，国民警卫队还组建有10支化生放核模块化部队。每个部队辖一个紧急指挥控制系统、1个工兵营（负责清理废墟）、1个核化生防护营（负责核化生物质探测与洗消）、1个医疗救护队（负责紧急医疗救护）。这10支化生放核模块化部队正好与联邦紧急管理局下属的10

个区一一对应，确保在突发事件发生后能够立即反应。目前一个连级规模的化生放核模块分队可在 4 小时内完成部署，一个营级规模的模块分队只需 24 小时即可完成部署。各州国民警卫队还组建了大规模毁伤性武器民事支援队（WMD CST），专门负责应对核化生突发事件，协助当地主管部门确定核化生突发事件的性质、规模和提供医疗救助。人员以核化生防护专家为主，均接受过严格的专业训练。如特拉华州拥有由 22 人组成的第 31 大规模毁伤性武器民事支援队，队员均接受了 12—18 个月的核化生防御专业训练，然后再接受 6 个月的合成训练。

许多州同时还设有州防卫队，并不隶属国民警卫队，专门担任本州防务。该州国民警卫队如因事调离，则由他们填补军力空缺。

（六）人员构成及征召制度

国民警卫队司令部机关的正式工作人员既是州政府工作人员，又是国民警卫队队员，按政府行政级别领取工资。国民警卫队队员从社会招募而来，编组成各部（分）队。队员平时有自己的职业，一般居住在基地附近，训练和执行任务时聚集在一起。在应征服现役时，国民警卫队与正规部队一样接受统一法规约束，与现役部队的士兵佩戴一样的袖标、徽章，并且同样忍受战争带来的影响，两者的付出与牺牲难分伯仲。按正规部队同样的标准，根据各自的军衔和训练日领取工资和补贴。这种实际上的双工资优厚待遇，有利于招募国民警卫队队员。

按照规定，国民警卫队队员每年要利用 48 个周末参加兵营训练。另外每年还有一次 15 天现役集训，即与相对应的现役部队合练，以便战时能迅速对口补充现役部队。参加训练的国民警卫队队员须着与正规军相同的军装。训练时有足够的武器装备和专职的教学人员，以利于装备操作培训，提高熟练使用武器装备的能力，达到参加作战行动的标准。

根据服役征召方式的不同，国民警卫队分为两类队员，第一类队员经过精挑细选，长期服役，进行日常的备战训练；第二类队员平时离队参加正常工作，但可以定期接受动员征召，以轮换的形式执行海外和国内的各种任务。

"9·11"袭击前，美国国民警卫队定期征召政策是：每五年一个周期，队员累计服役不得多于一年，驻海外仅限半年。"9·11"后，美军常规兵力不足，国民警卫队队员服役时间增加至18个月，海外任务则加长为一年。爆发伊拉克战争后，情势雪上加霜，国民警卫队士兵的服役累积上限增为24个月，以6年为一周期。2007年春季美国国防部修改国民警卫队动员政策，缩短每轮戍卫时日，加快任务轮替，限定任务期限为1年，每5年服役1年，称为"五一循环"。

二、法国国民警卫队

　　2016年下半年，在巴黎、尼斯等地连续遭受恐怖袭击后，法国政府开始组建国民警卫队的计划。国民警卫队在预备役军队、宪兵和警察的基础上组建，是一支志愿者部队。法国现有预备役警察规模为1.2万人，包括9000名准军事警察和3000名常规警察。根据以往规定，只有当现役警员在夏季休假时才可以动用预备役人员。迫于反恐压力，法国政府必须做出改变，以应对常备警力不足的困难局面。巴黎、尼斯等地系列恐怖袭击后，法国政府曾出动军队上街巡逻，但毕竟不是长久之计，不符合民众限制军队干预国内事务的理念，只能另辟蹊径，组建介于军队和警察之间的准军事力量，约8万人规模，承担城市巡逻任务。这一举措，既有恢复法国大革命时期国民警卫队传统的意味，也有模仿今日美国国民警卫队的意向。征召工作面向17—30岁之间的法国公民。报名者应符合国家兵役制度的各项要求，能够接受军事训练，具有一定的体能和道德条件。

　　历史上法国曾有过国民警卫队，美国国民警卫队的模本就是来自大革命时期的法国国民警卫队。1789年7月13日，法国国民警卫队建立，在随后的法国大革命中发挥作用。热月政变后逐渐解体。1805年重建，1827年又被查理十世解散。1831年再度重建，3月25日的法律规定："国民警卫队的建立是为了保卫立宪王权、1830年宪章以及它所给予的权利，为了维持对于法律的服从，保证和恢复秩序与公共安全，协助正规军守卫边疆和海岸，保卫法国的独立和领土完整。"凡 20—60 岁的纳税人皆可以加入，并自备服装和枪支弹药。资产者尤其是普通资产者由此掌握了武装，能够走上街头维持秩序，甚至弹压穷苦民众。

1870 年，法国对德作战，正规军陷入前方战事。不久巴黎遭到围困，首都国民警卫队的重要性体现出来。其急剧扩编为 254 个营，凡 20—30 岁的未婚男子都应征加入。1871 年 3 月 15 日，国民警卫队中央委员会成立，任命意大利人加里波第为巴黎国民警卫队主帅。3 月 18—28 日，国民警卫队中央委员会作为民众政权，与凡尔赛政府对抗，掌握巴黎政权 10 个昼夜，留名史册。执政期间，国民警卫队中央委员会宣布：保证共和制、废除常备军、撤销警察局，从而使自己成为唯一的武装。28 日，巴黎公社成立，国民警卫队中央委员会主动将权力让给公社，作为公社的联合组织继续发挥历史性作用。

三、瑞典国民警卫队

瑞典是发达国家，工业产品以宜家家居、爱立信手机、沃尔沃轿车等著名。此外，这个风景如画的国家还是北欧地区的军事强国。瑞典的武器装备，从火炮到战车，从飞机到潜艇，绝大部分都是自行研制。能独立设计和制造高性能的反舰、反坦克、空对地、地对空、舰对空和空对空导弹。一个面积仅 45 万平方千米、人口 900 万的国家，在军工领域取得这样的成绩实属不易，全世界具备这一能力的国家也不多。除了先进的武器装备，瑞典人还时刻保持着强烈的危机意识和战备意识。每年，不仅精锐的陆海空三军要举行规模较大的联合训练、联合演习，作为武装力量重要组成部分的国民警卫队也十分活跃。

瑞典国民警卫队（Home Guard）成立于 1946 年，目前编制 40 个营，大约 22000 人，与陆海空三军人数大致相当。服从陆军司令部领导，担负守卫本土、应对自然灾害等任务，在日常侦察巡逻、反恐处突、抢险救灾中发挥重要作用。地方政府与国民警卫队有着密切合作，应急组织健全，分工明确，一旦遇到突发情况，可在 1 小时内通过无线电、手机等方式通知辖区所有国民警卫队队员，按照各自的职责分工，快速投入行动。

瑞典法律规定，国民警卫队队员由年满 18 岁以上，受过 3 个月基础军事训练的免役、缓役和年满 47 周岁以上的退役人员组成。队员属于志愿者，来自各行各业，有律师、医生、大学教授，也有出租车司机、歌手和饭店服务员。尽管没有报酬，但队员军事训练与执行任务的热情却非常高。正是这种全民皆兵的公民意识造就了完备的国防体制，捍卫了这个国家 200 年来的和平与发展。一位曾到美国留学、回国后当律师的女队员，在回答为什么加入国民警卫队时说："加入国民警卫队非常重要，这样既能够保卫自己的国家，又能够服务社会，帮助那些需要救助的人……即使发生战争，我也不会离开，因为拿起武器保卫瑞典是我的义务。"

国民警卫队队员每年需放下自己的工作，到国民警卫队训练基地参加不少于 1 周的军事训练，并完成相应的测试。还要根据各地志愿国防组织的安排，定期参加各种活动，如飞行协会组织的航空展、射击俱乐部组织的射击比赛等，对维持和提高队员的组织协调能力和军事技能有很大帮助。在国民警卫队训练基地，训练科目中有新的内容，如城市反恐演练，包括指挥协同训练、班组反恐战术训练、实弹射击训练与战场救护训练等。整场演练的难度和强度都不亚于正规部队的训练。即便对外公开演示时，也不搞人为摆演，不会因考虑安全因素而降低标准。

四、挪威国民警卫队

又称乡土警卫队，由志愿人员组成，训练有素，严阵以待，在宣布全国紧急状态后 4 小时内就可达到全体动员程度。国民警卫队军官和军士在杜姆奥斯中央国民警卫队学校接受训练，一旦发生战争，即担负民防责任，与警察协同负责社会治安。全国分设 5 个区：福内布兰德特、北部、东北部、东南部和西部。为了与行政区划一致，5 个区又被划为 18 个分区。

五、格鲁吉亚国民警卫队

国民警卫队是格鲁吉亚武装力量后备役的基础。在格俄冲突中遭受失败之后，格鲁吉亚认为其 2008 年之前的预备役训练体制效能低下。2009 年，格鲁吉亚通过了新的《军事预备役补充和训练构想》。根据这一构想，2010 年对《军事预备役法》进行了修订。修订后的《军事预备役法》赋予国民警卫队三项基本功能：按照格鲁吉亚武装力量联合参谋部的作战使用计划，在抗击外敌进攻时确保国家安全；消除紧急情况、自然灾害和技术事故的后果；警戒重要的战略目标，平息大规模骚乱，采取民防措施。预备役分为义务预备役和志愿预备役。义务预备役征召 40 岁以下的适合服兵役的公民或任何军衔的男、女退役军人。年龄不小于 27 岁的公民（包括曾受过军训的人员）可以加入志愿预备役。公民加入预备役后，国家将与其签订为期 4 年的合同。根据合同，将进行为期 45 天的训练和每年 5 天的补充集训。格鲁吉亚国民警卫队预备役人员的训练是依据美国国民警卫队的训练体制进行的。同时，训练重点是反恐行动，包括演练封锁居民区和城市条件下的作战行动，以及转为游击行动。

格鲁吉亚国民警卫队为局级机构，隶属于联合参谋长，其干部数量约为 500 人。编成为：司令部，2 个预备役步兵旅，1 个训练中心，1 个保障分队，1 个仪仗队，1 个军乐队，经过训练的预备役人员 2015 年时达到 20 万人。

六、爱沙尼亚志愿防卫联盟

志愿防御联盟（Voluntary defense League）是一个自愿性的国家武装力量，约 8000 人参与，不求报酬，战时可动员 1.6 万人，服从国防部长指挥，参加军事训练和演习。国家赋予其执行任务的法律依据。主要任务是提高国家战备能力，以保卫国家的独立和秩序，同时与警察、边境警卫队和政府合作，以支援的角色参与警备任务和救援救灾任务，防治自然灾害。1998 年与警方签订协议，志愿防卫联盟承担公众秩序维护任务，协助警官处理公众秩序问题，并且在国家危难时行使警察职权。下属 15 个地区单位，各自负责国境周边的防卫任务。

七、泰国猎勇部队

陆军猎勇部队 1978 年 7 月成立。海军猎勇部队 1980 年 9 月成立。成员在当地招募，要求意志坚定，文化程度在小学 4 年级以上，年龄 18—29 岁的泰籍公民，经过 45 天的军事训练和政治培训即可投入执勤。最大编制为团。基本作战单位是连。人数 70—90 人。陆军下辖约 200 个连，海军陆战队下辖约 30 个连。陆军和海军陆战队均设有专门的猎勇特遣部队，统一隶属于陆军司令部执勤中心特别执勤指挥部。主要任务协助泰军进行边境巡逻、情报搜集、缉私禁毒、打击犯罪、心理战宣传等。战时承担部分预警、牵制和作战任务，平时负责帮助贫困地区发展生产。该部队精简灵活，对地区情况熟悉，有较强的野外生存能力，是正规部队的主要辅助力量之一。

第三节　西班牙式国民警卫队

一、西班牙国民警卫队

西班牙国民警卫队（la Garde civile）成立于 1844 年，其名称直译为中文应是"市民警卫队"。但性质一直为法国式宪兵。它同时隶属于内务部和国防部，是一支军事建制的警察部队，不能等同于国家警察。根据《1986 年国家基本法》规定，内务部负责国民警卫队的薪水、任务、膳宿供应以及设备；国防部则负责军事任务、战时动员、补给、训练和武器装备。1988 年规定女性可参加国民警卫队。国民警卫队任务包括：

维持广大农村地区治安以及城市一些行政和警卫工作、协助处理交通、维持社会治安、处理境内极端分子的叛乱、提供紧急救援服务，对付恐怖分子和走私，保护通信线路、海岸线、边境、口岸和机场，管制武器弹药、确保交通运输安全和公众运输路线管制，保护环境、水资源及森林资源，在国防部指导下执行军事任务。

西班牙国民警卫队 8 万人，包括海上警卫队 760 人，由一名中将指挥官指挥。分设 6 个军区，军区最高长官为准将。辖 19 个步兵团、56 个步兵营、6 个交通安全大队、6 个地区特种大队、1 个特种治安营。团级单位驻防各省市。装备有装甲车和直升机。西班牙是组成欧盟联合宪兵部队的成员国部队之一，还曾组建驻伊拉克西班牙国民警卫队。

二、葡萄牙国民警卫队（也称国家共和卫队）

葡萄牙与西班牙相仿，都有法国式宪兵部队，但名称都不是宪兵。国家共和卫队成立于 1913 年，最初主要是为了对军队实行控制，并用来镇压武装部队的内部造反者，后来负起警察职责，维持农村治安。现职责扩大，除主要管理乡村治安、负责高速公路巡逻（编有交通警察旅）、为来访国家元首政府首脑提供仪仗队外，还支援城市警察，协助控制群众示威，平息骚乱。国家共和卫队现有 2.61 万人，装备有装甲输送车和飞机，总部设在里斯本。里斯本还驻扎 3 个营以及骑兵团总部。2008 年葡萄牙国民警卫队参加由法国、意大利、西班牙、葡萄牙和荷兰五国组成的欧盟宪兵部队。欧盟宪兵部队用于预防危机的发生，并在危机发生地区负责治安，保障人道主义救援行动的安全。

三、哥斯达黎加国民警卫队

曾是西班牙式的宪兵组织。1948 年时任总统倡议废除军队后，国民警卫队转为民兵、预备役性质的准军事组织，规模为 5000 人，总监领导部队，总部设计划、情报、刑侦、通讯、交通管理等部门。在 7 个首府各驻扎一个连，各连驻地定时轮换。还辖有一支总统警卫队，一支礼乐队和一支小规模的航空、海事警察队伍。连为基本作战单位，每连80—150人不等。国民警卫队的职责是维护社会治安、预防和侦破犯罪，搜集情报，巡逻，管理交通等，还负责边界、海上和空中巡逻。装备有轻重武器、舰船、飞机等，主要装备靠美国援助。

四、萨尔瓦多国民警卫队

1912年由当时西班牙官员仿照西班牙市民警卫队的模式组建。设有中央总部、5个指挥部和14个独立连，分布在全国。指挥部设在行政区首府，由1名军事指挥员负责指挥。国民警卫队主要在农村地区执行治安任务。装备有军用武器和运输工具。该部队是萨尔瓦多1.2万国家警察的预备部队，约9000人。

五、巴拿马国民警卫队

成立于1959年。法律规定，国民警卫队既是军队又是警察，主要职责是维持公共治安，日常警务包括巡逻、交通管理、刑事侦查、情报搜集、打击犯罪活动、平息暴乱等。所辖治安连，负责维持运动会、阅兵式、要人葬礼等。还设有骑兵队、总统卫队等。装备有各类攻防武器，如火箭发射器、迫击炮、重机枪、催泪弹等，以及各种军用车辆和小型飞机。

六、秘鲁国民警卫队

国民警卫队组建于奥格斯图·B.列古亚执政时期，按西班牙市民警卫队模式建立，从服装、武器、装备到职衔、待遇，几乎都与军队相同。中央设总部，隶属内务部，全国按照5个军区布防，设5个警区，警区下辖指挥部，指挥部下设警察局，局辖警岗。全国有50多个指挥部，分布在各主要城市。国民警卫队队员在城乡执行警务，各级政府对所在国民警卫队有部分管理权，但没有指挥权。总部还辖有一支快速反应部队，也叫国家安全部队，其职能是应对突发事件，旨在反地方分离主义。

第四节　其他类型国民警卫队

在全球国民警卫队中，除了美国式民众志愿武装和西班牙式宪兵武装以外，还有其他类型，如俄罗斯类似内卫部队的国民警卫队，乌克兰和沙特近似正规军事力量的国民警卫队等。

一、俄罗斯国民警卫队

根据2010年内卫部队改革计划，2016年4月5日，俄罗斯总统普京宣布在内务部内卫部队的基础上成立新的部队，俄文名称为 Войска национальной гвардии России，简称 ВНГР，英文官方名称为 Russia's national guard，译为中文为"俄罗斯国民警卫队"。

国民警卫队表现出一些新的特点。首先，规模更大。以17万人的内务部内卫部队为主体；包括内务部指挥机关和直属部队（含俄联邦国有企业警卫队），内务部地方快速反应特种部队（87个支队，约5.2万人），内务部地方特种警察部队（160个支队，约4万人），内务部航空兵及作战反应部队特战中心（"野牛"特战机动队421人、"猞猁"快速反应特种支队200人、"鹰"特战航空兵100人）等。另外人数多达20万的政府体制外安保人员、联邦毒品管制局、移民局、打黑总局所属快速反应部队"索布尔"和内务部特警队"奥蒙"（OMOH）等，也并入国民警卫队。据估计，国民警卫队总兵力将在几年内扩充到35万人（包括文职人员）。其组织结构大体分为三部分——国民警卫队司令部（指挥中枢）、各地区作战司令部（下辖作战部队、水上部队和重要设施警备部队)、特战和航空中心（下辖特战部队和航空部队）。

这个新机构将在维稳、处突、反恐、武器管理和全国安保企业（其中一些实际上已经成为私兵）等管理方面拥有非常广泛的权力。从一定意义上说，此次改编是将内卫部队从内务部剥离出来，有助于提高护法机构的工作效能。

在此次整编中，将内务部打黑总局所属快速反应部队"索布尔"（СОБР Специальный Отряд Быстрого Реагирования）和内务部特警队"奥蒙"（ОМОН）并入国民警卫队，是一个大的变动。这两支部队此前隶属内务部，却不归属内卫部队。特警队"奥蒙"4万余人，性质上属于警察部队，本书将在"警察部队"一章再做介绍。快速反应部队"索布尔"初期名称为特种警察中队（ОМСН，Отряд Милиции Специального Назначения），后改为现名。2014年时发展至87个支队，约5.2万人，每个支队约60人。隶属于内务部有组织犯罪控制局，用于应对各地日益增长的有组织犯罪和恐怖主义行为。与"奥蒙"一样，是地方内务局控制使用的部队，经常与"奥蒙"一起参加各种治安行动。两支部队的区别在于，"索布尔"的快速反应能力，包括机动性和火力更强，这一特点源于它的对手主要是有组织犯罪集团。成员都经过武器训练和驾驶训练，学会从豪华客车到步兵战斗车等各种机动车辆的驾驶、夜间跳伞、复杂地形水中降落、攀登城墙或悬崖等。在特殊情况下乘坐直升机行动。各地方的"索布尔"快速反应部队可由联邦内务部统一征调，集中使用。

尽管相对于原内卫部队而言，俄罗斯新成立的国民警卫队在编制和职权方面有了很大程度的扩编，承担了俄境内大部分公共安全责任，但并没有涵盖国内所有治安任务。联邦安全总局部队和联邦警卫局部队仍然存在，分别承担情报搜集、政治安全、维护边境安全、保卫克里姆林宫和总统等职责。本书将在"边境警卫队"、"总统卫队"和"准军事力量中的特种部队"等章中，与其他国家同类专门安全部队一并介绍。

二、乌克兰国民警卫队

乌克兰最高拉达（议会）于 2014 年 3 月 13 日通过了《乌克兰国民警卫队法》，规定将以乌克兰内务部所辖内卫部队为基础组建国民警卫队。组建原因是临时政府认为乌克兰海陆空三军的作战准备"令人不满意"，备战不足，且士气低落，步兵名义上有 4.1 万人，但实际上仅 6000 人能作战，只有一小部分坦克、军用飞机、武装直升机和军舰做好作战准备，缺少军事专业人员、设备和武器。因此需要重新打造一支忠诚的、有战斗力的军队。按照新通过的法律，国民警卫队由内务部领导，任务包括保护公民的生命、权利、自由与合法利益，制止对社会和国家的犯罪行为及其他非法侵犯行为，维护社会秩序，保障社会安全，与其他护法机构共同保障国家安全和边界防护，制止恐怖主义活动和非法武装团伙活动等。国民警卫队由退役军人组成，总人数将在 6 万人以下，必要时可根据议会的决定增加人数。成员将包括效忠新政权的军事部队，以及来自那些原来在首都基辅独立广场上抗议亚努科维奇政权的示威者和自卫团体。所有年龄在 40 岁以下的成年男子都可能被征召。成立不久北约数百名军事人员即赴乌克兰承担起帮助培训国民警卫队的任务，包括步兵战术和教官培训。

三、沙特阿拉伯国民警卫队

虽名为国民警卫队，但并不是美国式的民兵武装。与中东地区其他国民警卫队具有相同的性质，是介于正规军和准军事力量之间的武装，是效忠国王或宗教领袖的私人性质部队，带有古代亲兵、部落武装烙印。1917 年组建，由最忠于阿勒沙特家族的部落代表组成，王储指挥，任务包括维持偏僻和边缘地区的治安，以及在城市发生大规模骚乱时，协助警察控制局面。现有 10 万人，其中现役 7.5 万，部族部队 2.5 万。编有 3 个机械化步兵旅（每个旅辖有 4 个营），5 个步兵旅，1个骑兵仪仗队。装备侦察车450辆，装甲步兵战车1100余辆，装甲输送车1400余辆，大口径牵引火炮近百门，其他迫击炮、无后坐力炮、小口径牵引火炮数百门。近年向美国购买了一批先进武器，其中有波音公司生产的具有在高空和炎热地区作战能力的24架AH-6i"小鸟"轻型武装直升机，价值2.34亿美元，这是AH-6i武装直升机的首次销售。

第六章 / 海岸警卫队

海岸警卫队（Coast Guard）是许多国家用于维护海洋权益和安全的准军事力量。自1915年美国海岸警卫队建立以来，100年间已有50余个国家相继组建了海岸警卫队。近20年以来，全球海岸警卫队数量和人数、船艇数持续增长，快于海军规模增长。近5年，又有俄罗斯、中国、印度尼西亚等大国新建海岸警卫队。海岸警卫队舰船在海洋风云中的身影越来越大，国际社会关注度也随之越来越高。

第一节 全球海岸警卫队概述

全球海岸警卫队的快速发展与200海里专属经济区和大陆架体系的确定有关。回顾世界海洋史，曾发生过四次海洋分割，即15—16世纪西班牙、葡萄牙第一次海洋分割，16—17世纪法国和英国第二次海洋分割，19世纪马汉理论引发第三次海洋分割，《联合国海洋法公约》则主导了第四次海洋分割。第四次海洋分割被称为"蓝色圈地运动"，无论从规模还是效果来看，都大大超过了前三次海洋分割活动，至今仍未结束。《联合国海洋法公约》确立了200海里专属经济区和大陆架体系，缩小了公海的概念，扩大了各国领海和海洋利益范围，也增加了相邻国家领海纷争的可能性。更为广阔的国家海域对执法能力提出了更高的要求，海上执法力量的准军事化不可避免。换句话说，在和平原则和现实冲突之下，需要各国在非战争框架内采用武力维护权益，海岸警卫队的崛起在所难免。

在海上准军事力量崛起的同时，海军力量转入领海争端的幕后。从15世纪开始，国家之间用一次又一次舰队决战划分海洋的归属，甚至用炮弹的射程来决定领海的宽度。在签署《联合国海洋法公约》几个月前，1982年4—6月，英国和阿根廷在位于南大西洋的马尔维纳斯群岛进行了一次舰队规模的海上战斗。从那以后，30多年时间里，舰队规模的海战再未发生。其原因之一，是新型海洋执法力量站在了海洋争端的前台，消弭了海上战火。根据《公约》所倡导的和平解决纠纷的原则，以及30年来略显平稳的国际环境，世界各国似乎都不愿意动辄用军舰主张权益。海岸警卫队在过去30年间的发展，典型地反映了第四次海洋分割的特点。海岸警卫队作为政府部门，可以在争端海域维护己方权利，又不至于像海军那样容易引发对峙进而导致战争。在与邻国发生海洋争端时，动用海上准军事力量，既能强制性维持管辖权，又能避免直接动用海军引发冲突升级的可能，在外交上保持应有的弹性空间。世界各国海岸警卫队的舰艇通常涂成白色，有的还带有明显的彩色斜杠标志，与世界各国冷峻的海军灰色战舰相比，容易给处于海洋风波中的人以和缓的感觉，避免神经高度紧张而导致冲动行为。

在全球海岸警卫队发展过程中，除了准军事化趋势，另一个发展趋势是民事、警事和军事职能的综合化。许多国家都经历了将分立的海上救援、导航、海上执法、海防巡逻、海事纠纷、渔业保护、海洋污染处理等机构逐步合并，最终成为一个综合性机构的过程，如美国。这一过程目前仍在更多的国家演进。造成这一趋势的原因，同准军事化趋势相同，也在于海洋分割、海洋争端的形势所迫，需要一个更加有效、有力的机构予以应对。

当然，各国海岸警卫队不尽相同，准军事化和职能综合化的趋势也有隐显之别。考察50余国海岸警卫队，根据职能的差别，可以大致分为以下三类：

第一类是实现民事、警事和军事合一的海岸警卫队，多数海岸警卫队都属于此类，且有不断扩大的趋势。美国海岸警卫队是一支典型的集军事职能和执法职能于一体的政府力量,和平时期隶属于国土安全部领导,战时接受美国总统的直接领导,并向海军部长汇报,海岸警卫队的船只和飞机将被征调参与军事任务。海岸警卫队的存在使得美国海军能够集中力量执行其主要任务,而由海岸警卫队来执行领海安全、港口安全和沿海巡逻任务。在法国,担当海上警卫队角色的法国海上宪兵是法国海军的一个组成部分。印度的海岸警卫队同样也是军事机构,除了担负印度海岸线的防卫外,还承担海上搜救,船舶援助等民事任务。意大利海岸警卫队虽然是政府基础运输部的下属编制,但却是一个实实在在的军事机构。冰岛海岸警卫队主要是作为一个政府执法机构存在,隶属于冰岛司法部。但也参与军事任务和军事行动,比如"伊拉克持久自由行动"和"北方挑战演练"。我国台湾地区的"海巡署"也属于一支集军事和执法于一身的海上力量。它是行政院下属的执法机构,但在战时可能会作为武装力量的一个组成部分。"海巡署"分为海岸巡防总局和海洋巡防总局两大部分,海洋巡防总局的官员是执法人员,但海岸巡防总局的官员是具有有限执法权力的军人。

第二类是实行民事和警事合一的海岸警卫队。德国海岸警卫队同时具有民事服务和执法双重角色,其组成人员有德国警员和来自与海事管理相关的其他政府部门。马来西亚海上执法局(海岸警卫队)作为执法机构隶属于总理府,由一名经总理提名、国王任命的上将领导,其他人员由"公共服务委员会"任命。海上执法局主要任务是在马来西亚领海执行马国法律和海事相关的国际法,同时承担搜救以及其他跟海事相关的事务。战时或者遭遇特殊紧急情况,根据总理命令可在马来西亚武装部队总司令领导下执行任务。在新加坡,从1993年起,海岸警卫的职能就从新加坡海军转移给当时的新加坡海警部门,警察海岸卫队成为警察部队的一个组成部分,是世界上少数具有水上执法与海岸警卫职能的警察部门之一。

第三类是单一的民事组织。如英国、加拿大海岸警卫队。在英国海岸警卫队被称呼为"女王海岸警卫队",隶属于英国海洋与海岸警卫署,这是一支完全从事搜救任务的机构。拥有一些执行搜救的队伍和近海救生船，但不拥有全天候救生船，依靠租用商业直升机和拖船在一些特定的海域执行搜救任务。因此它更像一个为搜救服务的协调组织和对外公共平台。"女王海岸警卫队"业务范围较窄，没有维护航行标志的职能（这由"领航公会"、苏格兰的"北方灯塔会议"和北爱尔兰的"爱尔兰灯塔委员会"负责），也没有海关执法权（这由英国"皇家税收与海关总署"负责）。加拿大海岸警卫队是海洋渔业部下属的民事服务机构，负责世界上最长海岸线的巡逻任务和所有的海上搜救任务，同时还负责维护安装航线标志、海岸灯塔，提供船只交通服务、海上通信服务、破冰服务、进行海上污染应对等诸多任务。此外还承担海上科学研究和水文测量。为此，加拿大海岸警卫队拥有大量的各种功能和各种型号的专业船队用于执行各种各样的任务。

以上三类海岸警卫队中，第一、二类属于准军事组织。其中，第一类是国防型兼执法型准军事组织，第二类为执法型准军事组织。第三类应归于民事组织，本不在本书关注范围之内，但由于他们也冠以"海岸警卫队"的名称，故简略述及。

组织性质和职能的差别影响到各国海岸警卫队的规模（人员和船艇数量）。通常情况下，属于民事、警事和军事综合型的海岸警卫队规模较大，其他的则较小。英国皇家海岸警卫队只是海事与海岸警卫署的一个部门，仅拥有少量船只、5架固定翼飞机和7架直升机。东亚的日本海上保安厅和韩国海洋警察厅，分别拥有12000名和7000名成员。而且从船只、飞机的数量来看，日本海保和韩国海警也大大超过了他们的英国同行。

组织性质和职能的差别影响还进一步影响各国海岸警卫队的编制。实行独立编制的有美国海岸警卫队、日本海上保安厅等，也有的海岸警卫队是配属编制，如俄罗斯、罗马尼亚、格鲁吉亚、哈萨克斯坦等国海岸警卫队隶属边防部队，西班牙、委内瑞拉等国海岸警卫队隶属国民警卫队；法国海事宪兵隶属国家宪兵。独立的海岸警卫队通常规模较大、编制层级较多、船艇较多、维护的海岸线较长、担负的职能较多；配属的海岸警卫队则规模较小、编制层级较少、船艇较少、维护的海岸线也较短、履行的职能也相对较少。

各国海岸警卫队的隶属关系也与职能有关。有的隶属内务部，如阿拉伯联合酋长国、巴林等；有的隶属交通部、运输省，如菲律宾、日本；有的隶属警方，如阿曼；有的隶属国防部、海军，如印度、尼日利亚等。美国海岸警卫队隶属国土安全部。以上不同的隶属情况大致可以分为两大类：一类隶属内务、国防或安全部门，另一类隶属经济和公共服务部门。前一类的准军事化和职能综合化趋势明显大于后一类，美国海岸警卫队由运输部转隶国土安全部就是一例。

船艇的数量、吨位、武器等，是考察各国海岸警卫队职能差别的又一重要方面。大吨位巡逻艇和大口径武器代表武力，是该组织军事特性和武装任务较重的表征。可以将各国海岸警卫队区分为三个等级，一级为仅拥有小型船艇的海岸警卫队，二级为拥有中小型船艇和小型飞机的海岸警卫队，三级为拥有大中小型舰船和各型飞机的海岸警卫队。美国海岸警卫队，拥有大量的各类舰船，其中大中型舰船（长度在65英尺以上者）叫Cutter，船名前加前缀USCGC，现役约200余艘，小型舰艇叫Boat，现役约1400余艘。还拥有200余架各类固定翼飞机和直升机。日本海上保安厅拥有吨位最大的巡逻船。

关于各国海岸警卫队的名称，尽管一些国家用本国文字命名，五花八门，但官方英文名称都是The Coast Guard，例如中国和日本。官方英文名称的一致性，反映出各国机构的类似性和未来发展同向性。当我们了解介绍一国海岸警卫队时，应采用其本国语言命名，还是采用其官方英文命名，是一个颇费周折的问题。本书采取的办法是，凡以The Coast Guard作为英文官方命名的组织，都纳入本章介绍范围。同时，尊重以往译自各国语言的译法，仍旧称日本海上保安厅、越南海上警察，而不称日本海岸警卫队、越南海岸警卫队。The Coast Guard的中译以前也各有不同，如海岸防卫队、海岸警备队、海洋巡防队、海岸巡防队、海岸巡防组织等，本书统一译为海岸警卫队。还有的国家设立海岸警察，因组织性质相近，也列入本章介绍范围，如阿曼海岸警察卫队。

目前全球海岸警卫队遍布亚、非、欧、美各大洲，计有：

阿联酋海岸警卫队、阿曼海岸警察卫队、巴基斯坦海岸警卫队、巴林海岸警卫队、朝鲜岸防部队、菲律宾海岸警卫队、格鲁吉亚海岸警卫队、哈萨克斯坦海岸警卫队、韩国海上警察、卡塔尔海上警察和海岸卫队、科威特海岸警卫队、马来西亚海上警察、孟加拉国海岸警卫队、日本海上保安厅、塞浦路斯海事警察、沙特海岸警卫队、泰国海上警察、土耳其海岸警卫队、新加坡海岸警卫队、也门海岸警卫队、以色列海岸警卫队、印度海岸警卫队、印度尼西亚海上警察、越南海上警察、埃及海岸警卫队、赤道几内亚海岸警卫队、佛得角海岸警卫队、利比里亚海岸警卫队、利比亚海岸警卫队、毛里求斯海岸警卫队、摩洛哥海岸警卫队、尼日利亚海岸警卫队、塞舌尔海岸警卫队、索马里海岸警卫队、阿尔巴尼亚海岸警卫队、爱沙尼亚海上边防部队、冰岛海岸警卫队、丹麦海军国民警卫队、德国海岸警卫队、芬兰边境警卫队海岸巡逻队、克罗地亚海岸警卫队、立陶宛海岸警卫队、挪威海岸警卫队、瑞典海岸警卫队、塞浦路斯海上警察、乌克兰海岸警卫队、希腊海岸警卫队、意大利港口控制部队（海岸警卫队）、英国皇家海岸警卫队、阿根廷海岸警卫队、安提瓜和巴布拉海岸警卫队、巴巴多斯海岸警卫队、巴哈马海岸警卫队、秘鲁海岸警卫队、厄瓜多尔海岸警卫队、海地海岸警卫队、加拿大海岸警卫队、美国海岸警卫队、圣卢西亚海岸警卫队、圣文森特和格林纳丁斯海岸警卫队、特立尼达和多巴哥海岸警卫队、牙买加海岸警卫队、智利海岸警卫队等。

第二节 美国海岸警卫队

美国海岸警卫队（United States Coast Guard，USCG）是世界上历史最早、规模最大的海岸警卫队，它所开创的集军事职能和执法职能于一体的海上力量模式，为许多国家所模仿，成为当今世界重要的政治、军事现象。

一、历史沿革

美国海岸警卫队 200 多年的历史呈现出一个不断合并、不断转隶的过程，像一条由多个溪流汇集而成又不断蜿蜒的河流。

1789 年 8 月 7 日，美国设立了一个主管灯塔业务的机构（Lighthouse Service），隶属财政部。这是美国海岸警卫队最早的源头，但不是主要源头。1790 年，在美国独立战争期间建立的大陆海军解散了，偌大的美国水域不再有美国自己的海上军事力量存在，走私活动和海盗横行一时。为了保障美国在自己的水域安全以及打击走私，强制推行新的关税法，美国首任财政部长亚历山大·汉密尔顿于 8 月 4 日创立水陆关税队（Revenue Marine），后来叫海关缉私船局（Revenue Cutter Service），隶属财政部。这支小小的武装船队就是贫弱的美国在建国之初拥有的唯一海上力量，也是后来的美国海岸警卫队的前身。

1794 年，美国国会通过决议建立美国海军。海上缉私船队曾为其输送一批优秀官兵，并提供了宝贵的海上作战经验，因此，海岸警卫队又有美国海军前身之称。虽然到了今天，美国海军已经成为世界首屈一指的庞大海上力量，但是美国海岸警卫队依旧由于年长四岁而保持哥哥的身份。自 1812 年对英战争起，美国海岸警卫队几乎参与了所有美国参加的战争。

1838 年 7 月 7 日，汽轮船检查局（Steamboat Inspection Service）成立，主管汽船安全，隶属司法部。1848 年海上救生队（Life Saving Service）成立，1852 年 8 月 30 日转隶财政部。1884 年 7 月 5 日，航务局（Bureau of Navigation）成立，隶属财政部。这三个机构成为海岸警卫队的第 3、第 4、第 5 个源头。

1915 年 1 月 28 日，时任美国总统威尔逊签署《海岸警卫队成立法案》，美国海岸警卫队由此正式成立，隶属财政部，由隶属财政部的海上救生队和缉私队合并而成，是谓两源合流。1939 年 7 月 1 日，灯塔局并入海岸警卫队，是谓三源合一。

1941年11月1日，由于美国参加第二次世界大战，海岸警卫队划归海军部指挥。战后，1946年1月1日，海岸警卫队重归财政部。7月16日，检查航务局（Bureau of Marine Inspection and Navigation，BoMIN）正式并入海岸警卫队。检查航务局是由原来的航务局和汽轮检查局合并而成，此时终于完成了"五河并流"。

1977年美国政府正式宣布200海里专属经济区，以应对海洋资源日益枯竭的状况。这使得海岸警卫队的巡逻区域迅速增大，特别是海洋资源丰富的北太平洋、白令海及美国漫长的西部海岸线。从那时候起，海岸警卫队的汉密尔顿级巡逻舰就航行在阿拉斯加和白令海、东太平洋一直到南美洲的广阔海域。"9·11"事件以后，美国筹划建立了一个新的联邦安全机构——国土安全部，2003年3月1日，海岸警卫队转隶国土安全部。最近10年来，在反恐背景下，美国海岸警卫队的能力和规模不断提升，并且按照美军体制进行整编。

在以上历史时刻中，具有里程碑意义的是1790年缉私队成立，1915年海岸警卫队正式成立和1946年五机构合并。这三个历史节点将美国海岸警卫队历史划分为三个阶段：第一阶段的125年，是与海洋管理相关的各个职能机构初立、各自发展的时期；第二阶段30年是整合、聚拢的时期；第三阶段60余年是成型并影响世界的时期。

二、组织性质

美国早期历史并没有专责海上事务的组织，后来考虑有关机构间权责不清，无法有效执行联邦任务，才由5个联邦机构合并组成。现在的美国海岸警卫队传承各原单位职责，集海防、海关、海洋环境保护、港监、渔监、渔业资源保护及海难救助于一体，是美国五大武装力量（其余四支分别为陆军、空军、海军及海军陆战队）中唯一拥有执法权力的队伍，是一个具有多重属性的组织机构。

其一，是一个民事、海事机构。执行远程海上搜救、海洋研究等任务，利用巡逻舰等船艇在海域内巡逻，以提供即时信息，保障海上人员和财产的安全，为其他舰艇和飞机提供导航和气象情报等服务，协调舰艇和飞机实施搜救，对自然灾害和环境事故做出快速反应。

其二，是一个海事法执法机构，任务包括保护渔业等海洋资源，阻止毒品从南美流入美国，打击非法移民，以及检查进出美国的船舶是否遵守安全法规等。美国海岸警卫队的舰旗，相当于美国警察的徽章，是执法权力的象征。它是美国海上唯一的执法机构，是唯一被国会授权于和平时期扮演执法角色的武装团队，专责处理各类海事执法事宜（职权涵盖12海里领海及国际水域）及执行联邦管制规定，地位特殊。

其三，是一个海上准军事机构，保持军事存在、武装戒备，乃至直接参与作战行动。与其他大多数国家的海岸警卫队不同，美国海岸警卫队是其五大军种之一，在美国国内号称第二海军，是一支特殊的军事力量，作战实力很强，作为一个正式的军种参与了美国的一系列军事行动。在一些重要的场合，它的舰艇和人员会在美国海军的指挥下参与战争，甚至是将舰艇临时转借给美国海军参战。美国总统可下令将海岸警卫队部队移交美国海军部指挥，国会亦有权在战时下达相同命令。按照美国法律规定，海岸警卫队任何时候都是美国武装部队的一部分，其人员薪金也列入军队编制。美国海军与海岸警卫队成立了"联合海港作战中心"，跟踪和识别所有进出美国海港的船只。海岸警卫队需要全天候的保持战备状态，其格言为"随时就绪"。

海岸警卫队的特殊性还涉及自由航行的问题。一般海军常规军舰都被涂成灰色，而救护舰只是白色，根据这个粗略原则，人们把海军力量分为"灰壳舰队"和"白壳舰队"。相对而言，各国对于"白壳舰队"态度较为缓和，比较容易批准其进入己方领海。一个极端事例是1907年，美国将一只舰队全部涂成白色进行环球航行。这支著名的"大白舰队"一方面完成了炫耀武力的任务，同时也因其"和平外形"避免了麻烦。美国海岸警卫队因其归属"白壳舰队"的特性，可以出现在敏感海域，避免或减少美国海军军舰引起的关注和不满。比如在敏感的北极地区，阿拉斯加的美国海岸警卫队正考虑在那里建立永久基地，并已派出船只前往巡逻。

三、职责任务

根据《美国法典》第六、十、十四、十九、三十三、四十六等章规定，美国海岸警卫队基本职责为海事安全、海事保安及管理海务事宜3项，细分为11个法定任务。其中，海事安全、搜索及拯救、协助导航、海洋生态资源（渔政执法）、海洋环境保护及海冰事务等为传统任务，海事安全又包括减少恐怖分子对美国的水上攻击，查禁非法偷渡和走私活动，维护专属经济区的安全以及禁止一切违法的行为。港口、水路及海岸保安，毒品及移民查禁、防卫预备和其他执法行动为国土安全任务。责任范围包括美国国内360多个港口和15.3万千米的海岸线以及五大湖和内河区域。

海岸警卫队具体工作项目很多，如沿海抢险，检查商船安全设备，提供航海保障，训练考核商船船员；查缉走私和毒品，日常巡逻警戒，维护美国所属的海洋权益，保护海洋环境；进行军事训练，准备执行战备任务等。据统计，海岸警卫队平均每天的工作量包括：拯救10人；登船检查144艘；为192名遇险人员提供救援；提供135次助航服务；调查6次船舶事故；实施109次搜救行动；制止和解救14名非法移民；处置20起油类或危险化学品泄露事件；缴获77公斤大麻和139公斤可卡因，等等。

美国海岸警卫队还扮演世界警察的角色。比如2002年美国制定了抗击大规模杀伤性武器的国家战略，其中重要内容就是实现"防扩散安全倡议"。海岸警卫队作为专业的海洋拦截、检查力量，被要求专门追踪并抓获可能装有制造大规模杀伤性武器所需材料的船只。换句话说，一旦美国怀疑某个国家通过海上进行大规划杀伤性武器扩散，就可能派遣海岸警卫队前往全球任何一地进行拦截。

战时，海岸警卫队将成为美国海军的重要战略后备队，担负的主要任务是沿海巡逻、搜索救援、为海上运输船队护航、协助操纵运输船只和两栖登陆舰艇、执行反潜任务、保护港口与航道的安全、为海军舰只提供舰员等。

四、人员装备

现役官兵 4.5 万人，预备役 8000 人。装备为 130 余艘各型巡逻舰艇。包括远洋巡逻舰 40 余艘、沿海巡逻舰船 90 余艘、内河巡逻船 30 余艘，其他支持舰船，如破冰船、训练船等 20 余艘。汉密尔顿级远洋巡逻舰装备有 76 毫米舰炮、舰载直升机。比尔级中型远洋巡逻舰亦装备有舰炮和舰载直升机。信任级中型远洋巡逻舰装备 25 毫米舰炮，设有直升机平台。有固定翼飞机 40 余架，包括搜索飞机、运输机等，有直升机 130 余架，包括搜索、救援和多用途直升机。

第三节　日本海上保安厅

日本海上保安厅是目前世界上仅次于美国海岸警卫队的海上准军事力量。了解和掌握日本海上保安厅的历史和现状，对于维护我国东海合法权益，建设我国海岸警卫队具有不可或缺的重要性。

一、历史沿革

二战以前，日本周边海域的警戒和救护属于日本海军的管理范畴。日本战败后，根据美国占领军司令部的要求，日本海军除了扫雷部队以外一律解散。美国将一部分日本海军的舰只销毁，剩下的交予警察部门管理。当时日本周边海域走私猖獗，为了应付这个局面，1948 年 4 月，日本政府颁布实施《海上保安厅法》，同年 5 月 1 日海上保安厅正式成立，隶属于内阁交通运输省，模仿美国海岸警卫队，专门履行海上治安管理、海难营救的职责。海上保安厅接收了日本海军存留的舰船和人员，因此具有日本海军的嫡系血统。日本右翼将它看作一个过渡性组织，暂时替代被解散的日本海军，保存海军精英。幻想有朝一日日本海军恢复，这个临时部门就可并入，重现昔日的光辉。

在成立之初，为了防止日本海军力量复活，盟国曾严格规定了海上保安厅的规模：不得超过1万人规模、125艘舰船，且总吨位不得超过5万吨，单舰吨位不得超过1500万吨、速度不得超过每小时15海里。此后的发展却在一步步越过这一藩篱。

20世纪50年代，日本成立海上自卫队，曾一度考虑直接由海上保安厅转制而成。但最终还是另起炉灶，建立一个全新的海上自卫队，其成员以海军学校的学生为主。海上保安厅则由商船学校、警察学校以及部分海军人员组成。分散的海洋管理模式和两家分立的局面留给海上保安厅生存空间。1977年日本实行12海里领海法和200海里专属经济区以后，海上自卫队和海保厅力量都得到加强。

2001年海上保安厅划归国土交通省，同时接受国家安全委员会领导。在当时经济低迷、各部门都在削减预算的背景下，国土交通省的预算反而在增加。海保厅活动范围从日本周边海域延伸到了马六甲海峡等海域。同年，日本修改《自卫队法》和《海上保安厅法》，明确规定当发生紧急情况时，海上保安厅的所有舰艇归日本防卫大臣指挥，立刻民转军。"9·11"事件后，日本以反恐名义扩展海上保安厅职能，允许其在"合理判断"的基础上对外国船只使用武力。"9·11"事件以后，日本追随美国将反恐问题作为国家面临的一个重大课题，并迅速通过了《海上保安厅法修正案》。2002年印度尼西亚巴利岛爆炸事件后，日本海上保安厅又以打击恐怖主义为由迅速向印尼等国派遣了巡视船，"帮助"这些国家进行反恐训练，并对当地主要机场的安全实施特别监督。这也是继日本自卫队以维和及反恐为名走出国门之后，日本海上保安厅首次以反恐名义向海外派遣部队。2003年9月，日本在巴黎签署协议，批准了一系列对走私大规模杀伤性武器部件的飞机和船只进行拦截的管理规定。这一年，日本海上保安厅首次派遣巡视船参加了在珊瑚海举行的"太平洋保卫者"演习。2004年1月，日本政府在主要港口设置了港湾危机管理官，均由日本海上保安厅的相关管区部长担任，之后日本海上保安厅就频繁与警察部门、入境管理局等部门举行联合反恐演习，积极加强反恐能力。

积极加强同其他国家海上保安部门的合作关系也是日本海上保安厅的工作重点之一。自 1998 年起，日本海上保安厅每年都与韩国海洋警察部队举行联合演习。1999 年 4 月双方还举行了日韩海上保安部门首脑会议，并签署了《关于日本海上保安厅与韩国海洋警察厅的合作》文件，表明将继续强化在联合打击海上犯罪方面的合作。2000 年 9 月与俄罗斯国境警备厅交换了《日本海上保安厅与俄罗斯联邦国境警备厅合作发展基础备忘录》，同月，日本海上保安厅长官还率团访问了俄罗斯国境警备厅。2001 年 8 月派遣巡视船访问了俄罗斯，并与俄罗斯方面举行了联合训练。

近年来，日本一直以东南亚地区海盗猖獗为由，积极在该地区扩大军事影响。2000 年 4 月，日本海上保安厅首次举办了国际反海盗会议，并通过了《亚洲海盗对策挑战 2000》协议，同年 11 月即派遣巡视船前往印度及马来西亚进行了联合训练。此后，日本海上保安厅每年均向东南亚国家派遣大型载机巡视船打击海盗，积极强化同东盟各国的合作体制。2003 年 12 月 4 日，日本海上保安厅又首次派遣"瑞穗"号大型载机巡视船前往新加坡海峡，与新加坡海岸警备队联合进行了反海盗演习。

2012 年 8 月 29 日日本参议院表决通过《海上保安厅法修正案》，授权海上保安厅在钓鱼岛等岛屿上直接搜查、逮捕"违法者"。基于这些授权，海上保安厅在与周边国家海上纠纷中扮演了重要角色，包括击毁、冲撞、拦阻别国渔船。多年来日本海上保安厅一直在我国钓鱼岛周边海域实行 24 小时不间断的巡逻和监视，通常配备 1—2 艘大型巡视船，如果事先得到有关情报，就临时投入多艘舰船和飞机加强监视，对我国钓鱼岛进行实际控制。

50 年来，海上保安厅一直呈扩大趋势，2005 年以来人员增幅尤大。1948 年初建时 8000 人、1989 年为 12000 人、2006 年为 12200 人、2007 年为 12411 人、2008 年为 12504 人、2009 年为 12593 人、2012 年为

12636人。目前，日本海上保安厅已经发展成为拥有大约1.3万名人员、510余艘船艇及约80架飞机的海上准军事力量。

二、机构性质

日本海上保安厅以美国海岸警卫队为模本，是日本管理与控制海洋的专门机构，同时也是日本海上防卫体制和海上武装力量的一部分，是日本海上自卫队的主要后备力量，是日本第四大武装力量和第二海军。平时归国土交通省管辖，紧急情况下根据内阁政令归防卫省管辖指挥，战时则纳入日本海上自卫队的编成。尽管日本海上保安厅的主要职责被定义为海上治安、维护海洋权益和海上防灾救灾等，具有海事、海警机构性质，但与其他国家的类似机构相比，日本海上保安厅的准军事性质、海防性质更突出。目前日本政府在处理领土争端问题不方便派遣自卫队的情况下，经常动用海上保安厅控制事态，以便将事态控制在民事范畴内，避免直接导致严重的军事冲突。日本海上保安厅11个管区与海上自卫队5个警备区实行交叉重叠，共同执行战备巡逻，建立实时的通信联络。一般情况下，由海上保安厅出面处置海上事端，自卫队舰艇予以保障配合。在有争议的海域，海上保安厅还根据具体事态，协调自卫队舰艇参与应急行动。在完成任务中与日本海上自卫队密切协同，情报、指挥、通信及控制系统均与日本海上自卫队相通。每年双方各类联合训练达数十次。中日东海划界、钓鱼岛争端升温后，海上保安厅与海上自卫队联合巡逻次数迅速增加，海上自卫队多次出动舰艇协助保安厅活动。

三、职责任务

日本海上保安厅的主要职能包括：维护海上治安、确保海上交通安全、救助海难、海上防灾及保护海洋环境等4个方面。

在维护海上治安方面，贯彻执行国家海上法令，实施领海、港湾巡逻警戒，维持海上治安，实施海上警备，预防和制止海上犯罪，搜查、逮捕罪犯，防止海上走私、偷渡。将日本周边海域划分为特别警备巡逻区、海峡巡逻区及周边海域巡逻区3类共13个巡逻区域，其中分别在钓鱼岛、竹岛（韩国称独岛）、北方四岛设立特别警备区，主要针对中国、韩国、俄罗斯。此外，日本海上保安厅还负责打击海上毒品、武器走私以及偷渡活动，维护正常的渔业秩序，防止外国船舶在日本领海内进行非法活动，维护海上法律秩序。

在确保海上交通安全方面，管理海上交通，进行航道测量、航标管理，负责海洋资料保障，保障船舶航行安全，打击海盗，提高航运效率，防止在海上运输及渔业活动中发生海上事故，加强海上休闲活动的安全管理。其业务包括海洋调查、发行航道图志、提供船舶交通安全通报、配备养护各种航标、提供气象通报等。

在救助海难方面，建立周边海域救助体制，实施海难救助，保护人身及财产安全，保护海运安全和渔业生产，调解渔事纠纷。

在海上防灾及保护海洋环境方面，提供有关地震及火山活动的信息，在发生灾害时迅速采取应急措施，努力将受灾损失减少到最小，防止海洋污染，保护海洋环境。

还有一项职能是海洋调查，日本一直没有公开宣传。海洋调查是其他各项职能的基础，又有潜在军事意义。海上保安厅对于日本周围所有海区及相邻海区都做了详细的调查，包括海流走向、地质构成等方方面面。据日本国土交通大臣表示，在日本周边海底延伸的大陆架中，蕴藏着金、银、钴、锰及天然气资源，其经济价值高达几十万亿日元。这对于资源匮乏的日本来说，无疑是一笔关系到国家命运的巨大财富，也正因如此，日本正式把以海上保安厅为中心的大陆架调查任务揽入国家级项目。这些原本属于日本海上自卫队的调查范围，如果利用海上保安厅的名义进行调查，面临的外界阻力要小得多，而达到的效果则是相同的。

钓鱼岛事件以来，日本有强化海上保安厅职责和权力的倾向。内阁官房长官仙谷由人曾表示："有关海洋权益确保问题，海上保安厅肩负着日益重大的责任。有必要探讨国内相关法律是否健全。"相关法律如《海上保安厅法》第17、18条，规定可进行现场检查和采取拦截对方船只等强制停船措施，不过，两项权力仅限于"犯罪即将发生"或"可能带来重大财产损失"等紧急形势下方可行使。日本拟修改权力行使前提，可以更随意地检查拦截。再如，在中国钓鱼岛附近和东海海域，日本意欲建立和加强海上保安厅和自卫队配合制度。另外，日本国内法律不适用于外国船只，就此也企图修改任务、权力，填补领海警备的"空白地带"。

四、组织结构及人员

海上保安厅是日本国土交通省的下属机构，平时由国土交通大臣领导。每年经费预算约1700亿日元。海上保安厅本部设在东京。中央机构设置有长官、次长和警备救难监事，其下设立首席监察官、总务部、装备技术部、警备救难部、海洋情报部、海上交通部等5个职能部、1所海上保安大学以及3所海上保安学校。层级组织系统由本部、地区管区（共11个）、海上保安本部、地方海上保安部（66个）、海上保安署等四级机构组成。作为特别地方行政机关，全国设有13个海洋警察署，71个派出所、266个派驻所。另有1个海上警备救难部、6个情报通信管理中心、7个海上交通中心、1个航空警备管理中心、14个航空基地、1个国际组织犯罪对策基地，1个特殊警备基地、1个特殊救灾基地、1个机动防灾基地、5个通信站、4个航道观测站、1个导航中心及8个航标管理部门。

从2013年4月开始，日本海上保安厅在位于冲绳县那霸的第11管区海上保安总部下新设"那霸海上保安部"，那霸市位于冲绳岛南部西海岸的位置，是冲绳县县厅所在地，也是琉球列岛上最大的城市，现为冲绳县的政治、经济中枢。第11管区此前包括中城海上保安部（冲绳市）和石垣海上保安部（石垣市），分别负责冲绳本岛东侧和石垣岛周边区域。由于没有专门负责冲绳本岛西侧的保安部，航海事故的救助等日常工作由管区总部负责。新设的那霸海上保安部将接手航海事故的救助工作，以减轻第11管区总部负担，总部将专门负责钓鱼岛的警备监视工作。

人员方面，目前日本海上保安厅共有1.2万多人，包括巡逻船艇及航空器现场执行一线任务的保安官6000人。海上保安厅工作人员全部在相应的训练中心受过专门培训，且在此之前是在海上自卫队服役期满的士兵。

五、船艇装备

日本海上保安厅共有各类舰船500余艘，其中巡视船120余艘、巡逻艇230余艘、警备救援船80余艘、海洋调查船10余艘、航道和灯台业务船50余艘、训练船若干艘；飞机70余架，其中固定翼飞机20余架，直升机40余架。

在巡视船艇中，500吨级以上武装舰船有80余艘，其中1000吨级以上的有50余艘，3000吨以上的大型直升机巡视舰13艘。与其他国家海岸警卫队通常使用小型快速舰艇不同，日本海上保安厅一直热衷于大型舰只。其中最具代表性的是"敷岛"号载机巡视船，吨位7175吨，全长150米，宽16.5米，航速在25节以上，最大航程超过2万海里，装备2座35毫米双联装炮及2座20毫米多管炮，搭载2架"超级美洲豹"中型直升机，可以对超过日本200海里专属经济区外的广阔海域进行巡逻，是世界最大的巡逻船。

除大型化之外，船艇技术先进是第二个特色。为加强打击"可疑船只"的能力，日本海上保安厅将提高巡视船的速度和加强武器的打击威力放在了优先发展的位置。2005年后列编了两种新型高性能巡视船。一种满载排水量770吨，长79米，宽10米，型深6米，装备4台柴油机及4台喷水推进器，航速可达30节以上，并装备1座40毫米机关炮。另一种满载排水量1800吨，全长95米，宽13米，型深6米，装备4台柴油机及4台喷水推进器，航速也可达30节以上。装备

1座40毫米机关炮以及1座可自动跟踪目标的20毫米机关炮，并强化了防弹措施。此外，该船还装备有警备救难情报装置、红外搜索监视装置、可判别船名的探照灯，并搭载1艘7米长的高速警备救难艇以及1艘复合型橡皮艇。其最突出的特点就是废弃了上层建筑物中的烟囱，而改为船体侧部排气。另外其船体后部还建有可供直升机降落的飞行甲板。同时为保证各巡视船的通信便利化和保密化，海上保安厅投入大批资金更新原有通信设备，实现数字化，并部分使用了卫星定位系统。

具有多种专业性船艇、分工细致是日本海上保安厅的又一特色。在警备救援船中，有消防船艇、放射能调查艇、警备艇、监视取缔艇、防油艇、油污回收艇、防油扩散栅布设艇等。在航路标识业务用船中，有航路标识测定船、设标船、灯塔巡检船等。

根据远景计划和发展方案，日本拟为海上保安厅部队改装、装备配有最先进侦察设备的新型军舰和航天器。有可能进一步拉大与其他一些国家的装备差距。

以下是有关日本海上保安厅行动的典型事例：

附1：2001年日本海上保安厅巡视船击沉"可疑船只"

1999年3月、2001年12月在日本周边海域先后发现了两起"可疑船只事件"。日本对可疑船只极为重视，出动大批日本海上自卫队及海上保安厅的船艇和飞机进行跟踪、拦截。特别是在2001年的"可疑船只事件"中，日本海上保安厅的巡视船公然在我国专属经济水域内击沉了该船，这也是自二战结束后日本首次攻击别国船只。日本海上保安厅这种在日本领海之外击沉不明国籍船只的行为，事实上已经突破了日本《海上保安厅法修正案》等法律的束缚，对周边邻国已经构成了现实威胁。此后，日本海上保安厅还借助这次事件夸大朝鲜的军事威胁，并加大了对"万景峰"号等朝鲜船只的监视检查力度。

附2：2004年6月海上保安厅巡逻机监视我海洋调查船

2004年6月23日，日本海上保安厅的官员陪同日本经济产业大臣中川昭一以及日本资源能源厅的勘探专家，乘坐海上保安厅的飞机飞抵东海上空，对我国的"春晓""天外天"、"平湖"3大天然气田进行了大约1个小时的勘察，其目的就是了解掌握我国东海海上油气田的开发建设情况，确认我国是否"侵犯"了日本在东海的经济权益；7月12日傍晚，接到日本海上自卫队的情报后，日本海上保安厅第3管区海上保安本部的巡逻机迅速前往日本冲之鸟礁西南海域，对我国"向阳红9号"海洋调查船进行了监视，并通过无线电要求我船立即停止调查活动，阻挠我船的正常作业。

附3：2008年日本海上保安厅舰船阻挠台湾保钓船登岛

2008年6月16日，日本一艘巡逻舰驶到台湾保钓船前，阻止其接近钓鱼岛水域。这是自二战结束以来，中国台湾和日本之间爆发的首次大规模海上对峙。

2008年6月15日晚10点，台湾市民代表黄锡麟等12名保钓人士穿着"日本人滚出钓鱼台"字样的T恤，乘"全家福"号海钓船在众人欢呼声中出发，前往钓鱼岛海域，紧随其后的还有台湾海巡署的9艘海巡舰艇。得知消息后，日本海上保安厅部署了多艘舰船，在黑暗中等待。保钓船进入24海里线后，日海上保安厅琉球号大型巡视舰（PLH09）指挥数艘巡视舰艇成战斗队形缓缓逼近，并传来汉语广播："你们已进入日本领海，立即离开！"台湾基隆海巡队长黄汉松立即还以颜色："这是中华民国海域，我们的船舶有航行自由！"为保护"全家福"号，9艘台湾海巡舰艇调整队形，和星舰连江舰等4艘500吨级以上的海巡舰侧后掩护，100吨级以下5艘海巡艇，组成V字队形将全家福号团团护住。

16日凌晨4点55分，台方编队进入被日方称为"绝对禁止区"的钓鱼岛12海里线。日方两艘高速巡视艇向"全家福"号发起了攻击，利用其高速优势，采用紧急转向、倒车等方式，从左右两侧不断冲击台方编队，试图向编队中心迫近，包夹"全家福"号。台海巡艇见状，立刻调整航线，从"全家福"与巡视船之间穿过，阻止日舰接近，并放下保护垫，做好冲撞准备，展现"保钓"决心。

日方舰艇见一时难以接近"全家福"号，便改变策略，不顾台方船只安全，不时以危险的"蛇形"机动方式，从侧方突然快速切入"全家福"航线，涌起大浪，并排放大量黑烟。排水量仅50吨的"全家福"号因侧浪剧烈摇晃，被迫放慢速度。日方还向"全家福"号右船头前30米处不断喷水柱，企图遮挡台方航行视线。台方海巡艇也回喷水柱反击，但并未瞄准日艇。经过十余个来回的干扰和反干扰，清晨5时40分左右，"全家福"编队艰难抵达钓鱼岛0.4海里处。日方近20艘巡视船将钓鱼岛团团围住。多艘日舰甚至卸下船上速射炮的炮衣，进行赤裸裸的开火威胁，同时海上保安厅队员也已在岸边待命。黄锡麟原计划下水游上钓鱼岛，但日本舰艇上的蛙人做好了随时下水的准备，企图防止"保钓"人士游上岸。6时23分，台方编队顺时针绕行钓鱼岛一圈后返航。台、日海巡舰艇最近仅2米，双方人员面貌清晰可见。期间保钓人士不断高喊"钓鱼岛是我们的"、"日本人滚出去"等口号，完成了在钓鱼岛海域的首次"主权"宣示。

第四节 菲律宾、越南、俄罗斯等国海岸警卫队

我国领海周边国家都有海岸警卫队，在与我国的海洋事业合作或海洋利益冲突中扮演重要角色，尤其菲律宾、印度和越南海岸警卫队情况更值得关注；欧美一些海洋大国的海岸警卫队，在历史传统、性质任务、组织编制和舰船装备等方面具有特点或优势，也值得研究。

一、菲律宾海岸警卫队

1901 年菲律宾设立了海岸警卫和运输局，负责国家的海关、海岸线及港口的安全保卫工作。1946 年 7 月 4 日菲律宾取得独立后，政府将海岸警卫的工作转交海军巡逻队。1998 年 3 月 30 日，海岸警卫队从海军中分离出来，成为除菲律宾武装部队、菲律宾国家警察部队之外的第三支武装力量。

海岸警卫队的职责任务有四项。第一，海上搜索与救助。根据《海上生命安全国际公约》的规定，菲律宾确定由海岸警卫队担负国家海上搜救工作。海岸警卫队总部设立海岸警卫行动中心，负责全国搜救行动的协调工作。在全国 53 个海岸警卫站都设有海上搜救组，每天 24 小时不间断地对本辖区进行监控。此外，每个警卫站还有一个海岸增援小组，以确保需要增援时及时赶到。在每个海岸警卫区有一个海岸警卫特别行动组，当紧急情况发生时便可在第一时间参与到海上搜索与救助行动中。第二，打击海上犯罪。作为海事法律执法机构，海岸警卫队负责打击海上盗窃、走私、非法捕鱼、非法入境等各种犯罪行为。2004 年 6 月起，海岸警卫队与国家警察局、武装部队合作共同担负港口、海洋的反恐工作。第三，海洋环境保护。根据菲律宾总统令第 600 号，海岸警卫队是唯一负责菲律宾海洋污染的监管部门。近年来，海岸警卫队建立了第一个石油鉴定实验室及海洋污染源识别系统。第四，海洋安全管理。海岸警卫队监守外国船只进入菲律宾港口的第一道大门，设有 7 个港口控制中心和 15 个港口控制部门。此外，菲律宾海岸警卫队还担负着国内船只管理工作，承担船只安全检查、危险物品管制及海洋事故调查等工作。

海岸警卫队是维持海域安全及治安的海上执法机构，隶属交通部，由海军负责供给和指挥。在执行海巡任务时会和菲律宾渔业及水产资源局联合执行勤务。海岸警卫队总指挥为警卫队的最高长官，两名副总指挥协助总指挥分别负责日常管理和业务行动工作。指挥部下设领导小组办公室，行动部门有海岸警卫队行动组、海洋环境保护组、海岸警卫教育训练组、海军支持组、国家石油污染行动中心等。为了更好地为菲律宾的 10 个商业海运中心服务，海岸警卫队将全国划分为 10 个海岸警务区域，海岸警卫队的行动部门负责各个区域的常规性业务工作。

目前，海岸警卫队共有高级警官近 400 名，在编警员 3000 余名，非在编人员 400 余名。随着菲律宾海洋经济的发展，海岸警卫队的人员也在逐渐增加。海岸警卫队主要面向社会招募应届大学本科毕业生，并对其进行海洋搜寻与救助、海洋环境保护及海洋安全管理等方面的集中培训。每年海岸警卫队还选派人员前往瑞士的马尔摩海洋大学、加拿大的达尔豪西大学攻读硕士学位。

海岸警卫队装备各型巡逻艇 40 余艘，搜索救援直升机若干架。大中型船艇中有澳大利亚制造圣胡安级巡逻艇，长 56 米，配有直升机停机坪；澳大利亚制造北伊罗戈级巡逻艇，长 35 米；日本造科雷吉多尔级航标船；原美国海岸警卫队凤仙花级"紫荆花"号航标船（WLB - 398）、"荨麻"号布标船、美国造阿古桑级巡逻艇（原美国海军 PGM - 39 级炮艇）等。2015 年起从日本获得 10 艘全新的 40 米长的多功能巡逻船和两架直升机。

二、韩国海洋警备安全本部

1953 年 10 月，韩国制定《渔业资源保护法》，在内务部治安局下设海洋警察队。1991 年 8 月改名为韩国国家水警局。1996 年在海洋管理体制改革中成立了具有行政和执法功能的海洋警察厅，由韩国海洋水产部管辖，是次长级机构。2001 年 6 月，韩国海军、海上警察厅决定将海警巡逻区重点从领海转为专属经济区，构筑"海军掩护、海警捕捉"的执法体制，应对周边国家渔民的"非法"捕捞。这样，仅在 2005 年到 2008 年韩国警察厅就有 8 艘 1000 吨级新舰只下水。至此，韩国已经建立了准军事化的海洋执法力量和运行模式。"岁月号"沉船事故后，2014 年修订《政府组织法》，新设国务总理直属机构"国家安全处"，海岸警卫队所属的海洋警察厅转隶国家安全处，更名为海洋警备安全本部，原有的搜查和情报职能移交警察厅，保留海洋警备职能。

韩国海洋警备安全本部设在仁川，下设警务计划局、警备救难局、海洋污染管理局等，共14个科。将周边海域划分为13个相互连接的警备区域，并相应建立了13个地方海警署。有1万多名工作人员，其中现役军人3500多人，海上警察6000多人。韩国海警的警衔与韩国警察相同，并适用于韩国的警察公务员法。

海洋警备安全本部拥有各型警备舰艇260余艘，其中1000吨以上的警备舰艇10余艘，分为4个型号；250吨以上巡逻船有3个型号，1吨级快速艇也有3个型号。最大的巡逻艇是5000吨级的"三峰"号，可搭载1架直升机，配备在东海海警署，负责守备和日本有主权争议的独岛。还有数艘特殊用途船只，例如灭火轮、趸船、高速巡逻艇、气垫船等。有6架固定翼飞机、16架救难直升机。实力相当于日本海上保安厅的2/3。

海洋警备安全本部的主要职能是：海上警备及联合防御作战，在海军的统一指挥下参加各类演习训练活动；维护海上治安，保障航行船舶安全；海上犯罪的预防和调查；保护渔业资源，监视进入韩国海区捕鱼的外国渔船；海上安全管理及海难救助；海洋污染的监控及防治。韩国海洋执法管理的特色是：采用海军、空军、海警三方联动的海上警备体制，统一进行管理和执法。13个海警署分别与韩海军3大舰队实施联动。在专属经济区护渔、掌握独岛海域控制权等行动中，首先由海警船只实施抵近监视和检查，海军舰艇则承担警戒和火力支持任务，随时准备加入作战行动。

三、马来西亚海上警察

约2100人，装备海岸巡逻艇、近岸巡逻艇、运输船、拖船、小艇160余艘。隶属马来西亚海事执法局，由一名经总理提名、国王任命的上将领导，其他人员由"公共服务委员会"任命。海事执法局主要任务是在马来西亚领海执行与马国法律和海事相关的国际法，同时承担搜救以及其他跟海事相关的事务。战时或者遭遇特殊紧急情况，根据总理命令该局将被置于马来西亚武装部队总司令领导下执行任务。

四、新加坡警察海岸警卫队

新加坡警察海岸警卫队是新加坡警察部队的一个组成部分。1993年起，海岸警卫队的职能从新加坡海军转移给当时的新加坡海警部门。其任务包括：维护新加坡水域及海上设施的安全；执行港口有关规则和法令；调查海上犯罪和灾难事故；搜查过往船只以防止走私贩运违禁物品；与新加坡移民局及海关总局密切配合，打击海盗行为及非法移民活动。新加坡警察海岸卫队具有水上执法、海岸警卫的职能，装备近海巡逻艇12艘，小艇60艘。

五、印度海岸警卫队

20世纪60年代，海上走私威胁印度国内经济。印度海关总署呼吁印度海军援助，提供巡逻和拦截。印度海军和空军成立委员会共同研究这个问题，1971年8月，该委员会认定需要一个军力足够、装备精良的部队，来巡逻印度广阔的海岸线，进行渔船登记、查明非法活动和堵截非法船只。该委员会还研究该部队所需设备、设施和人员数目。印度海军认为，以往由海军执行打击走私和执法任务，这些工作偏离其军事性质的任务。1974年8月31日，海军参谋长和国防部长向内阁秘书提交了一份报告，概述海岸警卫队成立的必要。1974年9月，印度成立了专门研究海上走私、成立海岸警卫两个问题的委员会。委员会建议成立一个隶属国防部、专门用于和平时期海上监察和政策执行任务的部门。该部门有别于印度海军和海关部门，兼具安全和执法的角色，并介于印度海军和中央国家警察部队之间。1976年8月25日，印度通过了海上区域行动法案。法案中，印度宣布对202万平方公里海域的资源（有生和非生）专有开采和使用权。1977年2月1号，内阁决定成立一个临时的海岸警卫队，从印度海军调拨 2 艘小的护卫舰和 5 艘巡逻艇。1978 年 8 月，印度议会通过了《海岸警卫队法》，8 月 18 日印度海岸警卫队（Indian Coast Guard，ICGS）作为国家一个独立的武装力量正式宣告成立，它的座右铭是"我们保护"。1997 年 2 月，印度海岸警卫队作为海军的一部分投入作战。

进入 21 世纪，印度海岸警卫队迅速发展，人员规模和装备数量大幅增加。鉴于 2001 年 11 月孟买发生近年来最大恐怖袭击事件的教训，印度加强海岸警卫队实力建设，以提高沿海地区的安全保卫能力。印度计划把海岸警卫队打造成世界一流的海岸警卫力量，海岸警卫力量总兵力成为世界第三。2008 年 1 月 28 日印度政府批准了一项 8000 万美元的资金用于增强海岸警卫队能力，建造岸基站和码头，大量购买直升机、近岸巡逻舰、拦截艇和通信设备，防止海上的恐怖威胁。印度政府认为，印度拥有 7516 千米长的海岸线、1197 个岛屿和一个 202 万平方千米的经济专署区。如果以大陆架来定界，这个区域的面积将接近 300 万平方千米。随着公海区域打击海盗行动、反走私以及搜救任务的急剧增加，再加上为阻止大规模杀伤性武器的海上转移，海岸警卫队的人力和物力都需要加强以有效执行任务。

印度海岸警卫队是印度四支武装力量之一，主要职责是保护印度 202 万平方千米的专署经济区，守卫国家海上利益。采取不间断的巡逻警戒等手段，在临近本土海域（包括印度洋和阿拉伯海）进行警戒，应对包括毒品、爆炸物和污染在内的多种威胁。具体任务有：保卫重要海上目标及其他海岸、近海和岛屿设施的安全；保障海上渔业生产；保护海上人员和财产的安全，维护人工岛、近岸码头以及其它海上设施的安全；侦察监视，海上搜索，在海难中协助海员开展救援行动；200 海里专属经济区（EEZ）执法，协助海关等机构开展海上缉私行动，打击非法捕鱼活动；保护海洋动植物资源；负责海洋环境保护，处理海洋污染、火灾等事故，并协助有关部门进行各项海洋科研活动。

随着塞述沙姆德伦运河的开通，印度海岸警卫队意识到曼纳湾和帕尔克湾的海上交通将会变得十分繁忙。塞述沙姆德伦运河是位于泰米尔纳德邦拉梅斯沃勒姆附近的一条沟通印度东西海岸的运河。目前，海岸警卫队正逐渐取代海军来完成"塔莎"和"天鹅"行动。"塔莎"是帕尔克湾泰米尔纳德邦海岸沿线的巡逻警戒，主要针对恐怖以及偷渡活动。"天鹅"开始于1993年的孟买系列爆炸事件后，旨在加强印度西海岸的安全和巡逻以阻制可疑船只的活动。重大的历史性行动包括首次在公海夺回了盗版船舰——彩虹计划。

海岸警卫队与海军、海岸警察部队共同维护海上利益安全。三方的分工是：印度海军负责公海区域的保护，海岸警卫队负责距海岸10至30海里的区域，并与海岸警察部队共同负责离海岸5海里以内的区域。由于海岸警卫队缺乏足够的权力要求任何在印度海域内的船只进行停船和检查，印度政府决定沿海各邦政府成立海上警察部队，在海岸警卫队的监督下进行沿海区域的执勤。

印度海岸警卫队隶属国防部，与陆海空军并立。平时与印度海军、渔业部、税务海关部门、国家警察部队密切合作，负责近海防卫和治安，确保有关海上专属经济区的各项法律、法令的贯彻实施，战时归海军指挥，协助海军作战。成立之初曾因其归属问题发生官僚斗争，内阁秘书建议隶属民政事务部门或地方政府，总理英迪拉甘地推翻其决议，决定由国防部指挥。海岸警卫队隶属军方的情况在世界各国不占多数。印度的体制与海岸警卫队脱胎于海军有关。

海岸警卫队编制序列为：海岸警卫队、海警区域、海岸警卫区、海岸警卫站（海警航空站）。海岸警卫队的最高指挥机构为海岸警卫队司令部，位于新德里布莱尔港。总监通常委托海军中将担任。同时设立海军少将副总监1人。总监、副总监负责整个海警系统的作战指挥、行政管理、军事训练以及后勤保障等各项工作，并直接向印度国防部长负责。

海警区域司令部是海警战区级指挥机构，直接受海岸警卫队司令部指挥，主要负责战区内所有岸上指挥机构、后勤基地、舰艇中队及航空中队的作战指挥和行政管理工作。指挥官称司令，海军准将衔。区域司令部内设有与海警司令部对口的部门和专职人员，处理机关日常事务。目前，印度将沿海水域和岛屿划分为3个海警区域司令部，分别是位于孟买的西部司令部、位于钦奈的东部司令部和位于安达曼和尼科巴群岛布莱尔港的南部司令部。

海岸警卫区指挥部是海警岸上指挥机构的基本编制，受海警区域司令部领导，负责辖区内各岸上机构和海上舰艇部队的行政管理和作战指挥，是海警舰艇部队的后勤支持基地。海岸警卫区按行政区设立并划分辖区范围，原则上沿海各邦各设立1个。

海岸警卫站或海警航空站是海岸警卫队基层组织指挥机关，受海岸警卫区指挥部领导，负责辖区范围内非法捕鱼、走私和种种违法活动及海洋污染情况的监视和检查，并采取各种措施予以控制和打击。同时也为海警舰艇提供必要的后勤支持。海警站通常设在较为重要的海港。目前，共有13个海警站和3个海警航空站。

海上和空中战术单位主要为舰艇中队、航空中队。其中航空中队共有4个，3个固定翼海上侦察/搜索与空中营救中队，1个直升机海上巡逻/搜索与空中营救中队。

各海警区域编制如下：西部司令部下设波尔班达尔、孟买、新曼加格尔、科钦、果阿等海岸警卫区和达曼航空站、842航空中队等。其中，波尔班达尔海岸警卫区下设杰考、雅迪那、波尔班达尔等海警站。科钦海岸警卫区下设贝普里、卡亚瑞迪、维津詹姆海警站和孟买747航空中队。果阿海岸警卫区下设位于达曼的果阿海警航空站。东部司令部下设钦奈、巴拉迪普、霍尔迪亚海岸警卫区和钦奈、维萨卡海警航空站以及加尔各答700航空中队。其中钦奈海岸警卫区下设杜蒂戈林、曼达帕姆和新村海警站。南部司令部下设底格里普尔和坎贝尔湾2个海岸警卫区。

印度海岸警卫队约有100艘舰艇和40余架各型飞机，包括"道尼尔"直升机、"切塔克"直升机和轻型直升机。有1000名军官和5200名士兵及其它人员。军官的来源主要有三个方面：一是从现役海军部队中抽调，一般担任海警系统的高级职务，如海警总监和区域司令部司令等职；二是从海军退役军官中挑选，一般担任中级职务和复杂的专职技术职务；三是自己直接招训的年轻军官，每年40名，占补充数的80%左右。

六、印度尼西亚海岸警卫队

2014年12月成立。此前印尼负责海洋安全的交叉机构过多,效率不高,需要成立一支海岸警卫队全权负责,用于打击海盗和走私,确保海洋运输的业务不受影响,并负责海岸边境线安全以及打击非法捕鱼与贩卖人口。海岸警卫队最初从军方借调人力和船只,于一年内完全独立。现有海上警察1.4万人,装备近海巡逻艇10艘,海岸巡逻艇9艘,近岸巡逻艇6艘。

七、越南海上警察部队

2008年1月26日,越南国会通过《越南海上警察力量法令》。2009年10月19日颁布有关越南海警力量的政府令,2012年正式颁布《越南海洋法》。2013年10月12日修改补充海警力量的政府令。根据新颁布的政府令,越南原"海警局"更名为"海警司令部","海警局局长"改为"海警司令"。海警司令部总部设在越南首都河内,运作经费由国家财政预算支付。根据国防部长建议,政府总理任命海警司令、政委、副政委及副司令。

越南海警是越南武装力量之一,负责海上执法,维护海上安全等。关于海警的职责,《越南海上警察力量法令》第六条、第七条作出了明确的规定:在越南领海、毗邻区内,根据越南法律和越南已签署或参加的国际公约规定进行检查、监督,维护其主权,保护资源,防治环境污染,维持安宁、秩序和安全;发现、制止并打击非法运输人口、非法运输或经营商品、武器、爆炸物、毒品和兴奋剂等;打击走私、海盗以及其他违法行为。越南海上警察的任务还包括及时收集、处理并向职能部门通报必要信息;配合其他力量保护国家财产以及公民生命和财产安全,保护在越南海域和大陆架内合法活动的船只;参加海上搜救和事故处理工作;配合其他武装力量维护越南海岛、海域的主权和国家安全,维护越南专属经济区和大陆架内的主权权益。

越南海警隶属于越南国防部,所有活动由国防部直接组织、管理、协调,但不属于越南人民军序列。年度预算直接由国家财政预算编列支付。海上警察体系包括海警局,海警区(包括海团、海队、海警队)和海警培训学校。海警总部设在海防,在河内有常设机构,在胡志明市设有代表处。海上警察区的组织与海军沿海区相对应。各海上警察部队包括军官、专业军人、士官、士兵和国防职工,统称为海警干部和战士。在职务任免、军衔晋级方面,军官按《越南人民军军官法》执行,军衔最高为中将,以下依次为少将、大校、上校、中校、少校、大尉、上尉、中尉和少尉。专业军人、士官和士兵按照《军事义务法》执行,国防职工按有关法律规定执行。海警干部、战士的服役年限参照越南人民军有关法律文件规定和其他法律规定。海上警察干部、战士享受越南人民军干部、战士的待遇和政策。执行任务时,海警必须穿着海警制服,佩戴海警徽章,海警的船只必须悬挂国旗和海警旗帜。

越南海洋警察巡防区分成 4 个地区海洋巡防区,依地理位置从北至南分布。海警部第 1 区:管辖区域从广宁省北仑河至广治省昏果县,指挥部位于海防市。接壤中国广西省及海南省三沙市海域等地区。海警部第 2 区:管辖区域从广治省昏果县至平定省,指挥部位于三歧市,接壤中国海南省三沙市西沙群岛海域等地区。海警部第 3 区:管辖区域从平定省至茶荣省茶荣市,指挥部位于头顿市,接壤中国海南省三沙市南沙群岛及太平岛海域等地区。海警部第 4 区:管辖区域从茶荣省茶荣市至坚江省河仙市,指挥部位于金瓯市,接壤柬埔寨、泰国及中国海南省三沙市南沙群岛海域等地区。

越南海警现有 50 余艘舰艇,其中有 148 吨俄制胡峰级鱼雷巡逻快艇、自制 120 吨 TT-120 巡逻艇、200 吨 TT-220 巡逻艇、400 吨 TT-400 巡逻艇、1200 吨巡逻艇、2100 吨荷兰 DN2000 型多功能巡逻船、2500 吨达曼 9014 级巡逻艇、1400 吨达曼打捞船、韩国造 280 吨和 1400 吨巡逻艇。其中,TT-400 海上巡防艇由越南政府投入巨资建设,可以在海上连续活动 30 天,时速超过 34 海里,机动性和巡航能力出色。海警船 CSB 8001 和 CSB 8002，排水量达 2100 吨，2012 年下水，属于荷兰公司设计的 DN2000 型多功能巡逻船，采用隐身外形设计，配备有 2 门 30 毫米火炮、2 挺 14.5 毫米重机枪和 4 部水炮，称拥有"越南从未有过的先进舱内设备"。100—400 吨的小艇，配备有冲锋枪、高射机枪和机炮，甚至还有单兵反坦克火箭筒。2011 年 8 月，越南海岸警卫队接收了首批 3 架欧洲空客军用飞机公司生产的军用 C212-400 海上巡逻机。该机将用于海岸监视、监督渔业，并担任其他执法角色。越南海警还获得 10 架波兰产 M-28 巡逻机，并接受波兰教官的飞行员培训。这些飞机安装有波兰 PIT 公司最新研制的 MSC-400 海上监视系统，可有效提高越南海警对南海纵深水域的监控能力。

八、冰岛海岸警卫队

其历史起源可追溯到 1859 年，当时轻巡洋舰开始在冰岛海域进行巡逻。1906 年，第一艘专用巡逻舰来到冰岛。从 1920 年起，冰岛开始自主管理领海，1926 年 6 月 1 日，冰岛海岸警卫队正式成立。3 年后，即 1929 年 6 月 14 日，海岸防卫舰加入舰队。1947 年，开始从民用航空公司租赁飞机对沿海渔场进行巡逻。在 1972—1975 年间的"鳕鱼战争"中，海岸警卫队扮演了极为重要的角色，其为保护渔业资源免遭过度的捕捞，与英国皇家海军对峙，割断英国和西德拖网捕捞船上的拖绳。最终，迫于冰岛政府威胁从凯夫拉维克海军基地驱逐美国军队和退出北约组织的压力，英国政府同意认同冰岛关于渔场的主张。

海岸警卫队是一个政府执法机构，隶属于冰岛司法部，承担同其他国家海岸警备队类似的职责。同时又是冰岛武装力量的一个重要组成部分，负责国家的国防，参与军事任务和军事行动，比如"伊拉克持久自由行动"和"北方挑战演练"。他的主要任务是维护冰岛领海的主权，同时保护冰岛 200 海里专属经济区的权益，另外还承担诸如搜救遇难人员、扫雷（主要是二战遗留的水雷）、监视专属经济区外的国际水域作业的渔船是否违法捕捞（即盗捕行为，有盗捕行为的渔船一旦被抓，将被禁止享受东北大西洋渔业协会各成员的任何服务，从而达到抑制盗捕的效果）等任务。海岸警卫队依据跟丹麦达成的关于安全、救援和防务方面的双边协议，偶尔也在格陵兰和法罗水域活动。冰岛海岸警卫队的基地设在雷克雅未克，拥有护卫舰、近海巡逻艇、沿海巡逻艇、舰载直升机、固定翼飞机等装备。

九、俄罗斯联邦边防军海岸警卫队

俄罗斯对海洋采取多头管理方式，涉海部门包括交通部、农业部、自然资源部、经贸部、内务部、救灾部、国防部、外交部、边防总局、海关等部门，大多拥有自己的海上力量。其中，边防总局的海上力量是边防军海岸警卫队（Береговая охрана Пограничной службы ФСБ России），职责是保卫海上边界和其他水域边界，保卫俄联邦的内海水域、领海、专属经济区和大陆架及其海洋生物资源，并对海洋生物资源保护领域的活动实施国家监督。它与渔政监察、海关、内卫、边防、卫生监督、生态保护等部门的工作人员共同组织海上巡逻。

海岸警卫队拥有近200艘舰艇和40余架航空器，主力舰艇大多为原俄罗斯海军护卫舰。苏联和俄罗斯对于海岸警卫队的重视程度不输美国。在苏联时代，海岸警卫队经常能够获得最新型的舰艇，如当时堪称苏联海军最新锐舰艇的克里瓦克级护卫舰，也有边防海岸警卫队版本，即克里瓦克Ⅲ型护卫舰。俄罗斯多家船舶设计局都在近海巡逻舰领域有所建树。"金刚石"设计局在守护级出口型护卫舰的基础上，研发了2000型近海巡逻舰。"泽廖诺道尔斯克"设计局则以11611型猎豹级护卫舰为原型，设计出多种近海巡逻舰。其中"猎豹-5.1"型排水量约2000吨，最大航速25节，续航力4500海里。俄北方设计局研制的近海巡逻舰则以火力强、航速高而见长。以С-1350型护卫舰为原型进行设计的2500П型近海巡逻舰，排水量约1000吨，续航力4000海里，最大航速30节，舰上可搭载1架卡-27直升机、4架遥控无人机、2艘硬式充气艇和1艘气垫艇。该巡逻舰装有1门100毫米炮、2门30毫米六管自动炮、2具榴弹发射器和2挺大口径机枪。

十、希腊海岸警卫队

希腊的港口和海岸警卫工作始于1834年，最初由海军军官、军士和水手们担任。1919年，希腊海岸警卫队即水上警察正式成立，负责大小港口、领海以及所有希腊商船的警卫工作；维持港口地区的秩序与安全；提供水上交通方便；执行捕鱼条例；反文物走私和非法海底活动；检查游客及游船等。打击毒品非法交易是希腊水上警察的工作重点，保护海底文物是希腊水上警察的另一项重要工作。

希腊海岸警卫队归希腊公民保护部管辖，总部位于比雷埃夫斯。如同大部分国家的海岸警卫队，海岸警卫队是希腊准军事力量之一，和平时期由文职单独管理，战时为海军提供支持。根据每个港口的地理位置，过往旅客、车辆以及货物的数量，海岸警卫队逐级设置中心港口警察局、港口警察局、警察分局，每个分局下设一个或几个水上警察派出所，或者称之为港务派出所。在一些吞吐量很小的港口，警务工作由海关官员代理，但受最近的港口警察局领导。海岸警卫队军官军衔设9级：中将、少将、准将、上校、中校、少校、上尉、中尉和少尉。指挥官是海军中将。

希腊海岸警卫队主要的船艇装备有：驻防于克里特岛的PLS－015巡逻艇和萨尔4级导弹巡逻艇；停泊在比雷埃夫斯利阿湾海警队小码头的蓝波罗57巡逻艇；停泊在比雷埃夫斯利阿湾海警队小码头的 SAR－513 巡逻艇；停驻在塔托伊机场的 Reims Cessna F－406 飞机、Socata TB－20 Trinidad 单引擎飞机 AC－3 等。

十一、英国女王海岸警卫队

1998年4月1日，英国海岸警卫队与英国海事局合并为英国海事与海岸警卫队管理局（Maritime and Coastguard Agency，MCA），为运输部下属的执行机构，总部设南安普顿的商业街，在全国设有 19 个海岸警卫队协调中心和 18 个海事办公室。女王海岸警卫队拥有一些执行搜救的队伍和近海救生船，作为一个为搜救服务的协调组织和对外公共平台，其主要负责执行海事安全政策和国际海事公约；提供 24 小时海上搜寻救助服务；英国和到港的外国籍船舶的安全管理；防止水域污染；英国船舶和船员注册；为海员提供服务等。女王海岸警卫队是一支只从事搜救任务的机构，没有维护航行标志的职能（此职能由"领航公会"、苏格兰的"北方灯塔会议"和北爱尔兰的"爱尔兰灯塔委员会"负责），没有海关执法权（由英国"皇家税收与海关总署"负责），也不拥有全天候救生职责（由志愿机构"皇家救生船协会"承担），但会经常租用商业直升机（主要为西科斯 S-69）和拖船在一些特定的海域执行搜救任务。

十二、加拿大海岸警卫队

其历史可追溯到 19 世纪。加拿大建立初期，各省政府都有一支海岸巡逻舰队。1867 年，加拿大联邦成立，联邦政府开始进行统一的海岸巡逻。第二次世界大战期间，加拿大尽管没有直接参战，但船只都装备枪炮，进行武装巡逻护航。战后，加拿大进入了海上贸易的扩张期，并在 1958 年随着圣劳伦斯水道的贯通达到了巅峰。1962 年 1 月 28 日，时任加拿大总理的约翰·迪芬贝克决定在巩固运输部海事服务局的职能基础上，组建加拿大海岸警卫队。

1960—1980 年，加拿大海岸警卫队进入了快速发展期。大量的船只源源不断地装备到海岸警卫队船队中。随着大湖区域运输业日益繁忙和北极圈区的发展，主要港口进出船只不断增多，加拿大政府扩大了海岸警卫队船队规模，在主要港口附近修建了大量基地，于 1965 年在布雷顿海角悉尼港的一个原海军基地成立海岸警卫队学院，并扩大了在南部加拿大水域的执法范围。20 世纪 80 年代中期，加拿大与美国因为西北通道的法律地位产生分歧，引发加拿大国内的民族主义高涨，使得加拿大政府决定建造数艘大型破冰船（Polar 8 级）执行海上主权巡逻。

从 1994 预算年度开始，联邦政府将海岸警卫队从运输部移至海洋渔业部，与海洋渔业部原有的执法船队合并成一支民事执法船队，从而达到节省成本的目的。通过这次合并重组，海岸警卫队拥有了一支前所未有庞大船队，包括原有搜救船、多任务破冰船和飞机，以及海洋渔业部的科学考察船和渔业执法船。2005 年 4 月 4 日，海洋渔业部部长宣布海岸警卫队将成为一个独立的职能机构，尽管仍然挂在海洋渔业部下面，但拥有更大的自主权，成为联邦最大的职能机构。

作为一个独立的职能机构，其领导组织结构也随之改变。加拿大海域被划分为五个地区：纽芬兰和拉布拉多地区、魁北克地区、滨海诸省地区、太平洋地区和中央及北极圈地区。以前各大区域的指挥官独立负责本区域内的事务，此后所有事务都由海岸警卫队最高总负责人"加拿大海岸警卫队执行委员"统一管理，所拥有的所有基地、船只、飞机和人员都归执行委员领导。执行委员一职由各大区域的指挥官轮流担当。这种管理模式和财务结构强化了海岸警卫队在维护海上安全方面的角色和作用。

海岸警卫队是海洋渔业部下属的民事服务机构，队员不是军人或警员。目前有队员约 9000 余人。在性质上与美国海岸警卫队有所不同。加拿大保卫海上主权的军事任务由海军负责，在主权海域进行执法活动由加拿大联邦警察部队（加拿大皇家骑警）负责，大湖区的执法是由安大略湖省警方和地方的警察局负责。

海岸警卫队基本任务是确保在加拿大水域航行的船舶的安全。具体任务包括：（1）导航服务。提供超过 17000 个近距离的导航设备，包括可见设备（固定装置、灯塔和航标），声音设备（雾天使用的喇叭）和雷达；同时提供远距离导航设备，包括微分全球定位系统（DGPS）在内的电子设备。保障在加拿大水域内航行的船只能够安全有效地到达目的地。（2）水道管理。保证水道的通航和船只的安全行使。同时给过往船只提供水道通航水文信息服务。（3）海上环境应急。担负加拿大水域内海上船只燃油泄露的应急处理任务，减轻对海洋的污染。同时在国际公约下参与国际间海上燃油泄露的应急处理。（4）破冰。为促进加拿大附近海域海上交通，承担冰冻航道的破冰以及相关的任务，以利于商业贸易和运输业的发展。主要提供的措施有：为船只开辟冰封的航道，解救被冰冻困住的船只，海港破冰，提供冰冻信息等，通过这些手段降低行船风险。(5)海上交通通信服务。提供海难和安全通信，进行船只检查，规范船只的航迹，为船只提供相应的信息服务。(6)搜救。搜救系统作为整个联邦救援系统的一个部分，跟加拿大辅助海岸警卫队一起负责530万平方千米海域的搜救任务。通过海难监听、通信和搜救行动，提高成功解救遇难人员的比例。

加拿大海岸警卫队装备各型舰艇约90艘，包括研究调查船、巡逻船、破冰船等。装备小型舰艇90余艘、直升机30架。所有船只都有统一的外部涂装，以红色为船体主色调，甲板以上建筑则为白色，看上去像飘动的加拿大国旗。在船体上有一条成60度角的白色斜纹，与美国海岸警卫队船只类似。船名位于船的上层建筑，一般以重要人名地名命名，在主要船只上都有加拿大海岸警卫队CCGS字样。

第七章 / 边境警卫队

边境警卫队（Border Guard）是一些国家组建的准军事组织，战时协助正规军队武装保卫边境地区，平时负责边境地区社会治安和维护法律秩序。各国边境警卫队可能隶属该国安全部队、警察部队、国民警卫队或宪兵，但通常都是一支有着相对独立性的武装，在国家安全体制、准军事力量体系中占有独特和重要地位。

第一节 全球边境警卫队概述

早期的边境警卫队，是从军队中分离出来专门从事边境保卫的部队，具有正规军队的完整形态，装备有重武器，主要职责是武装保卫边境地区。二战以后，特别是美苏两大军事阵营对峙消除后，大部分国家的边境形势发生很大变化，邻国军事入侵不再是日常性威胁，而各种跨国界犯罪活动（如非法移民、走私、贩毒、贩枪等），边境地区民族分裂主义活动，非法武装组织和恐怖组织活动等，构成新的日常性威胁。同时，随着经济交往的发展，开放口岸增多，每天都有大量人员、原材料、货物和信息资料（包括金融交易）等从边界和关口通过，越界生产作业引起的涉外事件也时有发生，给监控和管理带来新的压力。这些威胁和压力无法严格区分性质，很难决定是由国防部门还是执法机构来处理，暴露出国家在军事能力和执法能力中存在的防务空缺，因而需要有一支兼顾国防和执法的力量来填补这一空缺。

各国边境警卫队由此发生了很大变化：在任务上，于军事保卫之外，增加了治安行政和刑事司法职能，被赋予相应的警事权力；在组织性质上，转向准军事组织，可以在国防军不适合出面的场合下遂行任务，避免在边境地区部署常备正规军，引起邻国误解和紧张，还可以减少军方的负担；在编制装备上，拉开与国防军的距离，如俄罗斯边防改革前相当多的边防哨所装备有装甲输送车、步兵战车和大口径火炮，重点哨所还配属有坦克分队，改革后1/2的步兵战车和坦克、口径100mm以上火炮、米格-24飞机和武装直升机移交给国防军。

在上述变化的大趋势之下，各国边境警卫队仍然保留很多差别。例如，在属性上，可分为偏重于军事防务和偏重于警察执法两类。俄罗斯边防部队虽经改变，仍然是各国边境警卫队中军事性质最强的部队，一些处于领土争端中的边境卫队，如印巴、印孟、柬泰等国边境警卫队也有明显的军队性质，而德国、以色列等国边境警察则属于国家警察；在体制上，有的国家边境警卫队是独立部队，有的则是隶属于安全部队或宪兵，如西欧、非洲和美洲国家很少专门的边境警卫队；在疆域范围上，有的国家边境警卫队仅负责陆境，有的则兼负海陆边境警卫，如俄罗斯边防部队下辖海上警卫队；在职能范围上，有的边境警卫队局限于边境线，有的则扩展到移民事务、海关和城市机场出入境管理、反劫机等，更有甚者如德国、以色列边境警察，已经是负责全境安全的警卫队。

通常来讲，各国边境警卫队的员额数量与该国边防线长度和口岸数量成正比，规模较大（2万人以上）的边境警卫队有：印度、俄罗斯、巴基斯坦、乌克兰、越南、孟加拉国、罗马尼亚、埃及等。尽管美国一直没有边境警卫队（缘于没有邻国军事入侵威胁），但在边境威胁多元化新形势下，美国也开始考虑组建一支作用和地位类似海岸警卫队的庞大陆地边境准军事组织。

各国用于边境防务和执法的准军事部队有不同的名称，在使用官方英文名称时，较多国家称边境警卫队（Border Guard），也有称边境警察（Border Police）、边境安全部队（Border Security Force）、边防部队（Border Defense Force）等。本书将这些与边境事务有关的准军事部队都列入

"边境警卫队"一节介绍。以下是各国边境警卫队：

阿富汗边境警察部队、阿塞拜疆边境警卫队、巴基斯坦边境警卫队、格鲁吉亚边防部队、哈萨克斯坦边防部队、吉尔吉斯斯坦边防部队、马来西亚边境侦查部队、蒙古边防部队、孟加拉步枪队、缅甸边防警察部队、沙特边防部队、塔吉克斯坦边防部队、泰国边境巡逻警察、土库曼斯坦边防部队、亚美尼亚边防部队、以色列边防警察、印度边境卫队、越南边防部队、埃及边境警卫队、纳米比亚边境警卫队、乌干达边防部队、阿尔巴尼亚边防部队、爱沙尼亚边境警卫队、白俄罗斯边防部队、保加利亚边防部队、波兰边境警卫队、德国联邦警察边境警卫队、俄罗斯边防部队、捷克边防部队、拉脱维亚边境警卫队、立陶宛边境警卫队、罗马尼亚边境警卫队、乌克兰边防部队、匈牙利边防部队、秘鲁边防部队、哥斯达黎加边境安全警察、古巴边防部队等。

第二节 俄罗斯边防部队

一、历史传统

俄国边防部队的雏形可追溯到14—15世纪。18世纪俄国建立了海关警卫部队，19世纪建立了边防警卫部队，并设立了边防区。俄国十月革命后，原守卫边境的俄国边境警卫独立军被苏维埃政权撤销。工农红军组建后，边界守卫任务临时由红军负责，1917—1918年冬季，"边界临时关闭，没有革命军事委员会的特别指示任何人不得越过边界"，出入边界的许可证上必须有捷尔任斯基、乌利茨基、温什里希特、拉齐斯和越飞的签名。1918年3月3日《布雷斯特和约》签订之后，苏维埃俄国革命军事委员会决定在北部和西部成立两批护卫队，负责守卫西部边界并同时执行海关任务。其中在西部边界有120个队，2万多人，这是苏维埃最早的专职边防部队。1918年3月30日，俄罗斯在原俄国边境警卫独立军总部机关基础上，设立苏维埃俄国人民委员会财政人民委员部边防总局,这是最早的边防部队领导机关。5月28日,列宁签署了"苏维埃俄国人民委员会关于组建边防警卫部队"的法令,这一天成为俄罗斯边防部队节。9月6日,边防总局制定了边防部队制服:绿色大檐帽和皮帽。绿色从此成为边防部队的军种色。

至1918年底,苏维埃政权组建了第一边防部队区(司令部在彼得格勒),第二边防部队区(司令部设在维帖布斯克,下辖谢别日斯克、博尔霍夫、奥尔沙、波洛茨克、罗加乔夫边防区),第三边防部队区(司令部设在奥廖尔,下辖布良斯克、戈尔夫、库尔斯克、奥斯特罗戈日斯克边防区)。每个边防区下辖3—4个边防分区,边防分区分为若干个边防地段,每个边防地段派出哨所和岗哨。在芬兰湾和楚德湖组建了水上边防部队。1919年2月1日,各边防部队区依次改编为边防师。1919年7月,国内战争全面展开,边防部队被全体编入红军现役部队,由军事人民委员部领导。1922年9月27日,劳动和国防委员会作出决议,边防部队由国家政治保卫局指挥,称"国家政治保卫局独立边防部队",下辖彼得格勒边防部队区、西部边防部队区、乌克兰边防部队区、克里米亚边防部队区、北高加索边防部队区、高加索边防部队区、土库曼边防部队区和西伯利亚边防部队区,不久又成立了远东边区国家政治保卫局边防处。边防部队区下辖省(州)边防总队,边防总队下辖边防独立营,边防独立营辖3个连及配属的骑兵分队,担任边界巡逻。边防部队编制中还有北部区舰队、芬兰—拉多加区舰队、里海区舰队、黑海区舰队、阿姆河区舰队、楚德湖船舶中队和远东边防区舰队。

1925年9月28日,边防部队由志愿兵役制改为义务兵役制。1932年,边防部队增编了航空兵分队。至1934年,苏联已组建了17支边防部队航空部队,包括海军航空中队和大队。1939年2月,苏联内务人民委员部正式成立了边防部队总局作为边防部队的领导机关。内务人民委员会边防部队由步兵、骑兵、侦察兵、舰艇兵、航空兵等兵种组成。

1941年6月22日,纳粹德国发动对苏战争后,内务人民委员部奉命组建了15个步兵师,分别编入第30、第31与第24集团军,其后边防部队还陆续组建了摩托化步兵第8师、第4克里米亚师、内务人民委员部第10师、奥尔忠尼奇则师和格罗兹尼师以及近百个独立的步兵营、连、排。1941—1942年，边防部队抽调了8.2万多人组建一线作战部队。边防部队和边防部队舰艇兵直接参加了列宁格勒保卫战和斯大林格勒战役。1942年10月14日，苏联国防委员会决定在斯维尔德洛夫斯克组建人民内务部队集团军，编入大本营的战略预备队。该集团军编制为6个步兵师总人数7万人。1943年2月5日，这支部队获得第70集团军番号，辖步兵第102远东、第106外贝加尔、第140西伯利亚、第162中亚西亚、第175乌拉尔、第181斯大林格勒师，总共6.9万人。1943年2月15日，第70集团军编入中央方面军，在方面军预备队编成内，配置于叶列茨、利夫内、法捷日、扎顿斯克地域，由此开向亚斯纳亚波利亚纳、西特罗斯纳、博布罗沃（库尔斯克西北70千米）地域，就地构筑防御地域。1943年7月的库尔斯克战役中，第70集团军在И·В·加拉宁中将指挥下出色完成了任务，顶住了企图从北面突破库尔斯克的德国第9集团军坦克机械化部队的进攻。随后参加了奥廖尔进攻战役。战役后第70集团军转为中央方面军预备队。1943年9月1日转为最高统师部大本营预备队，重新编入了新的下属兵团和部队。由边防部队官兵组成的第105、第157、第333团参加了1945年柏林战役。1944年4月，先后在收复的国土上组建了摩尔达维亚边防部队区、乌克兰边防部队区和白俄罗斯边防部队区。1945年8月，边防部队分队参加了消灭日本关东军的远东战役，在前线部队先遣支队编成内作战，并参加了解放千岛群岛和库页岛的战斗。

　　苏联边防部队在卫国战争中有超过11.37万名边防部队官兵直接参加了前线作战，组建了大批前线战斗部队。边防部队50%的军官和72%的士兵都被编入了作战部队。在整个卫国战争中，约有1.7万边防部队官兵荣获勋章和奖章，其中150人荣获"苏联英雄"金星奖章；有49个边防部队荣获战斗勋章，32支部队被授予荣誉称号。

　　1949年10月边防部队转隶国家安全部，1953年重回苏联内务部。1957年5月28日，边防部队由内务部划归国家安全委员会管辖，设立国家安全委员会第三局，即边防部队局。

1969年3月2日、15日、17日，苏联边防部队太平洋边防部队区乌曼边防总队、远东边防部队区比金边防总队与中国人民解放军沈阳军区黑龙江省军区合江军分区前指（3月2日战斗后改为沈阳军区虎（林）饶（河）前指）指挥的边防站、陆军第46军第133师侦察连及397团特务连侦察排、398团特务连侦察排、陆军第23军第73师第217团第1营、第67师第201团的特务连、一炮连、三炮连等，在乌苏里江珍宝岛发生三次战斗。珍宝岛事件深刻地影响了中苏关系。

苏联解体后，1992年6月12日，叶利钦总统签发命令，决定组建俄罗斯联邦边防部队，并将其编入俄联邦安全部。1994年12月30日，联邦边防局和边防部队总司令部被改组为联邦边防总局。2003年3月联邦边防总局并入联邦安全局，2004年7月联邦保卫局与联邦安全局、对外情报局合并，成立了国家安全总局。自此边防部队一直隶属国家安全总局。

近二十年来，俄罗斯边境形势发生很多变化，如中亚及欧洲的毒品向俄境内大量渗透，边境地区民族分裂主义活动猖獗，非法武装组织活跃，两次爆发"车臣战争"，武器走私严重，口岸及通道偷渡和其他跨国界犯罪活动越来越突出等，而国内经济形势不好造成边防经费短缺，军官面临住房、薪金、退役等一系列问题，边防部队吸引力下降。这一切促使边防部队推行改革。俄总统签署了《俄罗斯联邦边防部队2010年改革前景方案》，调整了边防部队的任务，由单一的武装保卫边界和边防检查，扩大为保护边境资源、打击有组织的跨国界犯罪、开展边境地区的对外合作等，职责范围由过去的陆界扩展到领海和大陆架专属经济区。部队的性质也向执法权力机构和管理机构转变，边防总局改称边防管理总局，一些重武器移交给国防军，准军事组织的性质更明显。

二、任务使命

根据1982年11月24日苏联最高苏维埃通过的《边境法》第28条，

苏联边防部队的任务是：驱逐外来武装入侵；防止非法越境与跨境运输武器、爆炸品、走私、颠覆性宣传品；监控过境口岸秩序；监控在苏联领水的本国与外国船只；配合其他政府部门保护边境地区的自然资源、预防环境污染；授权对进出国境人员的随身物品进行检查；具有对当事人的询问、讯问、搜查、逮捕、审讯的警察执法权。

俄边防部队沿袭苏联边防部队的使命任务，建立俄罗斯联邦统一的安全体系，保障其国界和海洋经济区的安全。基本任务是：反击外国军队集团、匪帮的武装入侵；保卫边境居民、国家财产和私有财产免遭敌人的侵犯；管理边界，执行边防制度规定及内海区航行制度规定等。具体职责有：组织保卫俄联邦国界、领海、大陆架和专属经济区；在双边条约的基础上，组织保卫独联体国家的边境；保护俄联邦的海洋生物资源，并对海洋生物资源保护领域的活动实施国家监督；组织检查穿越俄联邦国界的人员、交通工具、货物、商品和动植物；与俄联邦及独联体有关部门协同，组织边防机关和部队开展侦察、反侦察和业务调查活动；参加保卫俄联邦在国外的外交代表机构。

1993年4月1日，俄联邦通过《国界法》，对国家执行权力机关在保卫国界方面的权力做了如下区分：外交部负责外交和签证问题；安全总局负责指挥边防部队；国防部负责保卫空中和水下国界。

三、组织编制

俄罗斯边防部队俄文名称 Пограничные войска ПВ，英文官方名称 Federal Border Guard Service，编制16万人，另有文职人员1.94万人。设7个地区司令部，编成地区总队10个，边防总队7个。装备步兵战车和装甲输送车1000辆，大炮90门，水面作战舰艇7艘，近海巡逻舰艇220艘，支援辅助舰艇42艘，各型作战飞机86架，各型直升飞机约200架。

俄边防总局隶属联邦安全总局，是联邦执行权力机关的特命全权机关，负责领导边防机关和边防部队。俄联邦边防部队在执行国防领域的任务时，接受俄联邦武装力量总参谋部和军区的指挥。当按职能使用时，由俄联邦安全局总局局长通过兼任安全总局第一副局长的边防总局局长进行指挥。边防总局局长经联邦安全总局局长提名由俄联邦总统任命，边防总局局长编制军衔为上将。

按兵种划分，边防部队分为陆上兵团、航空部队和海岸警卫队等。陆上兵团、部队和分队是联邦边防部队的重要组成部分，用于保卫和警戒俄联邦国界，查明、预防和制止陆上边境和沿海边境地区的违法和犯罪事件。边防部队航空部队用于捍卫和保护俄联邦国界、内河、领海、专属经济区、大陆架及其自然资源，保障边防部队兵团、部队和分队以及边防机关的活动与机动。边防部队的独立航空兵团穿航空兵兵种制服，授予空军军衔，佩戴空军徽记。边防部队海岸警卫队用于在保卫海上边界和其他水域边界方面落实俄联邦的边境政策，保卫俄联邦的内海水域、领海、专属经济区和大陆架及其海洋生物资源，并对海洋生物资源保护领域的活动实施国家监督。它与渔政监察、海关、内卫、边防、卫生监督、生态保护等部门的工作人员共同组织海上巡逻。界江、界湖执勤巡逻的边防护卫艇支队隶属于边防部队，但其兵种身份为舰艇兵，穿海军舰艇兵制服，授海军军衔，佩戴海军徽记。

按编制序列，依次为边防部队、边防区、边防总队、边防支队、边防大队、边防哨所等。边防区是边防部队军政合一的战役军团，由若干边防总队、航空兵和其他独立部队组成。辖有海防和江防区段的边防区还编有巡逻艇部队。目前有远东、后贝加尔、北高加索特别、东北、西北和太平洋等边防部队区。边防总队是基本战斗执勤单位和行政管理单位，用于警卫国界的一定地段，一般由边防大队、直属边防小队、战斗保障分队和勤务分队编成。检查站、机动队、护卫舰部队也可属边防总队的编制。边防支队是边防部队的战术兵团，任务区宽度为100—500千米，纵深150—500千米；陆上边防支队主要装备有坦克、装甲车、火炮、步兵轻武器及较完善的通信器材和交通工具等。边防大队是战术部队，任务区宽度为5—150千米，纵深5—50千米。边防哨所是边防部队的基本战术分队，分为一线哨所和预备哨所两种。在边防部队陆上兵团、部队与分队的编成内共有950多个边防哨所，每天担负边境巡逻任务的人员多达1.1万人。边防哨所根据所担负任务，其编制装备不尽相同。边防哨所的编制人数一般为40—50人，重点哨所为70—80人，最多可达100人。一线边防哨所辖区宽度为5—25千米，纵深为3—5千米。编设机枪班、探照灯班、雷达班、军犬小组和指挥组等。边防哨所主要担负边防巡逻和海岸瞭望任务，每个哨所配备手枪3—5支，步枪30支，冲锋枪41—43支，轻机枪5挺，重机枪3挺，40毫米火箭筒3—5门，电台1部，发报机1部，信号枪8支，巡逻车1—2辆，军马4—12匹，军犬4—6只，以及探照灯、推土机、拖拉机等，有些哨所已装备装甲输送车和步兵战车、火炮、迫击炮，重点哨所还配属有坦克分队。

为加强对边境地区有组织犯罪活动的打击，边防总局及各地区局分别组建高水平快速反应分队。在"车臣战争"中，总局和南部地区局所属应急分队空降到边境一线，切断车臣非法武装组织通往境外的退路，为打赢战争作出了贡献。

俄边防部队实行混合兵役制，一部分是各地征集来的义务兵，另一部分是招募来的合同制军人。军官来自各级军事院校，主要来自苏沃洛夫边防部队军事学校和边防部队军事学院。与俄武装力量军人相比，边防部队各级军官年龄偏大，任职时间较长，熟悉边境情况，边境勤务和边境管理经验丰富。近十年开始录用非军事人员从事边境检查工作，占人员比例接近50%，在节约经费的同时更好地适应边防管理工作。还实行边防部队与俄预备役军人合编为"边境守卫队"执行边防保卫任务。

第三节　越南、印度、德国等国边境警卫队

一、蒙古边防部队

由国家警察总局下属边防部队管理总局领导，共约5000人。下辖11个边防总队、90余个边防分队、5个边防检查站、2个机场检查站。此外，在苏赫巴托专设边境管理机构，辖6个边防哨所。边防部队还编

设 1 个独立飞行大队，1 个内卫团和 1 所边防部队军官学校。

二、越南边防部队

越南边防部队的前身是边防武装公安部队。1959 年 3 月 3 日，越军将部分正规部队改建成人民武装公安部队，分边防武装公安和内地武装公安两类，均隶属于国防部。1976 年越成立内务部，边防武装公安随转属内务部领导。1979 年 11 月，边防武装公安部队又划归国防部，称越南人民边防部队。1988 年，根据新的形势和任务，越南部长会议决定将边防部队重新划归内务部领导。

越南边防部队的基本任务是：保障边境安全，建设边防，及时发现和打击边境蚕食和武装侵略行动；严密控制边境地区的局势，积极抵御、阻止敌人的一切渗透、破坏和侦察活动；在边境地区建立并保持稳定的社会秩序；及时迅速地惩治边境地区的一切暴乱、走私和流氓骚扰活动；积极监督、检查、防范和处理违反边境管理法律的各类事件。

越南边防部队现有总人数约 4 万人，主要装备有较现代化的观察、侦察、通信、机动、运输、追捕工具和先进的战术兵器等。边防部队的主要指挥机构是内务部下属的各地边防局，边防局下设边防团，边防团根据管辖区域下设若干个边防屯。边防屯是越边防部队的基层单位，下设营区和战斗点（阵地）。目前，越全国约有 350 多个边防屯，分散在陆地边境、沿海地区及内地机场、港口等。每个屯的编制人数为 100—150 人。根据边境管理的需要，越中边境每 13 千米、越老边境每 20 千米、越柬边境和沿海地区每 30 千米设置一个边防屯，现基本上已在陆地边境、沿海、岛屿和内地形成一个有足够数量的完整的边防屯体系。

三、印度边境安全部队

印度边境安全部队（Border Security Force）成立于 1965 年第二次印巴战争之后，前身为国家边境武装警察营，1968 年正式命名。它是担负边境警戒和防卫任务的准军事部队，边境保安部队曾参加1971年第三次印巴战争，显示出特有的作用和作战能力，受到印度政府的高度评价。战争结束后，随着印度与邻国关系的改善，边境安全部队的职能逐渐扩大，除继续担任边境防卫任务外，更多地面向国内，用于对付毒品、黄金、军火走私及边贸犯罪，以及处置国内反骚乱、反暴动等行动。编制员额不断扩大，1985—1991年为10万人，1993年12万人，1995—2001年17—18万人，2003年达到20万，现20.8万。

边境安全部队任务是：促进边境全体平民生命安全；防止边境犯罪以及各类未经授权入境；防止走私与非法活动；发展各类职能以抵抗叛乱团体，维护国内安全；战时守护领土，减低威胁因素；协助难民庇护；在特定区域实施反渗透；收集情报，保护边境居民的生命财产安全，防止和打击犯罪活动，处理较小的冲突和纠纷，为军队行动提供必要的支持。2001年4月18日，印度边境安全部队与孟加拉国家步枪队先后在印度东北部梅加拉亚邦、阿萨姆邦与孟加拉国交界处的两个村庄发生了近30年来规模最大的流血冲突。在长达11个小时的交火中，共有15名印军士兵丧生，2名受伤被孟军俘虏，同时有4名孟军士兵丧生。

印度边境安全部队隶属内务部，发生军事对立时转隶军队指挥。总部设在新德里，下辖9个边境司令部（包括1个特种司令部），33个地区司令部（包括3个内部安全司令部和2个特种司令部）。作战部队编为157个营、20个炮兵连和一些水上分队、空勤分队、通信分队，编配军队制式武器装备，有轻型装甲车辆、运输机等，以轻武器和小型火炮为主。近十多年来，还组建了突击队，配备有先进的打击武器、通信器材和防护装备，经过特殊的严格训练，经常被赋予履行打击反政府游击队组织和反恐维稳等保卫国内安全的职责。还编有3个高级培训机构、9个辅助训练中心、2个基础训练中心等辅助机构。

除边境安全部队以外，印度还有其他几支准军事的边境卫队，分别负责不同地段的边境守卫，如：印藏边境警察部队，1.4万人；印度尼泊尔不丹边境部队，3.15万人等。其中，印藏边境警察部队负责邻近中国、巴基斯坦、孟加拉高原地区的边境防务和治安，不是专门的边界线部队，是地区安全部队，故本书将其列入"安全部队"一章予以介绍。

四、泰国边境巡逻控暴队

泰国有绵延 5800 千米、地形起伏变化的边界线，边防警察局负责保卫泰国边境。为了防范非法入境、毒品走私和恐怖活动，边防警察局组建了边境巡逻控暴队。控暴队由 6 个连组成，是一支规模较大，相对独立，专司边境地区职责的警察部队。每个连分为若干小分队，常年以小分队为单位活动，在边境附近的深山老林和周围村镇中执行各种任务。边境巡逻控暴队的装备优于其他边境巡逻警察，拥有 81 毫米口径迫击炮等重武器。野外生存训练十分严酷，队员必须学会食用野生动植物、辨别方位、保存火种、寻找水源、隐蔽行动等，携带二天食物和饮水在密林中生存 15 天。除了守卫国土，他们也帮助贫困边区的生产和文化建设。

五、以色列边防警察

以色列在国境防线上担负警戒任务的有两支部队：一支是国防军吉瓦提步兵旅；另一支则是边防警察（Border police）。边防警察是国家警察中主要负责边境安全的警察部队，是一支半宪兵警察队伍，虽属于国家警察管辖下，但有独立的组织与运作体系。

1949 年以色列成立边防总队。当时，作为以色列国防军的宪兵部队，其主要任务是为农村地区和边境提供安全警卫，至 1951 年人数不足 100 人，于 1953 年划属以色列国家警察，被改编为三个边防中队，布置于以色列前线地区，成为与国防军联防的一部分。在以色列国防军因国际停战协定生效而不能驻扎的地区，边防卫队作为一支警察部队，可以行驶权力和发挥作用，特别是用于打击边境恐怖分子和农业盗窃，平息边境地区的暴（骚）乱，维护边境安全。1956 年第二次中东战争（苏伊士运河战争）期间，边防警察部队参与了"加西姆大屠杀"。战争爆发第二天，一个以色列阿拉伯人的村庄实行宵禁，在田间劳作一天的村民不知此事，在返回村庄时被以色列人射杀，造成49人死亡。这一事件引发民众的强烈抗议。在1967年的"六日战争"中，边防警察曾被部署在约旦河西岸和加沙地带，作为军事管理机构担负维护法律和秩序的任务。此后，边防警察大多在这些区域活动，特别是在"第一次巴勒斯坦大起义"（1987年）和"阿克萨群众起义"（2000年）期间，成为巴勒斯坦人与以色列之间冲突的主角。1967年战争以后，由于新占领区边防安全任务的扩大，边防警察的规模也随之扩充，中队扩编成大队。1974年，以色列内部安全的责任也移交给边防警察，为此组建了各种机动警察部队，以对付大规模游行示威，并且开始负担起机场、港口的安全保卫任务。同时，边防警察也应国内防暴警察部队的请求，与他们协同作战，确保国内的秩序安定，为新的定居点提供安全警戒，防止巴勒斯坦游击队的渗透，尤其是来自埃及和约旦方向的渗透。

以色列边防警察主要负责在以色列与巴基斯坦自治区边界内、以色列国防军不能行使权力的地方维持秩序，处理暴动与大规模示威活动，打击边境恐怖主义分子和农业盗窃，平息边境地区频频发生的暴乱和骚乱，打击团伙犯罪、贩毒走私以及原教旨主义恐怖活动，在乡村地带负责警察任务，保护农村地区居民。负责出入境管理，和巴勒斯坦警察一起在加沙地带和杰里科地区进行联合安全的巡逻，协助以色列国防军保卫复杂多变的以色列边境地区。由于受过专门的训练，边防警察部署在容易发生较大骚乱、动乱乃至恐怖活动猖獗等特殊地区，主要包括农村、阿拉伯人村庄和城镇、边境地区以及约旦河西岸和耶路撒冷地区。边防警察最主要的任务区是耶路撒冷，大约20%的兵力部署在这里。所有在耶路撒冷街道上巡逻的士兵都是边防警察的成员。除耶路撒冷外，边防警察也在诸如杰宁、纳布卢斯、杰里科、图勒凯姆、拉马拉和希伯伦等城市执行军事行动，提供安全警戒、突袭和逮捕敌对的巴勒斯坦人。边防警察还配合以色列农村警察部门和社区安保人员共同承担以色列境内农业地区居民的安全保卫任务。

以色列边防警察总兵力5000人，占全国警力2.2万人的近1/4，装备"瓦利德"Ⅰ型装甲输送车若干辆，BTR-152式装甲输送车600辆。

1974年组建一支"边界警察反恐怖小组",被认为是世界上最精锐的反恐队伍之一。边防警察训练有素,装备精良,有小分队作战的经验,又具备同海、陆、空军协同进行大规模作战的能力。

六、德国联邦警察边境警卫队

联邦警察边境警卫队(Grenzschutzgruppes der Bundespolizei)始建于1951年,初期的任务是边境巡逻以及对付东德的渗透者。到20世纪70年代初,由于德国国内恐怖组织猖獗且装备精良,如赤军旅,促使联邦警察边境警卫队任务发生改变,增加了在内地城市打击恐怖活动的任务,并被部署到德国各主要城市,成为德国保卫国内安全和打击恐怖分子的主要作战部队。其基本任务是警卫边境以及为了边境缉捕而检查过境通道,特别针对有组织的越境犯罪行动。其任务还包括保卫总统府、总理府、联邦各部、法院等,保护铁路和民用航空不受袭击。此外还包括联合国和平使命范围内的公安部分。具体任务有:在边境上维护安全、预防犯罪、打击恐怖活动;维护海运安全,打击波罗的海及北海地区的非法走私活动;保护政府的重要设施;维护国际机场安全,反劫机及保证乘客安全;保卫铁路系统的运输安全,维护车站及火车上的公共秩序;在保护要员行动中,为联邦犯罪调查办公室提供援助和技术支持;在重大行动中为当地警察提供援助。就其任务而言,德国联邦边防队是一支名称为边防队,实际负责全国各地安全的准军事部队。1994年《联邦边境法》取消后,边境警卫队队员不具备士兵的法律地位,不能执行与战争有关的任务。

联邦警察边境警卫队是联邦的保安警察,受内务部管辖。因为成员通常身着绿色制服,头戴绿色贝雷帽,所以又称绿色警察。目前,总兵力为4万名,其中有3万名是正式警员,全部驻在军营里,实行班、分队、队编制。边境警卫队训练有素,有很强的战斗力。每个司令部均设有训练中心,培训队员战术和专业技能。训练科目涵盖警察处理日常事务的各个方面,如武器操作、逮捕手续、巡逻、防暴和熟悉德国法律等。总部设在柏林，下设5个边防司令部和11个边境警卫队：北部边防司令部设在巴特·布拉姆施泰特，下辖5个边防处和2个边境警卫队；东部边防司令部设在柏林，下辖4个边防处和2个边境警卫队；中部边防司令部设在富尔达特，下辖3个边防处和2个边境警卫队；南部边防司令部设在慕尼黑，下辖4个边防处和3个边境警卫队；西部边防司令部设在圣·奥古斯丁，下辖3个边防处和2个边境警卫队。

七、芬兰边境警卫队

芬兰内务部警察机构设有边防警卫局，是警察辅助力量。平时协助执行边境警务，向内务部长报告工作；战时编入军队，由国防部指挥。边境警卫队2800人，下辖4个边防警卫区，2个海岸警卫区，1个海岸巡逻中队，还辖有一支小型的航空警察分队。装备有装甲战斗车辆、飞机、直升机、巡逻艇等。

附：拟议中的美国边境警卫队

美国一直不设边防部队。近几年也有人提出组建边境警卫队的设想。

美国位于北美大陆，东西两岸有辽阔的大西洋和太平洋作天然屏障，南北接壤的墨西哥和加拿大都是友好邻国，美国本土长期以来未遭受过大规模外敌入侵。但"9·11"事件极大震动了美国朝野，美国人开始感到，各种潜在威胁正对美国"虎视眈眈"、伺机报复，还有比"无赖"国家更仇恨美国、在攻击时更不择手段的对手。一夜之间，"邻国"似乎已经不再局限于地理意义，美国变得与许多国家"接壤"并息息相关。在这种情况下，美国国内结束了关于是否需要加强国境安全的争论。美军理论界也因此提出了一个新的防务构想，即在美军陆、海、空、海军陆战队、海岸警卫队之后，仿效海岸警卫队建立一支军事部队——美国边境警卫队（USBG），主要承担目前美国边境巡逻队的任务，并接管移民规划局和海关总署的部分职责，与美军联合作战司令部、北美防空司令部和海岸警卫队一起，构成严密的立体防护体系，充分保障美国本土安全。

美国边境防务任务分散而复杂，遍布地面、海上、空中与网络四个方面。在地面边境上，大约有300个授权入境口，主要是海港、空港和指定的陆地边境出入关口。每天都有大量人员、原材料、货物和信息资料（包括金融交易）等从这些边界和关口通过，给监控和管理带来很高的要求。以前，这类边境监控管理工作主要由移民规划局和边境巡逻队等多个机构分别承担，但不同机构之间条块分割，职责不明，其中移民规划局和边境巡逻队力量薄弱、经费不足，难以完成陆地边境监控和管理任务。海关总署负责部分国际机场出入境管理事务，但无法与移民规划局和边境巡逻队进行有效的协调沟通和信息共享。当前没有哪个机构能够有效地担负起保卫边境安全的责任。

组建边境警卫队将在很大程度上解决这一问题，并具有其他机构所不具备的如下优势：（1）边境警卫队与海岸警卫队同级别，其领导可以列席参谋长联席会议，便于同联邦政府各主管部局首脑商谈工作，以及参与国境安全政策的制定和实施。（2）边境警卫队属于准军事部队，平时由司法部管理，战时由国防部管理，在执法上比民事执法团体或军事组织有着更多的灵活性。（3）如果美国在边境地区部署一支常备正规军，会引起邻国加拿大和墨西哥的误解，还会增加军方的负担。当前美军海外作战任务繁重，即使加上国民警卫队和预备役部队，美军总体力量仍显不足，难以顾及到边境防务。况且，美国当前没有专门负责边境安全的边防部队，只有少量军事警察部队和骑兵部队在作战职能上与这一任务比较接近，训练一支新的边防部队只会进一步增加军方的压力。（4）建立边境警卫队能够填补美国军事能力和执法能力中存在的防务空缺。美国有一支强大的武装部队和众多强有力的司法机构，但是美国有时面对无法严格区分性质的威胁，很难决定是由国防部门还是执法机构来处理。此时，准军事部队就能派上用场，如海岸警卫队经常在美国海军不适合出面的场合下执行海外任务。与此相似，边境警卫队也能有效地为美国陆军和海军陆战队提供防务能力上的补充，在他们不宜出动的场合执行任务。

美国边境警卫队取代了边境巡逻队、移民规划局入境部以及海岸警卫队的部分职能，因此可以依托这些部门组成。如果边境巡逻队的全部（1万人）、移民规划局的半数（1.7万人）和海岸警卫队的6000人加入，边境警卫队将具有3.3万人的基础力量，起步阶段将包括1个国家总部和8个边境警卫区指挥部、8个工兵连、9个应急机动营和地区调查处、20个机场守备旅和9个边防旅，总共约10万人。

拟议中的边境警卫队将主要执行4项核心任务：陆地边境巡逻；陆地和机场的入境管理；执行移民入境相关法律；管理境外来美人员的信息资料。边境警卫队主要控制陆地和国际机场的国境出入口，海上入境管理仍由海岸警卫队负责。通常情况下，边境警卫队不在海岸线地区巡逻，由海岸警卫队保证沿海地区的安全。美国有漫长的陆地边境线，美军不可能也没有必要在沿线都部署警卫队人员或设立哨所，那样需要建立大量军事设施。可行的做法是只在一些高速流量和高威胁的边境地区设立监控站，其他地区则禁止交通工具通行。各种探测器将弥补人力的不足，并可以通过全国范围的C4I系统及时通报情况。各警卫区边防营还将与当地政府机构共享边境信息。为掌握第一手国境安全信息资料，美专家建议在边境警卫队总部、各警卫区、旅和营分别建立业务情报中心，24小时有人在岗，及时更新、汇总出入境信息，对过境人员及货物实现全面控制。边境警卫队的数据库将记录境外来美人员的指纹、血型、出入境情况、护照状态、当前住址和其他关键信息，并与现有的执法数据库进行信息共享。如果某人是非法入境或护照签证期已满，则可提醒当地执法机构收押此人。

根据设想，边境警卫队在编制体制上可以模仿海岸警卫队。具体来说，可将美国本土划分为东北、中大西洋、东南、西南、西北、中部、西部、太平洋等8个边境警卫区，在华盛顿设立边境警卫队总部，预计全部兵力为100220人。总部指挥官由1名中将担任并列席参谋长联席会议，副指挥官可为少将，其他高级参谋人员可为准将。为了加强各军种在边境防务上的协同配合，边境警卫队应该在美军联合司令部、北美防空司令部以及海岸警卫队总部内设立联络机构。边境警卫队还将建立一支预备队，其中每个边境警卫旅将在驻地建立一个预备营，用于在危急情况下进行快速增援，必要时还可支持当地政府。各警卫区指挥官直接受总部指挥，具体负责该区所辖边境警卫队的日常管理及区域巡防任务，根据防区大小和重要程度决定其军衔（少将或准将）。各边境警卫区将设立警卫区指挥部、地区调查处、工兵连、应急机动营一个，以及多个边境警卫旅。

其中，边境警卫区指挥部应该设置在防区内的某个军事基地内。地区调查处负责调查和监控非法入境者，或合法入境但滞留时间超过签证日期，或因犯罪而不能继续滞留在美国的人员。工兵连负责区域内的基础设施安全调查、工程监督和防御核查。应急机动营由营部、保障部门、1个航空连、2个警卫连和1个特种作战连组成。航空连装备轻型侦察监视飞机和攻击/运输直升机（比如UH60L"黑鹰"直升机）。2个警卫连分别装备轻型装甲车和无装甲的轻型轮式车（比如ASV150防暴车）。特种作战连主要执行特种警察（SWAT）任务，由各州警察总署直接指挥，主要打击恐怖分子、毒品贩子、走私分子等社会危险人员。应急机动营将驻扎在陆军或海军陆战队的军事基地附近，必要时可快速增援其他部队，主要依靠现有军事设施。边境警卫旅主要为机场守备旅和边防旅。机场守备旅主要负责监控国际机场内的乘客登机、离机、货物控制以及其他安全职责。每个机场守备旅由旅部和3—8个机场守备营组成，设1名上校指挥官。边防旅负责陆地边境安全，由指挥官、2—6个边防营和1个航空大队组成，设1名准将指挥官。警卫旅旅部可设置在某个下属营部所在地，或某政府部门所在地。营的个数取决于边境线的长度及守卫该边境线的难易程度。航空大队的编成取决于该旅所辖区域的具体情况，标准的航空大队应包括航空连、有人驾驶空中监视连（装备带探测器的轻型飞机）、无人驾驶空中监视连和空中运输连（装备轻型飞机和/或直升机）各1个。

营是边境警卫队的基本构成单位，与美国陆军营基本相似。但不同的是，边境警卫营下属 2—6 个连，每个连有 2—4 个排，根据具体任务而定，编制上比陆军更灵活；边境警卫队成员只在本区域内活动，有地域限制；边境警卫营的后勤保障人员一般比较少，主要由文职和签约人员组成；边境警卫营指挥官一般为中校或少校。其中，机场守备营负责国际机场的守卫，主要是监视和检查国际航班中的旅客、行李货物和飞机安全入口，加强国际机场人员的出入境管理等。机场守备营装备有轻武器和轻型轮式战术车辆。每个机场守备营负责一个机场，或同时负责几个邻近小型机场。边防营主要负责与加拿大、墨西哥接壤边界的巡逻和对边境出入关口的控制，通过各类机载和地面探测器对边境进行技术性监控，装备轻武器和轻型战车。美国现有的设施能部分满足机场守备营的要求，守备营营部和车辆调度场原则上应设在国际机场，营房可根据具体情况采取租借或由附近军事基地提供等方式解决。

作为一支准军事部队，美国边境警卫队将从 4 所军官学校（陆军西点军校、海军军官学校、空军军官学校、海岸警卫队军官学校）或后备军官训练队录取毕业军官作为骨干力量。被征募的人员将参加基本军事训练，主要是小分队战术、监视和侦查行动、执法和治安防卫训练等。深入训练侧重于执法和治安防卫，将与陆军军官训练同步进行。

美军事专家强调，边境警卫队应比其他部队更注重从士兵中晋升军官。这样做既有利于增强队伍的战斗力和士气，吸引更多新成员加入到警卫队的行列；也有利于保留人才，提高边境警卫队的行动效率和培训效果。在人员招募上，边境警卫队总部起初应多征召一些即将退役的军人；警卫区和旅指挥部更多的是招募预备役军官；机场守备营将以现有的边境巡逻队与海岸警卫队人员为基础组建，并适当补充预备役人员；地区调查处主要由移民规划局、海关、边境巡逻队不愿转为军职的执法人员组成。在人员调动中，部分人将从文职和联邦执法人员转为军职人员。对此有 5 种可选择的方案：快退休的人员保持现有身份；大多数人转为军职身份；退休军人和预备役军人转为军职身份；非执法人员调到同等职位后保留原有身份；其他人员可选择调离。

美防务专家认为，组建边境警卫队面临很多难题。第一，边境警卫队作为一支准军事部队，应确立起有效的指挥链和责任范围，以便于指挥管理。第二，由于边境警卫队履行移民规划局入境部门和海关总署的相关执法职能，海关总署便失去了存在的意义，应予以解散并将其资产移交给边境警卫队和海岸警卫队。第三，为保证境外人员数据库的及时更新，应恢复境外人员每年到政府登记的制度——向边境警卫队报告个人情况的变化。第四，应限制美国境内的国际机场数目以及危险国家的签证数量，增加对签证申请的调查资金。第五，应为边境警卫队人员提供充裕的薪金、装备采购与训练资金、基础设施建设资金等。

第八章 总统警卫队和共和国警卫队

总统警卫队和共和国警卫队是性质相近的两支准军事武装，都用于保卫国家核心与枢纽。各国多数情况是，总统警卫队负责保卫国家元首，共和国警卫队负责保卫国家机构，有的总统警卫队隶属共和国警卫队。

第一节 各国王室、总统警卫队

国家政要遇害是各国政治生活中的严重事件，会剧烈地影响政治和社会秩序，甚至长久地影响国家的命运。与古代社会相比较，现代社会刺杀、绑架、劫持国家元首和政府首脑的情况更多，这是因为古代帝王深居宫廷，而在现代社会，立宪君主和民选总统的公众活动增加，遭遇不测的可能性也随之增加。由此，现代国家元首、政府首脑的保卫工作愈发困难和重要，逐步从一般的军警守卫中独立出来，成为一项特殊警卫勤务，由专门的警卫队来执行。

总统卫队是特殊部队。考察各国情况可以发现，大部分卫队列入该国准军事力量序列，而不是列入正规军队序列。这是因为平时国王、总统的安全威胁主要来自敌对党派的暗杀者，敌对国家集团的间谍特工以及恐怖组织、犯罪集团等，而非敌军作战部队。另一个重要原因是国王、总统不愿受军方钳制，努力避免军方利用卫队发动军事政变的可能。从古罗马军团开始，近卫军挟持国王的历史不断上演，不断警醒着后来的统治者。

总统卫队在有的国家列入宪兵序列，如法国；有的列入警察序列，如日本；有的列入国家安全机构，如以色列；还有的独立组建，列入皇室、总统府编制，如英国、约旦。克里姆林宫总统团隶属国家安全总局保卫局，白宫警卫队隶属财政部安全勤务局。各国政体不同，对总统卫队的辖属也多有区别，表现出多样性，体现出各国不同的政治设计和安全顾虑。

总统卫队职责单一，仅为保卫国家政要而设，是专业部队，所以编制通常较小，几百人是常见编制。除了编制小，武器装备也不利于与持有重武器的武装团伙交战。1978年意大利总理莫罗遇害后，各国为解决总统卫队力量小而弱的问题，在不扩大总统卫队编制、不增加国民税负的前提下，纷纷成立或指定专门部队充当总统卫队的机动部队、支援部队。这些机动队与总统卫队有一体化关系，但也执行其他安全反恐和安全任务。如意大利的"中央安全行动中心"、印度的"黑猫部队"、俄罗斯的"阿尔法"和"信号旗"突击队、第118伞兵团、第27摩托化步兵旅等。

以下是一些国家国王、总统卫队情况：

一、巴勒斯坦总统安全卫队

这是一支精锐的安全部队，亦称第17旅或第17部队，1970年成立。下设内勤、保安、通讯、特种驾驶、特种作战、后勤等部门。由经过严格训练、政治审查、绝对忠于巴解组织的志愿者组成，约3000人。根据"奥斯陆第二协议"，该部队隶属于巴安全总局，但实际上直接受总统指挥。其主要任务是负责总统的安全保卫，以及保护其他重要政治人物及重要设施的安全。此外，它还负责逮捕反对派活动分子及有通敌嫌疑的分子。总统安全卫队下设两个分支机构：情报部门，主要任务是搜集有关反对派的活动情况及其他有关内部威胁的情报；总统卫队，为总统提供可靠的安全保障，谨防任何对其进行暗杀的企图。

二、日本保安特警队

日本保安特警队是一支约有200余人的保卫政要人物的队伍，隶属于东京警视厅警备部警护科，简称SP，即安全警察。特警队分为四个班次，各班都有明确分工，一班负责天皇、内阁首相官邸，二班负责众参两院议长、副议长、最高法院院长和国务大臣，三班负责来访的外国首脑及政界要人，四班负责政党领导人。队员从东京警视厅所管辖的4万名警察中精选出来。选拔条件严格，必须身体素质好、精通各种枪械的使用、有强烈的责任感和牺牲精神、具有空手道、剑道三段以上水平。安全特警队中还有一支女特警队伍，最初是为英国女皇来访配备，后保留下来。保安特警队的装备除微型手枪外，还有警棍、手铐、照明工具、无线电报话机、瓦斯筒及防弹背心等。保安特警的主要任务是事先发现、抓获或击毙可疑分子。如果可疑分子开枪射击，特警在反击前首先要用身体挡住飞来的子弹，以确保保护对象的安全。如果暴徒向被保护者袭来，特警会千方百计将暴徒撞倒，以免伤及被保护者。日本保安特警在保卫政要人物时，通常会采取特殊的队形，分前、后、左、右，将被保护对象紧紧地夹在中间，即"贴身警卫"。

三、以色列重要任务保卫处

以色列总统、总理和来访贵宾的保卫工作，由世界驰名的安全机构——辛贝特所属安全保卫处负责，该处又称"重要人物保卫处"，成员身材魁梧、机警灵活、反应敏捷，精通驾驶、使用各种武器和操纵先进通讯工具等，战斗力过硬。保卫工作危险、紧张、压力大，成员一般工作5年即调离，到辛贝特总局担任其他工作。

四、印度特别卫队

1984年印度总理英迪拉·甘地被刺身亡,此前总理被刺事件已有多起,总理一直没有专门的卫队。鉴于此,印度政府于1985年成立特别卫队,由1500名队员、6名副总巡官、12名巡官、15名副巡官、30名督察和100名副督察组成,负责保护总理及其家庭的安全。1991年9月,议会还通过一项特别修正案,将保卫范围从总理扩大至拉吉夫·甘地的遗孀索尼娅和子女,以及卸任总理。有时也会根据内务部的指令保护其他要人,尤其是受到恐怖威胁的政府高官。这支部队在编制上隶属内务部,却拥有很大的独立权力,在执行安保任务时,内务部不会干预。卫队成员在入队时经过严格挑选,年轻力壮、精明强悍、训练有素、枪法精准。甘地夫人遇刺的教训使卫队成员的思想和政治倾向的甄别成为重点。队员必须忠于总理,在紧急关头舍生取义,不惜用自己的生命换取总理的安全。队员平时不穿警服,只佩戴一个用于识别的标记,外人从外表上难以认出他们。跟随总理外出时,特别卫队在总理周围部署三层警戒圈,内圈由1至3名贴身保镖组成,着防弹衣,佩标准手枪,紧挨总理身边,如总理遭遇枪击,他们会以自己的身体挡住子弹。中圈队员也穿防弹衣,携带武器和通讯器材,负责监视四周情况,搜寻可疑人和事物,随时准备对付袭击总理的恐怖分子。外圈队员携带更远程的武器和通讯器材,负责接应。三层警卫必须严守各自岗位,不得越位,根据事先安排行动,必要时随机行动。由于已有多位总理被刺,印度特别卫队的警卫任务显得格外沉重。1986年,印度成立国家安全卫队,即"黑猫部队",成为总理保卫工作的重要后援和机动部队。

五、越南公安部警卫部队

1989年,公安部设警卫司令部,司令为中将衔。警卫部队担负党和国家领导人、工作区域、重要会议与来宾的警卫工作。下设综合、参谋、干部组织、政治工作、后勤、党和国家领导人警卫、会议与外宾保卫、党中央和国会处所保卫、警卫技术等部门。下辖三个警卫团。

六、埃及总统卫队

埃及总统卫队由内务部长直接领导，编制人数 200 人，属于警察序列，身穿警服，佩戴等级符号，从准尉、中尉直到中将。担任总统贴身警卫任务的部分卫士可视情况穿统一制作的便装。成员必须是开罗警察学院的优秀毕业生，并经过一两年的实践锻炼。埃及总统警卫实行内务部部队和国防军双重护卫、内外结合体制。除总统卫队，还有一个共和国警卫旅，隶属国防部指挥，负责要害部门和重要人物的武装警戒，其中约 1000 人参与总统官邸警卫和随行警卫工作。警卫旅在军事训练内容、时间安排以及难度方面与埃及特种部队相类似。尽管训练严格，却难免存在执勤漏洞，1981 年的阅兵典礼是埃及总统护卫工作的滑铁卢，时任总统纳赛尔被枪击身亡。这也成为世界各国加强总统卫队的新起点。

七、俄罗斯联邦警卫局和总统警卫团

早在彼得大帝时期，为了保卫皇室成员，克里姆林宫就组建了第一支皇家卫队。十月革命后，从红军中选拔了一批政治可靠的军人担任克里姆林宫警卫，后来发展成为斯大林时期的保卫总局。1973 年勃列日涅夫设立"克里姆林宫团"，隶属国家安全委员会。1991 年戈尔巴乔夫将该团更名为"克里姆林宫独立团"。1996 年叶利钦设立联邦总统安全局，隶属总统办公厅，其所辖总统警卫团（即总统卫队）编制 1000 人。

目前俄罗斯联邦保卫局隶属联邦安全总局，由总统警卫团、原克格勃第九局、第五总局中若干政治侦查单位、第八总局的若干单位以及"阿尔法"、"信号旗"两个突击队、预测分析处等单位组成，并且还指挥着原克格勃第 118 伞兵团和第 27 摩托化步兵旅。总统警卫团驻扎在克

里姆林宫红墙内，辖12个营，每个营300人。

联邦保卫局的职能包括：在联邦法律和联邦总统令所规定的范围内，保障联邦总统和其他国家保卫客体在其常住地和出访地的人身安全，保障联邦总统家庭成员的人身安全；负责保卫联邦总统办公地、联邦政府办公楼、议会大厦；保卫政府总理、国家杜马和联邦委员会主席、最高法院和仲裁院的院长；保护前任总统、前苏联最高领导人及其家属的安全。负责保障联邦总统在常住地和出访地保密电话线路的畅通，保障与外国国家元首和政府首脑国际加密电话线路畅通，保障总统通讯系统的可靠性和信息安全并采取措施对抗外国的技术侦听。法律赋予联邦保卫局很大的权力范围，包括：为从事秘密活动及保障所保护对象的人身安全，联邦保卫局人员可查阅任何人档案，可使用任何部门的房屋和交通工具，可畅通无阻地进入任何地方，以及征用组织和个人的汽车。

总统警卫团成员从全国挑选，重点从特种部队中挑选，首要条件是忠于总统，心甘情愿以生命来保卫总统免受枪弹、尖刀、车轮、变质食品等的伤害。他们必须是斯拉夫人，身高在180厘米以上，年龄在20—35岁之间，身体健康、体格健壮、反应机敏，学会柔道、摔跤、格斗等30种以上的搏击手段，会使用各种轻重武器，会驾驶各种车辆，会识别毒物等。总统团中部分兵力担负总统随行保卫任务，穿一身黑衣衫，被称为"黑衣人"，乘坐军用吉普，装备的兵器有AK-47、AKC-74Y冲锋枪、"德拉古诺夫"狙击步枪、反坦克火箭筒、便携式"黄蜂"对空导弹系统等，足以对付一个营的兵力。其中44人经常作为普京总统的贴身保镖参加各种活动，被称为"随从"。他们身穿便服，身藏9毫米手枪（空枪重995克，弹夹装18发子弹，瞄准距离100米，可以在50米距离内打穿防弹背心，100米距离内打穿汽车座舱，枪体表面光滑，可迅速从枪套或口袋中取出），手提"口袋"和"公文包"（实际上是折叠式防护板，遇到危险时，一抖即开，成为保护总统免遭攻击的一堵防护墙），戴着耳机，并在危险发生的瞬间作出反应，是总统安全的最后一道防线。

八、法国总统安全卫队

总统安全卫队组建于 1983 年 1 月，隶属于法国宪兵共和卫队，有 100 名宪兵和 10 名警察组成，由一名少校指挥，下设小队，每小队 12 人，小队下设组，每组 5 人。队员全部是合格的跳伞员、急救员，具有较高的擒拿格斗技能，大多数人能处理爆炸物品。卫队还有 2 名电子专家，能识别和安装各种窃听装置。每个小队还有 2 名潜水员。总统卫队装备精良，主要武器有 MR73 宪兵型左轮手枪、短筒防暴枪。子弹是半穿甲式，既能杀伤被瞄准的敌人，又不会穿透这个目标，以避免伤及他人。夜间执勤有夜视镜，在漆黑夜间能看清 500 米内的目标。总统卫队 24 小时值班，分班执勤，随时跟随总统实行保卫。

九、西班牙皇家卫队

早在西哥特人统治时代，西班牙就有保卫国王的卫队。1504 年，在"基督教国王"伊萨贝拉和费迪南多统治时期，卫队得到加强。第二共和国时期，弗朗哥将军成立了他的摩尔人卫队，保留了皇家卫队的传统。2002 年根据《军队职能法》，国王和首相的安全保卫任务交给了西班牙宪兵。宪兵皇家卫队共有 1000 人，其中 500 人负责国王和王室宫廷的警卫，另外 500 人负责首相、副首相的安全。统一由国家安全局特勤处负责指挥。成员从宪兵、国家警察民防部队中挑选而来，有两年以上服役历史，军事技术好，机警敏锐，忠于国王和王室。皇家卫队的队员骑着高头大马，戴着闪亮的头盔，头盔上的羽毛随风飘舞，显示皇家的尊贵和威严。

除宪兵皇家卫队，西班牙军队还设有一个皇家警卫团，受国家安全局特勤处直接指挥，武器精良、人员精干，是西班牙军队中最精锐的一支部队。该团辖步兵、海军和空军等连级单位各一个，另辖一个骑兵护卫中队。

十、意大利总统卫队

总统卫队是意大利宪兵的一部分。1842年，国王卫队并入宪兵部队，组建"共和国卫队宪兵军团"。此后，国王、总统卫队一直是宪兵直属特别单位之一。现有500人左右，在建制上归宪兵指挥部领导，在具体警卫工作方面直接归内务部长指挥。

总统卫队成员都是从宪兵部队、正规部队以及国家警察部队中招募的优秀者，也有一部分专业性比较强的技术人员从地方高等院校毕业生和现职警察中挑选出来。年龄最小的20岁，大的不超过30岁，主要指挥官可以不受年龄的限制。所有入选者都必须经过严格的军事考核和身体检查，并进行集中培训。培训内容是战术技术和体力耐力的训练。训练十分严格，冬天在山地、森林训练，除了滑雪就是徒步行军；夏天在沼泽江河地区训练，强渡江河是主要的训练科目。还要进行强化训练和协同作战的训练，努力培养勇敢、吃苦耐劳和团结协作的精神。最后，还要进行实战演练。意大利总统卫队训练讲究一条原则——活捉罪犯而不是击毙罪犯。这就增加了难度，即便是到了万不得已的时候，也只能击伤罪犯，而不能将罪犯打死。所以，队员特别重视格斗技术的训练，也特别强调射击的准确性，只能射击犯罪的手、脚，而不能射击要害部位。总统卫队穿宪兵制服，佩戴军衔符号，其军衔与正规部队相同。担任总统和总理贴身警卫任务的卫士根据情况决定穿便服还是穿制服。

十一、英国皇家卫队

英国皇家卫队成立于17世纪下半叶，当时被议会逼迫流浪国外的查理二世，回国成功复辟。为了寻求与议会共存，查理二世答应不设立常备军，只设立少数驻守地方的部队和皇家卫队。皇家卫队就此建立，主要任务是保卫皇室成员和政府首脑的安全。遇重大战事也会参战，如参加了1815年的滑铁卢战役，并铸就了自己的骄傲。

今天的皇家卫队分为骑兵和步兵。骑兵约1500人，编成3个团，包括禁军团（也称装甲侦察团）、蓝色皇家团（也称坦克团）及宫廷礼仪骑兵团（头戴高46厘米的熊皮帽，成为皇家卫队的标识）。步兵有5000人，1986年改编为1个步兵师，由8个摩托化步兵营组成。此外，在皇家装甲军团编制中还有4个龙骑兵团（也叫坦克装甲团）。

从查理二世起，皇家卫队一直作为英国王室的私家部队。历届君王都会定期探望卫队，参加卫队的各种典礼和纪念，视卫队如家人。卫队保留了世袭制的服役传统，一个家族里，父亲将自己的卫队职务传给儿子，儿子再传孙子，世世代代保卫英王。

十二、美国财政部特工局总统警卫队

财政部特工局始建于1865年，是根据当时财政部长休·麦卡洛克的建议设立的世界上第一支反伪币警察队，隶属财政部，设1名长官和10名工作人员，负责侦查和镇压伪造货币和证券的罪犯、保卫国库。从1881年到1901年，美国两任总统菲尔德、麦金莱先后遇刺，迫使国会于1901年9月通过一项法案，授权财政部特工局担负起保护总统的责任。选中财政部特工局，是因为他们工作效率高，驻地离总统官邸又近，仅几步之遥。特工局于是肩负起保卫总统的责任，一直延续至今。

财政部特工局设在华盛顿美国财政部大楼内，下辖总统卫队（1922年，应哈丁总统的要求，财政部特工局组建专门负责总统安全的白宫警察部队，命名为总统卫队）、外国要人卫队、外围警戒处、情报处、联络处、信息资源管理处、技术安全处、法庭科学处等单位，在50个州设立地方分局和办事处，在海外也设有19个分支。特工队员共有3600多人，仅华盛顿就有1800多人。其中，约有120名女特工队员。特工队员执勤时穿西装、戴墨镜，随时警觉地观察四周。

财政部特工局有关保卫总统的职责包括：负责当选总统、副总统及其家属，卸任总统、夫人与孩子，主要总统、副总统候选人，当选而未上任的总统、副总统的安全；负责警卫访美的外国首脑和总统指令需要

保护的外国人；负责出访的美国政府首脑的警卫工作和在国外执行特殊任务的美国官方代表的安全工作。美国法律规定，在执行任务时，特工局局长可以调动联邦调查局、各州警察局及其他执法部门进行配合。

特工局新队员招募条件严格，并须在位于马里兰州一个偏僻乡村的训练中心接受为期 5 个月的专业训练。担任总统、副总统贴身警卫的队员，还要接受更专业的安全保卫技术训练。首先，他们要掌握高超的汽车驾驶技术，能够在任何复杂的地形和特殊的环境中，在高速行驶的汽车中跳上跳下，而且还能够一手握方向盘，一手持枪准确命中目标。其次，要学习并熟练掌握防火、防毒和排除各种爆炸物的知识和技能。其三，要接受心理学培训，以掌握现场"群众心理"和"暴民心理"，熟练掌握"过人技巧"，即能够保护总统从人群中顺利移动的技巧。在肯尼迪总统遇刺身亡和里根总统遇刺负伤的重大事件中，总统警卫队员的表现尽职尽责，并未受到失职或低能的指摘。

十三、罗马教皇警卫队

在梵蒂冈，有一支由瑞士人组成的警卫队——罗马教皇警卫队，已经存在近 5 个世纪。从中世纪至今，一直忠实地履行着世界上一项重要的警卫任务，留下了许多富有传奇色彩的历史故事。

警卫队始建于 1506 年。当时瑞士军队在欧洲首屈一指，几乎统治了整个欧洲。瑞士军人的军事技术、装备训练和忠诚度都十分出色，经常为宫廷和皇室成员做贴身警卫。1506 年，罗马教皇二世朱丽叶斯增加了一支由 150 名瑞士军人组成的个人警卫队，这就是现在的罗马教皇警卫队。进入这个小分队的警卫队员必须是 19—30 岁的未婚瑞士居民和天主教徒，身高至少 1.75 米，且都必须经过为期 17 周的瑞士基础军事训练。之后，还有两周的梵蒂冈补充训练，以满足保护教皇职责对他们技能的严格要求。这支警卫队最早显示自己才能的机会是 1527 年，当时侵略罗马的敌军兵临梵蒂冈城下，烧杀抢掠无所不为，企图攻破梵蒂冈，杀害罗马教皇。警卫队经过艰苦的战斗，掩护教皇转入了安全地带。在这次战斗中，189人的警卫队就有117人为保护教皇献出了生命，这件事被后来的每个警卫队员视为最大的荣耀。1571年由卫队组成的基督教联合舰队还参加了著名的"勒班陀海战"，与奥斯陆帝国军队展开殊死战斗，并取得胜利。瑞士警卫队最近的出色表现是2000年的保卫教皇事件。当时，国际恐怖分子艾里默森试图偷袭教皇，他带领一伙人携带了大批武器，准备在教皇经过的路段进行偷袭，幸被警卫队员及时制服，才使教皇转危为安。

现在，这支警卫队编制是100人，分为3个排，每排30—31人。最高指挥官是一名上校，在梵蒂冈特权阶层中享有很高威望。上校手下有3名军官、3名高级军士、18名初级军士协助工作。

第二节　共和国警卫队

共和国警卫队（Republican Guard），是欧洲、亚洲、非洲部分国家为了保卫革命政权、保卫共和制度、保卫政府和保卫总统而建立的准军事武装。其用途主要不是为了对抗外国武装，而是对抗国内不同政治和军事势力，甚至是为了与正规军队抗衡，避免军队控制政府和国家政治。

法国共和国警卫队是世界其他国家组建此类部队的样板。二战后法国宪兵实行一系列转变，共和国机动警卫队改制为共和国警卫队，共3000余人，由一名将军级总指挥官指挥。下辖2个步兵团与1个骑兵团：第一步兵团辖3个军礼连、1个总统安全连（总统安全卫队）、1个摩托车连与1个军乐队；第二步兵团辖4个阅兵连与2个政府机关安全连；骑兵团辖3个骑兵连、1个行动指挥中心与1个军乐连。宪兵共和国警卫队的职责是保卫法国最高行政当局与重要国外来宾的安全以及国家仪式典礼的举行。2个步兵团任务有：总统府、国会、国防部、司法院等政府机关的内部安全与外部警卫任务；总统与国会重要领袖与外国来访元首之警卫护送任务；巴黎秩序维护；特殊行政警察职务。骑兵团则负责国家典礼的举行，以及巴黎市区及市郊森林地带的巡逻任务。骑兵成员服饰光鲜亮丽，铠甲耀眼、刀枪亮眼、战马威武，是法国宪兵的门面所在。总统安全卫队组建于1983年1月，有100名宪兵和10名警察组成，由一名少校指挥，下设小队，每小队12人，小队下设组，每组5人，队员全部是合格的跳伞员、急救员、具有较高的擒拿格斗技能，大多数人能处理爆炸物品。卫队还有2名电子专家，能识别和安装各种窃听装置。每个小队还有2名潜水员。

非洲国家受法国军事制度的影响，也组建了一些名为共和国警卫队的组织。喀麦隆共和国卫队，1966年组建，隶属宪兵，承担保卫总统的责任。几内亚共和国卫队，现编制人员1600人，职责是警卫政府机构和国家领导人，为来访国家领导人提供摩托车护卫队，也是国家宪兵的后备执法力量，需要时支援宪兵在农村地区执行警务。尼日尔共和国卫队，隶属宪兵，与总统卫队一起担负总统、国家要员、来宾的保卫任务，并承担典礼仪仗队职责。按照法国体制，共和国卫队执行外围保卫，总统卫队执行内圈保卫。刚果（金）共和国卫队，6000—8000人，编成3个共和国旅和1个装甲团。其他还有科特迪瓦、乍得、马里、阿尔及利亚等国设有共和国卫队。

南美洲也有共和国警卫队，如秘鲁共和国警卫队，是一支着制服、带武器的警察部队，其职责是：看守国家的刑事管制机构，守卫公共建筑和主要设施，边境巡逻等，编制约3000—4000人。乌拉圭共和国卫队，隶属蒙德维的亚警察局，是警察部队的精锐，由1000人组成，步兵建制，主要负责保卫公共建筑和要人安全，如保卫总统府、议会大厦、重要外宾等，也用于平息暴乱。由军官任司令、副司令。

随着一些国家国内政局的变化，共和国卫队这种武装在性质和用途上也逐渐出现变化，由负责总统和政府警卫任务的准军事部队演变为由总统、革命领袖个人直接控制的与正规军部队并峙的作战部队。萨达姆时期伊拉克共和国警卫队编有6个共和国警卫队师（2个装甲师、3个机械化师、1个步兵师），4个共和国警卫队特种旅。叙利亚共和国警卫队成立于1976年，最初目的是保卫叙利亚政府官员免遭外部威胁，因为当时老阿萨德面临逊尼派穆斯林兄弟会与以色列的双重威胁。该部队一直由阿萨德家族掌握，负责保卫大马士革安全，也是叙利亚唯一一支允许在首都活动的军事力量。现在的叙利亚共和国警卫队辖3个装甲旅、1个机械化旅、1个炮兵旅，已是作战部队中的精锐。

伊朗伊斯兰革命卫队也是类似武装。1979年5月5日，伊斯兰革命委员会决定，在反对巴列维政权的各种准军事武装基础上成立一支治安队伍——"伊斯兰革命卫队"，它直接听命于最高精神领袖。革命卫队当时只是一支维持治安的部队，其首要任务就是捍卫革命的胜利果实。支持霍梅尼的城市无产者和边远乡镇的青年纷纷加入革命卫队，他们穿着五颜六色的衣服，端着从军械库抢来的冲锋枪，把巴列维王朝的军政要员投进监狱，同时日夜守卫革命政权的重要机构，成为新政权的坚强支柱。随后而来的两伊战争把伊朗的正规军和革命卫队同时送上战场。革命卫队的人员和装备不断扩张，迅速发展成为伊朗的主要作战力量之一。1985年9月，为了扩大和加强革命卫队，霍梅尼下令建立革命卫队的陆军、海军和空军。从此，伊朗成了世界上为数极少同时拥有两支陆海空编制军队的国家。伊朗革命卫队也从此具有正规军队的性质。目前，革命卫队约12.5万人，其中陆地卫队约10万人，编有31个地区司令部，2个装甲师、5个机械化师、10个步兵师、1个特种部队师和15—20个独立旅。除了轻武器，还装备有少量坦克、装甲输送车和火炮，主要负责维护国内安全。海上卫队2万人，编有若干炮兵连和1个5000人的两栖作战旅，装备巡逻艇近百艘，建有基地6个。革命卫队空军4000—5000人，与正规军共享空军基地，为革命卫队的快速反应部队提供近距离空中支援和空运服务。导弹卫队掌握了伊朗"最高端"的军事力量，编有1个"流星-1"或"流星-2"导弹旅，1个"流星-3"弹道导弹营，可实施战略威慑和打击。此外，革命卫队统管着庞大的民兵组织"巴斯基"，这支队伍仅装备轻武器，平时约40万人，战时估计可动员至100万人，伊朗官员曾宣称可动员1100万人。"巴斯基"成员遍布伊朗各地，深入到各行各业，被认为是发动游击战和巷战的主力部队之一。

第九章／民防、消防和灾难响应部队

多数国家的民防、消防和灾难响应力量是民事组织，采取职业制、志愿制或合同制。也有部分国家的民防、防灾救灾和消防力量是准军事组织，采取兵役制。由此组建的民防部队、消防部队和灾难响应部队，成为各国准军事组织架构中的重要部分。

民防部队、消防部队和灾难响应部队有各自不同的任务，民防部队用于战火中对民众的防护，消防部队用于防火救火，灾难响应部队用于自然灾害和工业事故造成的灾难救护。这些任务的性质相同，都是消弭战争、自然灾害或工业事故给民众带来的伤害。他们的工作范围各有侧重，又有重叠。如何根据任务区分和重叠来设置部队，各国产生不同的办法：有的国家三种部队分立，各司职责；有的国家将民防部队和灾难响应部队合一，如俄罗斯的民防部队就具有合二为一的性质；也有的国家将三者合一，如新加坡民防部队。

未来在全球范围内，用于紧急民事事务的准军事力量可能进一步扩大。原因有两个：其一，在国家和社会面临的各种安全威胁中，自然灾害、工业事故等会持续增加，紧急事务机构在许多国家出现，统管民防、消防、灾难响应等需要强制推行的工作，容易带上准军事组织的色彩；其二，随着世界范围裁军进程，许多国家都把一些作战部队改建为准作战部队，用于救灾等民事活动。国家军事力量的分解和专门化，既有利于用不同部队应对不同安全威胁，也有利于平时的军控与裁军，减少军费支出，寓军于民。这些准军事力量在战时可以很快转为作战部队，所以依然是国防的支柱。

第一节 民防部队

民防（Civil Defense）是政府动员和组织群众，采取防空袭、抗灾救灾措施，实施救援行动，防范和减轻灾害危害的活动，旨在保护平民居民不受危害，克服敌对行动或灾害造成的直接影响，提供生存所需的条件。

一、民防事业的发展

从一战到冷战结束，各国民防活动主要是战时的民事防护。民防萌芽于第一次世界大战期间，最早组织要地防空的是英国。为减少德国空军轰炸造成的人员伤亡和财产损失，英国在伦敦建立了独立的防空指挥机构和专门的防空部队，并在市区实行灯火管制，构筑防空洞，疏散居民，建立空袭警报系统等。第二次世界大战中，空袭的规模和范围达到了空前程度，参战各国更加注重城市防空。整个二战中，英国本土落弹7万余吨，伤亡仅14.7万人，大大低于第一次世界大战。德国在战前也构筑了大量防护工程，虽从1941年开始即遭到美英两国的战略轰炸，但直到1944年，其军火生产还在稳步上升。二战结束后的几十年中，尽管国际局势趋向缓和，世界爆发大规模战争的可能性越来越小，可是进行民防建设的国家和地区却从二战时期的十几个国家上升到了现在的100多个，而且建设的规模越来越大，水平越来越高。据国外公布的资料，美国目前修建的人防工程可容纳1.2亿人，占总人口的57%，苏联修建的人防工程可容纳1.8亿人，占总人口的68%，瑞士、瑞典修建的工程可容纳总人口的85%以上，以色列修建的工程则能够容纳全国人口的100%，而日本仅修建的地下商业街和大百货商店的地下售货场，总面积就达200多万平方米。

20世纪80年代以后，民防活动有了重大变化和发展。一方面，战时民事防护准备仍在继续进行，另一方面，随着各国普遍认为大规模战争威胁和核威胁在降低，自然灾害和工业灾害等公共安全威胁在加大，民防的重点不再限于军事意义，不再限于国防，而兼具国家公共安全意义和作用。各国纷纷修正民防概念，美国认为，"民防是旨在减轻紧急状态对于一个地区或国家的人民、工业、机构以及社会所产生的影响。它包括减轻自然灾害、技术事故、常规战争以及核战争所造成之危害的措施的拟定和实施。民防的基本目的是保护人民，把物质损失减少到最低程度，并为迅速从突发事件的影响下复苏奠定基础。"俄罗斯认为：民防是"平时和战时为保护国家居民和国家经济不受敌人大规模杀伤破坏性武器和其他袭击兵器的攻击，以及为在杀伤破坏区和重灾区进行抢修工作而采取的全国性防卫措施体系的一个组成部分。"战时民众防护与国土防灾抗灾相结合，已成为各国民防发展的共同趋势。1979年，美国国防部民防准备局与其他4个机构合并，成立了联邦紧急应变管理局，负责民防战备建设和平时防灾抗灾工作。为了应付自然灾害和突发工业事故，苏联民防部门积极参与抢险救灾工作。在世人震惊的切尔诺贝利核电站事故中，民防部门在处理灾害中付出了努力。德国政府则明确规定，民防任务范围不仅是对战时那些异常的灾害情况采取防卫措施，平时一旦出现极其严重的灾害，民防也将对此采取相应的救援措施。日本根据本国风灾、水灾、地震等自然灾害多的特点，在总理府设"中央防灾会议"，各地设有地方防灾组织，统管民防和防灾救灾工作，通过平时的防灾活动推动民防的基本建设。瑞典于1986年7月1日建立了新的民防权威机构"国家民防、救援与消防勤务局"，这个新机构继承了前"瑞典民防局"的职责，并受权承担有关救援勤务方面的其他职责。瑞典还规定公民每人每年交140克朗民防费和420克朗防灾费。

在民防概念变化中，国际民防组织的成立起到重要作用。国际民防组织是在1931年成立的"日内瓦区国际协会"的基础上发展起来的，创始人为法国乔治·保尔，最初宗旨是在战时利用中立区保护老、幼、妇、残等非战斗人员。1958年协会改名为国际民防组织。1965年联合国大会（2034号决议）要求各国政府根据具体国情建立相应机构，以便能在必要时确定请求援助的等级和种类，尤其是协调救援行动。许多国家遵照这个决议建立了民防机构，其任务是规划、协调和管理防灾、备灾、灾后重建等活动。

二、民防部队的发展变化

考察各国民防队伍，可以发现两种基本的模式：一是民事组织；二是准军事组织。海岛国家、地方自治国家、兵员缺乏的国家或者传统上限制军队作用的国家，其民防队伍都是民事组织，如美、英、日等国，民防工作人员实行职业制、志愿制或合同制。相反，大陆国家、中央集权国家、兵丰富的国家或者传统上倚重军队社会作用的国家，其消防队伍中有军事组织，如俄罗斯、法国、以色列等国，民防人员服兵役，授予军衔，按军队编组，实行军事化管理。两者相比较而言，民事组织有利于人员职业化、专业化，有利于从业人员的稳定和经验积累传承。准军事组织则有着比民事组织更严格的组织和纪律，始终保持训练强度和高度戒备状态，担负危险性高、时效性要求高、劳动强度大的任务时，更能实现政府的意志。各国根据自己的地缘和行政传统，比较两种模式的利弊，采取不同的民防队伍模式。

准军事化的民防部队（Civil Defence Force）在自己的发展过程中，经历了任务领域的三次变化。首先，民防部队随着本国民防概念的变化而变化，由单一的战时民事防护转为兼具战争和平时灾害民事防护双重职责，有的部队甚至只担负防灾救灾任务，名称都不冠以民防字样，如印度国家灾难反应部队。其次，早期的民防任务由民兵、国民警卫队等群众武装承担，既负责武装自卫，又负责所在地区公众的民事保护，随着战后安全形势的变化，也随着各国准军事力量分工和专业化程度的提高，民事保护力量从群众自卫武装中逐渐分离出来，武装自卫的任务越来越少。不再配备作战武器成为区分民防部队与民兵、国民警卫队之类武装的一个标志。其三，消防部队在一些国家被纳入民防部队，如新加坡，这源于防灾救灾与防火救火有很大的共性，民防部队也由此变得更加常备化。

三、各国民防部队概况

全球民防部队计有：蒙古民防部队 500 人；新加坡民防部队 1900 人；赤道几内亚民防部队 2 个连；尼日利亚安全与民防部队；俄罗斯民防部队 2 万人；法国民防部队现役 1770 人；乌克兰民防部队约 9500 人，隶属紧急情况部，编为 4 个旅，4 个独立团；斯洛伐克民防部队 1200 人；哥斯达黎加民防警备队 4400 人，编有城市加强连 7 个，战术侦察连 1 个，特种作战分队 1 个，省属加强连 6 个；埃及民防部队等。其中俄罗斯、新加坡是典型的现役民防部队，法国民防部队则是现役和预备役混成部队。

此外，还有一些国家冠有"民防部队"名号的武装，属于民兵和预备役性质，是民众防卫组织，不是专门的防空救灾部队，如韩国民防部队 530 万，瑞士民防部队 12 万等。由于性质上与本章所述部队不一致，故难以述及。

（一）俄罗斯民防部队

俄联邦武装力量由陆军、空军、海军 3 个军种和战略火箭兵、航天兵、空降兵 3 个独立兵种组成。除了武装力量，俄罗斯还有其他军队，属于准军事力量，包括边防军、内卫部队、联邦安全局所属部队、政府通信部队、联邦保卫总局、铁道兵、国家消防部队和民防部队等。

俄罗斯民防部队（сил гражданской обороны）已有近百年的历史。20 世纪 20 年代，苏联出现民防概念，1932 年 10 月 4 日成立第一支民防部队，用于地方防空。到 60 年代建立起完善的民防系统。该系统有三项基本任务：对居民进行民防训练，建设民防工事；对经济目标组织的防护，建立原料和设备储备；消除敌人使用大规模杀伤破坏性武器造成的后果。80 年代后期，切尔诺贝利核电站爆炸事故和亚美尼亚地震的严重后果促使苏联民防的作用发生改变，工作重心从核大战准备转移到自然灾害和人为事故的抢险救灾。苏联解体后，有效抗击自然灾害和人为灾害，确保政治改革、经济改革和其他改革前进的安全环境成为俄罗斯民防的主要任务。民防部队在遏制影响俄罗斯境内外人民生命财产的紧急情况方面起到重要作用。

俄罗斯自然灾害多、突发事件多的事实促使政府建立专业化的救援救灾队伍。1991年4月17日俄罗斯发布总统令，成立"俄罗斯民防、紧急情况和消除自然灾害后果国家委员会"，1994年1月由"委员会"改为"部"，简称"国家紧急情况部"。俄罗斯紧急情况部建立之初规模并不大，其主要任务是在发生自然灾害和重大生产事故时实施救援，后来，为了提高对重大灾害和突发事件的应急能力，俄罗斯紧急情况部的规模和任务不断扩大和发展。2002年1月1日起，原俄罗斯民防部队、消防部门和国家减灾部门合而为一。俄罗斯各部门原有各种防救灾队伍和组织约80万人，政府决定将这些队伍逐步归并紧急情况部统一指挥和管理，其人员待遇也相应提高，和消防部队一致。

民防部队隶属于俄罗斯紧急情况部，与国家消防局、搜寻和救援局和国家小型船只局组成俄罗斯紧急情况部的四个基础部门。民防部队实行旅、团、营、连编制，编有独立救援旅、机械化团、直升机大队、独立救援营、工程技术营、特护连等。部队区分为中央所属和地方所属两种，总规模约2万人。民防部队可在作战时转隶共和国、自治州和自治专区、边疆区、州和市的行政管理机关。民防部队由志愿服役军人（合同制军人）和应征服役军人组成，享有与武装力量军人同等的待遇。

俄罗斯民防部队的宗旨，是保护俄罗斯联邦境内的居民、物质与文化财产免遭军事行动或自然灾害、人为事故等的伤害破坏，是一支专门用于消除紧急状态和自然灾害后果的队伍组织。民防部队的任务区分为平时任务和战时任务。平时任务是消除境内工业事故、自然灾害所造成的后果，实施救援、灾后紧急恢复等行动。具体工作包括：侦查、监视和通报险情；撤离遇险居民，将居民、物质与文化财产疏散到安全区域，为其提供衣食、医疗服务（含紧急医疗救护）等各种保障，迅速提供掩蔽部、个人防护器材和住所；实施警戒、灯火管制和其他管制措施；对居民进行指导训练，掌握免遭伤害的自救方法；开展抢险工作，包括扑灭事故、灾害引发的火灾，对居区民、技术装备、建筑物和地区进行消毒；恢复和维持遭受损害区域的秩序；保障民防兵力与兵器处于经常性的准备状态等。战时任务主要是消除敌人使用大规模毁伤武器造成的后果和空袭后果。具体行动包括：实施核生化侦察，查明并标示遭受核、化、生和其他污染的区域；在污染和辐射区采取救援行动；参与排除失效航空炸弹和地雷的工作；迅速恢复机场、道路、渡口、海军基地、港口和其他后方设施功能；执行地区防御任务，包括与敌侦察群和空降兵做斗争；迅速掩埋尸体；制定和实施旨在保护战时经济稳定运行和居民生存必不可少的措施，参加恢复居民生活保障设施的工作等。平时任务包括国际救援任务，战时任务包括盟军盟国救助任务。所属部队仅配备少量武器用于自卫，而不配备重装武器，战时亦不承担作战任务。

民防部队可独立遂行任务，更多时候则是同紧急情况部所属非军人民防组织共同遂行任务，在有些情况下还需要与军区、舰队和部队、分队协同行动，与政府部门所属的专业救援组织、社会组织和交通、卫生等有关部门协同行动。武装力量地区防御部队在卫戍区和军营内遂行与民防类似的任务时，民防力量与其保持协同。

（二）新加坡民防部队

新加坡民防部队（Civil Defense Force）由原消防部队、民防部队合并而成。新加坡第一支消防部队成立于1888年，最初仅承担灭火工作，二战后开始承担自然灾害、交通事故等的救援任务。在新加坡重大救灾行动中，如1961年布吉豪斯威大火和1972年的罗宾森大火救灾行动中，都有新加坡消防队勇敢的身影。1980年，新加坡消防队更名为新加坡消防服务局。

新加坡国土面积仅604平方千米，人口约400万，每平方千米约6800多人，人口密度高，经济布局也呈高密度。20世纪80年代起，新加坡学习瑞士及一些北欧国家的防卫经验，提出自己的全民防卫理念，即五个防卫：军事防卫、民事防卫、经济防卫、社会防卫及心理防卫，其中民事防卫的任务是在灾难与威胁到来之际保护民众，着重于急救、营救、疏散民众以及避难管理。

1982年，新加坡制定全国民防计划，成立民防部队，并确定其为新加坡警察的重要组成部分，是执行国家紧急预案的先头部队。1986年施行《民防法》，将民防部队从警察部队中独立出来，成为内务部下属的7个直属部门之一。由于民防部队和消防局功能相似，1989年4月15日，新加坡政府将消防部队与民防部队合并，称新加坡民防部队，隶属内务部，工作人员属于公务员。1996年、2003年民防部队进行两次大重组，进一步确立了民防部门负有消防、人防的两大职能，以便在灾难发生时，能更好地保护全体国民生命财产安全。

作为一个弹丸小国，新加坡频频参与周边国家的救灾行动，为自己赢得了口碑。"狮心行动"是海外行动的代号。第一次任务是参与1990年菲律宾大地震的救援工作，之后参加了台湾"九二一"地震、印度洋海啸、巴基斯坦地震、印度尼西亚中爪哇日惹地震的救援。2008年5月16日，"狮心行动"第十次启动，两架C-130大力神运输机经过7小时飞行将55名新加坡救难队员送到成都，再星夜赶往什邡大山深处的红白镇，在五个废墟点开始搜救。狮心行动救援队受到国际关注，被誉为世界上最强的城镇搜救队之一。

民防部队的行动遵从三个主要法令：1986年的《民防行动条例》，1993年的《消防法》和1997年的《民防掩体法》。服务宗旨是：在灾难及紧急时期，保护国民的性命与财产，快速恢复经济达到正常情况。主要职能任务是提供消防拯救与救护服务，制定并强制执行消防安全法规，执行与维护全民警报与防御系统，策划并开展全民消防安全宣传教育培训。

新加坡民防部队隶属于新加坡内务部，最高领导是民防部队总监。总部设有13个部，分别为行动部、医疗部、管理部、策划部、训练部、人事部、技术部、防火安全与防空壕署、公关部、质量服务部、财政部、资源部。其中"防火安全与防空壕署"负责建筑工程的消防设计审核和消防验收监督管理，下设"设计图纸审批与咨询处"、"执照与执法处"、

"防空壕处"和"策划与检讨处"等4个处。

民防部队在全国的东西南北设置了四个民防分区，称为第一、二、三、四民防分区（师），分区最高指挥官称作"分区司令"、"师长"，是民防分区指挥灭火救援和医疗救护的最高长官。各分区分别辖3—5个消防局，共14个消防局。民防部队所属单位还有民防学院、基本训练中心和1个100人的灾难拯救队，执行大型灾害救助或国际救援任务。该队1990年成立，名称为"灾难协助救援组"，英文缩写DART的表面字义是"飞镖"，专司海外人道救援，装备有搜救犬、生命探测仪、光纤内窥镜、液压剪以及吊具等专业地震救难工具，并携带了充足的食物、燃料与装备，可在没有后勤补给的情况下工作14天。DART由民防部队中的精英组成。不仅有专业的城镇搜救技能，还有在八分半钟内跑完2.4公里的体魄。

新加坡民防部队是一支穿制服的组织，由受过良好培训、专业的人员组成，24小时轮班处理各种威胁生命安全的紧急事务。现有1400余名正式官员，3500余名专职国家公务员，2万余名民防公务员。所有民防人员实行衔级制，分别为：总监级、副总监级、助理总监级、上校、中校、少校、上尉、中尉、见习官、一级高级准尉、二级高级准尉、一级准尉、二级准尉、上士长、上士、中士、下士、民防员、新兵。

除正式人员，还有民防志愿者5万多人，发生大规模灾害或国家发布战争动员令时参战。凡年满14周岁、健康的新加坡公民或有永久居住权居民，都可参加民防志愿者队伍。一旦国家发生灾难或战争，民防志愿者就可转为全职民防职员。在接受基本的民防技术培训后，民防志愿者根据所在地区编成若干小组。在新加坡，每个区域有其自己对口的民防志愿者小组，所有活动由一名民防执行委员协调。民防执行委员协助招募当地居民成为民防志愿者，并根据紧急预案对有关志愿者进行培训。

新加坡民防部队高度重视各级各类人员的培训工作，培训由民防学院组织实施，民防官员晋升必须经过培训。民防学院除培训本国民防人员，还为30多个国家培训过消防人员。

民防部队装备有执勤车180余辆、摩托车40余辆，即灭火和支援车

100余辆、化学灾害处置车20余辆、紧急医疗救护车50余辆、灭火摩托车30余辆、拯救车和救护摩托车若干辆。另外还有配属在各民防分区、消防局、灾难拯救队和战备营的运兵（输）车近百辆，拖车车厢约40个。2000年以来，年平均火警与救援出动1.5万次。

（三）法国民防部队

法国民防是在第二次世界大战中平民生命财产损失惨重的教训下建立和发展起来的，1951年成立国家民防局，1954年颁布《民防法》，并建立了民防队伍。

民防队伍是法国国防和维护国家公共安全的重要组成部分。主要职责是：制定民防政策、规划、预案及措施等，发布民防指令，组织实施民防计划和紧急救援行动，协调地方民防工作，管理民防人力、财政和后勤资源，促进民防教育，培训消防人员等。主要任务是预防空袭或核、生、化袭击及有可能遇到的任何危险，抵御各种意外事件、自然灾害和重大事故造成的损失，最大限度地保护人员、财产安全和环境。民防工作的指导思想是"预防为主、积极救护、减少损失"。平时，对居民进行民防重要性的宣传教育，增强民防意识，防止居民在长期和平环境中滋长和平麻痹思想。同时，修建必要的设施，预先制定民防计划和人员保护、疏散方案，包括保卫领土、政府机构与公共设施的安全，维持秩序，疏散与掩蔽居民的具体措施，防患于未然。危机时或战时，适时发布空袭或核、生、化袭击以及重大灾情、险情警报，按计划落实民防措施，协助军队抗敌卫国，抢险救灾，积极救护伤员，收容难民，消除污染，帮助群众恢复生活，最大限度地减少损失，保护人员财产安全和环境。

法国内务部民防与公共安全局负责全国民防队伍的组织指挥，下设管理和维护、危机预防与民防、消防、营救与民防等若干分局和一个联合紧急管理行动中心。民防队伍实施防务区、大区和省三级管理。全国分为9个防务区。战时或灾难危机时，防务区长、大区长和省长分别通过跨区民防行动参谋部（跨区民防行动指挥中心）、大区民防参谋部和省民防参谋部协助指挥和组织实施本区、本省的民防行动和救护措施。

民防部队包括3个紧急响应培训与行动部队、4个行动与后勤志愿部门、18个扫雷中心（其中2个在国外）、20个直升机基地和一个机场及后勤基地。现编成22个机动纵队、308个收容大队和108个民防连，分散在各防务区、大区和省，执行民事安全任务。民防部队由多种身份人员组成。其中有执行民防任务的军人1700人，主体是8万预备役人员，战时可扩编到30万人。主要装备有：指挥飞机、紧急医疗救护和救援直升机、森林灭火和防污染直升机、各种救护车、消防车、云梯车、森林灭火供水车等。此外，由于需要应付诸如地震、火山爆发、水灾、风暴等自然灾害，以及由空袭或核、生、化袭击及因技术原因造成的灾难，还装备有抢险救灾所必需的各种专用器材和大量的急救、医疗设备。情况需要时，民防部门还可依法调用军、民用飞机、舰船和车辆等。

第二节　消防部队

考察各国消防队伍，可以看到职业制、志愿制和兵役制三种制度。有的国家是单一制，有的则是二种或三种混合制。多数国家消防队伍实行职业制，如美国、德国、英国、日本等。以美国为例，专职人员以消防工作为职业，享有国家规定的待遇，退休后享受政府养老金。职业制有利于保留专业骨干，积累经验，提高效能。但职业制投入比较大，需要较高的国家财力。

为弥补消防队员的不足，应对大型火灾发生时对消防力量的短时大量需求，本着平时少养、战时多用的原则，几乎所有国家都建立了志愿消防队伍，临时召集投入防火灭火救灾行动。只是有的国家志愿制度比较完备，有的存在较大欠缺。美国有消防员170万，其中志愿人员100万，约占总数的58%，此外社区还有义务消防员。俄罗斯志愿消防员按地方自治机关和国家消防部门共同制定的计划表轮流值班执勤，并按平均月工资额发放奖励补贴，该项开支由地方自治机关列入地方预算。德国以职业消防队为主，所有开支由州政府负担，另外设有志愿消防队，由政府投资建队并配有专门的消防车辆、装备。

消防是一种危险程度很高的职业，有如军人，因此也有国家建立兵役制消防部队，强制要求公民到军队或消防部队服役一段时间。与职业制、志愿制相比，兵役制消防队伍的编组、纪律、勤务、执行任务方式等更近似军队。兵役制可以保证密集的训练强度和高度的戒备状态，而职业的人员往往需要更多编制以方便轮换，还要考虑工作强度和收入比。此外，服兵役人员的薪金报酬远低于职业消防人员的工资收入和附带的福利待遇，可以节省国家行政成本。兵役制的不足在于服役期有限，人员周转快，不利于队伍专业技能和经验的积累。

消防部队与民防部队都属于国家准军事力量。在有些国家，消防部队独立于民防部队和救灾部队，分属不同的政府部门，各自履行不同的职责。如俄罗斯《国家消防条例》规定，消防部门只承担防火和灭火救援任务，并不承担医疗救护等其他救援工作。紧急情况部拥有国家消防部队、民防部队、搜救队、水下设施事故救援队和小型船只事故救援队等多支应急处置的专业力量，各司其职。在另一些国家，消防部队是民防部队或救灾部队的一部分，其任务逐渐向民防、救灾延展。其原因是随着工业的发展，以往一些根本不会发生火灾或极少发生火灾的地方，现在由于 NBC 物质（注：N 是指化学危险品，B 是指易燃易爆气体，C 是指电气产品）的大量运用而火灾隐患四伏，任何其他自然灾害和工业事故都可能伴随着火灾，救灾离不开救火。所以许多国家都在思考或实施民防、消防和救灾的合一。

实行兵役制消防队伍的有俄罗斯、法国、意大利等国。

（一）俄罗斯消防部队

直至 19 世纪初，俄罗斯消防还只是警察的一个分支，后经数次变革，消防曾分属皇家警察、军队等不同部门管理。1918—2001 年，国家消防部门隶属俄内务部。2001 年，俄罗斯联邦内务部消防总局归属紧急情况部。

俄罗斯消防队伍是一个庞大的组织，总人数达 22 万之多，由军事化消防部队、地方专职消防队和志愿消防队组成。消防队伍的管理机构为俄罗斯联邦消防总局，隶属紧急情况部，各共和国、直辖市、州、自治州、边区、行政区下设消防局，各共和国、州、边区、自治州所辖市、区设消防大队。消防总局下设国家消防队，内设专门组织社区居民防灭火工作的地区消防部队、专门组织企事业单位防灭火工作的消防部队和专门扑救重特大火灾工作的特勤消防部队。地方自治消防机构按标准组建，如莫斯科市人口 1000 万，军事化消防队员 1.2 万人，下设 12 个大队、65 个中队、有 382 辆消防车。基本上可以达到接警后市区 5—7 分钟，近郊区 18—25 分钟赶至管区边沿。俄罗斯现有核电站 9 座，发电量占全国的 11%。1987 年颁发了核电部防火技术规范，国家消防监督部门和驻厂的军事化消防部队负责防火灭火。每个核电站派驻一个消防监督科和一个 65—160 人的军事化消防中队，昼夜 4 班倒。

消防部队主要担负城市、核电站等重点单位的消防保卫任务。日常执勤和灭火作战仍执行苏联时期的《军事化消防部队勤务条例》和《军事化消防部队战斗条令》。基层消防部队对消防重点单位制定灭火作战计划，存入主管中队电脑并输入指挥中心信息库，副本存入该重点单位。如莫斯科地铁未派驻消防中队，发生火灾时，由附近中队率先出动，按灭火作战计划增援和扑救。各地消防部队进行跨地区增援时，超出本市范围的由州级消防局调遣；跨州（边区、共和国）的由联邦消防总局下达命令。在各地消防部队联合作战中，由到场消防部队最高一级首长明确接受灭火指挥权，并组成火场指挥部。

除了防火灭火，俄罗斯消防部队还承担社会抢险救援职责。为了汲取切尔诺贝利核电站与亚美尼亚大地震的教训，联邦消防总局在全国消防中队普遍加强了与救火任务相关的抢险救援装备和训练，重点装备组建了 8 个抢险救援大队。每个大队 200 人，配备了消防、抢险、防化、防辐射、急救、潜水等多种车辆、器材和消防员个人防护装备，24 小时内可随时出动，在方圆几千公里的区域内机动作战。莫斯科抢险救援大队在装备经验上首屈一指，被称为"消防近卫军"。

军事化消防部队的消防队员是现役军人,约有8万,实行合同制。如车臣匪首巴萨耶夫就是莫斯科消防团出身。人员住房由国家统一安排,着制服,授军衔,消防总局长及几个较大城市副总局长、全俄消防科研所所长和莫斯科市(州)消防局长等授少将军衔,各地消防局局长授上校军衔。少尉以下战士从18—35岁志愿消防队公民中征召,入伍后与部队签订为期5年的合同。战士满45岁也可退休。军官来源主要是消防院校毕业的学员,某些专业人才也选自地方。少尉至上校军官年满55岁或服役满25年即退休,少将60岁退休。

全国消防队伍共拥有消防车1.5万辆。基层消防中队配备的消防车一般不少于3辆,基本战斗车仍是水罐车和泵浦车。有些中队还配备了泡沫车、干粉车、干粉泡沫车、云梯车、曲臂登高车、抢险救援车、通讯照明车等。目前26%的城市配备了云梯车,9%的城市配备了抢险救援车。莫斯科市各消防中队还组建了配有空气(或氧气)隔绝式呼吸器等器材装备的防毒防烟专勤班(组)。近年来随着国产现代化破拆工具投入批量生产,切割器(机)、扩张器、机动链锯等已开始装备一些中队。

(二) 法国、意大利消防队伍

法国消防队伍由三种编制的人员组成:一是部队编制的现役消防;二是政府编制的职业消防;三是志愿消防。省及省级市建有消防救援大队,主要负责全省的消防救援工作;各市、镇设有消防救援站(队)。在各地消防队伍中,有的是军事编制,如法国内务部从军队中长期"租用"消防部队,巴黎陆军消防大队已被租借了近200多年。该消防大队组建于1811年,其前身为巴黎陆军消防营。这一年,巴黎市发生火灾,地方消防人员灭火不及时,造成较大损失,引起政府和市民不满。政府随即撤消了地方消防机构,以陆军部队为主重新组建了一支消防营,负责塞纳河两岸的消防任务。1967年扩编为消防大队,编制6840人,下设参谋部、调查部、后勤服务部和3个消防行动部,由一名少将负责,任务扩展为巴黎市区和周围三个省的以消防为主的救援工作。目前,该队约 7300 人，分布在 75 个救护站。马赛海军消防大队于 1939 年成立，其成立背景与巴黎陆军消防大队相似。法国消防部队是一支职能多样化的队伍，不仅负责扑救火灾，还担负各类紧急事故、重大自然灾害的预防和救援任务，与国家农业部、工业部和装备部共同承担林业、核工业和交通行业的消防安全工作。

意大利也有兵役制消防员，以弥补职业消防力量的不足。这些士兵穿着消防制服，颜色与职业制人员不同，戴消防队的领花，但没有军衔。

第三节 灾难响应部队

灾难响应部队（Disaster Response forces）是 20 世纪 80 年代后在一些国家出现的新型部队，与民防部队、消防部队同属于民事领域的准军事组织。不同之处在于，灾难响应部队是专门用于防灾救灾的部队，而民防、消防部队则是兼负防灾救灾责任。灾难响应部队的出现代表了一个趋势，就是全球范围内防灾救灾的专门化和准军事化。专门化有利于针对灾害的特性，利用专门的技术、装备，依靠具有专门训练的人员实施救灾，突出专业救灾的效率，摆脱完全靠群众和其他非专门组织的局面；准军事化则有利于救灾队伍的纪律、训练水平和戒备程度的提高。

灾难响应部队按隶属关系分为两类：一类是政府内务部门、紧急情况部门等组建的部队；另一类是军队组建的部队。全球范围有一个比较普遍现象是军队介入救灾应急，组建了一些专业救灾部队。这些部队有如以前军队组建的宪兵，是军队中的准军事力量。在相当长时间内，它们是军队的一部分，但会呈现慢慢转交地方民政部门的趋势。

环顾世界各国，军队组建的专门救灾部队很多，而政府组建的冠名以救灾、灾害响应等的部队并不多。预测今后趋势：如大规模战争威胁继续走低，将会有更多的民防部队改名或更改任务比例，向着灾难响应部队方向发展。例如俄罗斯民防军、新加坡民防部队等虽然在名称上保留民防字样，实际任务已大幅转向救灾和和平时期紧急事务处置。与此同时，在许多国家，消防部队的任务比例也产生很大变化。在现代工业社会，救灾救火难以区分，两项任务的一致性使消防部队成为实际上的灾害响应部队。今后民防、消防和灾难响应部队是分是合，如何协调统筹，将是各国安全体制建设的重大课题。

以下是几支典型的灾难响应部队：

印度国家灾难反应部队（NDRF）。印度于2003年3月成立了国家灾难管理局，隶属于总理，该局直接负责国家灾难反应部队的人员训练、设备部署等。印度国家灾难反应部队是根据《全国灾害管理框架》新组成的专门应对各种灾难的快反部队，由准军事部队抽调精锐部队组成，设8个快反营，约1万人，配备了各型救援装备，装备了伊尔-76重型运输机、4架直升机和6架无人机，用于应对包括核化生恐怖袭击在内的各种灾难。

西班牙陆军灾难响应部队。西班牙政府于2005年10月7日决定在西班牙武装力量中创建一支保护公民人身和财产安全的专业部队，其任务不是打仗，而是应对严重自然灾害和重大突发事故。其应对的自然灾害包括地震、雪灾、洪灾、滑坡和森林大火，重大事故包括核、化学、放射性物质等的泄漏以及突发重大环境污染、恐怖袭击或暴力行为等不测事件。2006年4月，西班牙政府正式颁布皇家法令，组建西班牙陆军灾难响应部队。应急部队拥有水陆两用飞机、直升机、救生艇、各种车辆、重型工程机械、除雪机、水净化机、核化生防护装备以及警犬等。优秀的人才、精良的装备，使这支应急部队具有反应快、能力强等应对重大灾害和事故的战斗力。这支部队分散驻扎在全国7个基地，一旦某地发生紧急状况，便可就近以最快的速度到达现场，对灾害或事故进行有效处置。如今，它已经成为西班牙抗灾救援、处置突发事故的一支"尖兵"，2007年以来已多次参加国内外的抗灾救援。在国内，参加了加纳利、科尔多瓦、特内里费和卡斯特利翁等地的森林大火扑救，以及阿里坎特地区的抗洪救灾；在国外，参与了扑灭希腊和意大利境内森林大火的行动。队员都经过严格选拔，并经过应对重大自然灾害和突发事件的理论培训和实战训练。

法国民事安全训导干预部队（UIISC）。法国全国范围内有三支共24万人的抢险救灾力量——志愿者消防队、专业消防队和军事救灾部队。前二者为地方组织，行政上归各省火灾和救援署管辖，军事救灾部队属军队建制，隶属国防部，由内务部委任的各市警察局局长负责调用。国防部一般不直接赋予专业救援部队任务，只负责一些协调和监督工作。装备、器材、经费主要由地方政府和内务部负责，赴国外执行救助任务的经费保障由外交部承担。政府拨款、军队编制、执行民事任务，成为法军救灾专业力量的一大特色。

其中，"民事安全训导及干预部队"是一支陆军工兵部队，约1800人，作为机动救援部队，在法国境内外发生地震、火灾等灾害时执行救援任务。法国空军"空军消防和救护大队（ESIS）"，自2007年9月1日以来隶属于法国空军航空兵司令部（CFA），配属于各空军基地，用于专门扑救军用和民用飞行器及机场设施火情，营救遇难旅客。2008年1月1日起还担负了对抗化生放核事件的任务，以及应对虫灾、传染病疫情和洪灾的任务。此外，在"消防部队"一节提及的"巴黎陆军消防大队（BSPP）"和"马赛海军消防大队（BMPM）"，担负的任务已不局限于最初的灭火，而是扩展为水上救援、危险环境救援（如核化污染环境）、直升机救援、坍塌救援、环境复原、科技风险处理、机具维修等。如2003年6月至9月法国西南部和科嘉岛森林火灾中，它们出动直升机和地面部队参与救援行动，完成了监视、运输和开辟防火通道等任务。上述各部队主要是执行国内外的重大应急任务，担负的主要任务包括救火、抗震救灾、核化生应急、运送人道救援物资、救助伤者等。历史上多次出色完成救灾任务，近几年，多次参与北约"和平伙伴关系国"人道主义救援演习，并积极参与印度洋海啸救灾等国际救灾行动，受到了法国和受援国人民的欢迎，赢得了国际社会的普遍好评。

瑞士抢险救灾团。在瑞士，按照民防动员程序，一旦需要，首先依靠民防消防组织，第一批到达现场的是消防队，随后，民防组织人员分批到达。当地方民防力量或装备无法战胜困难时，地方政府向联邦提出请求军队支持。瑞士没有成建制的民防部队，为加大支持地方抢险救灾工作力度，瑞军从 2000 年起组建 4 个抢险救灾团。军队在执行民防任务时，与地方政府是协同关系，向民防组织领受任务，但仍由军队指挥。通常情况下，军队的任务是协助维持治安，以及使用部队的大型装备负责一个方面的抢险救灾工作。

葡萄牙国民共和警卫队森林火灾快速反应部队。葡萄牙森林火灾年年频发，某些年份被烧毁的林木达 30 多万公顷，并有人员被烧死。国民共和警卫队于 2006 年组成森林火灾快速反应部队，由 350 人组成，以小分队形式迅速赶赴森林火灾现场，及时参与灭火行动，并有效解决人为纵火问题。葡政府以法律形式确认，部队参与灭火行动的同时有权拘捕纵火嫌疑人，以弥补以往消防队员无拘捕权的不足。

墨西哥专业救灾部队。该部队于 1999 年组建，编制近 300 人，分为三个分队，营地设在墨城附近的圣卢西亚空军基地，含有通信、工程、医务、供给、军警、气象、飞行监控等各类专门人员，配备有若干架 UH-60、MI-8/17、MD530 型直升机，一架 MI-26 重型运输直升机，还有各类车辆和工程机械，如推土机、吊车、铲车、供水车、炊车、救护车等。无论国内何处发生灾情，这支部队都能在 24 小时之内赶到灾区。部队人员平时分散在各部队内，遇到灾情立即集中、开赴灾区，其编成也可根据灾情有所调整。

美国民事支援联合特遣队。美军抢险救灾事务主要由北方司令部负责。该司令部首要任务是本土保卫，抢险救灾是其主要职责之一。该司令部下设一支民事支援联合特遣队（Joint Task Force Civil Support），负责美国本土出现"化生放核与高爆武器（CBRNE）袭击事件"的专业救援行动。

第十章／准军事力量中的特种部队

第一节 全球特种准军事部队概述

近半个世纪以来，在全球范围，以上各章所述各类准军事力量都编设了特种部队，可以区分为：特种宪兵部队，隶属国家宪兵，如奥地利宪兵特种部队"眼镜蛇"；特种安全部队，隶属内务部（或安全部），如俄罗斯"信号旗"和"阿尔法"部队；特警部队，隶属警方，如比利时安特卫普警察特遣队；特种边防部队，隶属边防机构，如德国第9边防警卫队；还有隶属国民警卫队的特种部队，如美国陆军国民警卫队第19、20特种战斗群等。一些拥有多支准军事力量的国家，可能同时组建多支特种部队，如法国警察和宪兵都设有特种部队，阿根廷也有警察特种部队和宪兵特种部队。

特种部（分）队的概念来自军队。军队特种部队的概念在历史上一直在变化，许多部队都曾被称为特种部队，如火炮、坦克、化学兵等，后来陆续被新的特种部队概念所代替。今天的特种部队，是指战时执行敌后侦察、破袭、渗透、骚扰、斩首、抓俘、策反等任务的部队。外国知名的隶属军方的特种部队有：美国海军海豹突击队（SEAL）、陆军三角洲特种部队（DELTA）、英国皇家陆军特别空勤团（SAS）、俄罗斯"格鲁乌"特种部队、西班牙陆军特种部队"绿色刀锋"（GOE）、以色列总参情报部侦察营（262部队 Sayeret Matkal）和总参侦查大队（269部队）、印度陆军伞兵特种部队、波兰"雷鸣"特种部队（GROP）等。

军队所属的特种部队主要用于战争，与20世纪60—70年代以来各国国内治安尤其是反恐的需要并不完全吻合，在武器装备、技术战术、法律限制等方面与日常治安反恐要求有一定距离，在行动准则、标准上，如尽量减少附带损伤、使用非致命性武器等方面，也有不适应的地方。同时，也不方便内务部、警察署、边防组织等国内治安机构的调动使用。鉴于此，各国治安机构纷纷组建由自己管辖使用的专业化准军事特种部队，以求更方便快捷调用兵力，更有效合法地解决事端。

各国组建准军事特种部队，都是迫于恐怖袭击的严峻形势，如：德国第9边境警卫队在1972年德国慕尼黑奥运会惨案后创立；苏联"阿尔法"部队在1973年伏努科沃机场劫持事件后组建；意大利"皮头套"部队在1978年意大利总理阿尔多·莫罗被恐怖组织"红色旅"杀害后成立；奥地利宪兵特种部队"眼镜蛇"在20世纪70年代后期奥地利境内接连发生数起恐怖袭击事件后建立；日本警察特种突袭部队在1977年9月恐怖组织日本赤军劫持日本航空公司事件后组建；印度"黑猫"突击队在1984年"金庙事件"后设立。人类文明的产生和繁衍基于"挑战—应对"，各国成立特种部队就是对恐怖主义、极端民族主义和极端宗教主义挑战的回应，对正义和文明的维护。

各国准军事特种部队中大致可以分为两种类型：一种是国家级特种部队，规模较小，但作用巨大，在关键时刻帮助国家摆脱严重的安全危机，重要行动通常由国家最高当局授权，国王、总统、总理关注和监控行动。本节主要介绍此类特种部队。另一种是州、市政府内务部（局）、警察局等掌握使用的特种部队，规模较大，肩负反恐、防暴、巡逻、应急机动等任务。此类与其他宪兵、警察部队相比，特殊性不如第一类突出，故列入"宪兵"、"警察部队"等章节，如俄罗斯特别警察部队是各地警局负责反恐、抓捕罪犯、对付危险犯罪分子的部队，列入"美、英、法、俄警察部队"一节。

各国国家级特种部队的人员训练有素，武器装备精良，有一套专门的队组编成及战术，用于遂行风险巨大的小规模战术级突击行动，形成一个通行的固定模式，即由德国第9边境警卫队开创而后传播到其他国家的模式。这一模式包括武器装备的构成、人员的选拔和训练、部队分队编组方式和基本战术。在模仿、传播，从而形成共同特点的同时，各国特种部队也保留了许多基于不同制度、文化背景的差别。在使命任务方面，有的具有参与战争的权利，如俄罗斯"阿尔法"部队，创建目的就是准备参与任何级别的冲突和战争，有的则不准当军队使用，如德国法律不允许第9边境警卫队参与警察职责范围之外的军事行动，国内行动须向联邦检察局申请，国外行动须有联合国的邀请或外交部长收到事件发生国政府的邀请，由内务部长提请总理做出决定。

各国特种部队成立后，陆续参与了反恐突击行动。有许多成功的战斗（突袭武装分子、成功解救人质），对于打击恐怖主义，尤其是遏制劫持人质、劫持飞机等恐怖活动，发挥了至关重要的历史性作用，为国际舆论所赞赏，充分证明了特种部队的重要性。其中经典的突击行动有：1977年10月德国第9边境警卫队在索马里解救汉莎航空公司班机人质；1982年2月意大利"皮头套"突击队解救被恐怖组织"红色旅"绑架的北约南欧地面部队司令美国将军多齐尔；1988年5月印度"黑猫"突击队突袭近千名锡克族武装分子聚集的阿姆利则"金庙"；1995年6月日本SAP在函馆机场成功登上全日空857号客机解救被劫持人质；1996年奥地利"眼镜蛇"特种部队粉碎了恐怖分子劫持一架俄罗斯客机的阴谋；2002年俄罗斯"阿尔法"特种部队在莫斯科一剧院解救数百名人质。也有失败和备受质疑的行动，如2004年俄罗斯别斯兰事件和印度孟买事件中特种部队的表现，这些行动或出击过晚，事态未能及时控制，或造成人质过多伤亡。特种部队的失败有时会加剧社会的动荡，这也足见特种部队的影响举足轻重。

第二节　闻名遐迩的特种部队

近半个世纪以来，西欧、中亚、南亚等地区成为恐怖组织实施刺杀、绑架、劫机等恶性恐怖活动的灾难性地区。每一次恐怖行动都震惊世界，也因此造就了一支支反恐突击队，因其有效突击、成功解救人质而闻名世界。

一、德国第 9 边境警卫队

在世界所有反恐突击队中，德国联邦警察第 9 边境警卫队（Grenzschutzgruppes 9 der Bundespolizei，GSG－9）名声最大，许多国家特种部队都按照它的模式组建。

（一）成立原因

1972 年，奥林匹克运动会在西德慕尼黑举行。来自世界各国的运动员住进了奥运村，其中包括以色列运动员。9 月 5 日凌晨 4 时 30 分左右，8 名恐怖分子在背包中藏着武器，翻过约两米高的围墙进入奥运村。他们是巴勒斯坦"黑色九月"游击队队员，企图挟持奥运村公寓中的以色列运动员，逼迫以色列政府释放被关押的 234 名阿拉伯人以及支持巴勒斯坦阿拉伯人的"巴德·梅因霍夫"组织成员。5 时，他们敲开以色列运动员的住所房门，开枪击倒开门的摔跤运动队教练莫歇·贝因格鲁格和举重运动员约瑟夫·罗马若，劫持 9 名以色列运动员为人质。有 2 名以色列运动员逃脱并报了警。

上午 9 时 30 分左右，恐怖份子提出释放阿拉伯人和"巴德·梅因霍夫"组织成员的要求。西德和以色列之间进行了交涉，但以色列拒绝妥协。西德政府进退两难，剩下的路只有一条，就是营救人质。西德政府暂时妥协，用客车把人质和恐怖分子一同运到直升机机场，再搭乘直升机飞到北约某空军基地。恐怖分子企图从空军基地乘大型飞机逃往埃及首都开罗，而西德政府则打算在空军基地解救人质。当时，西德还没有营救人质的特种部队，因此决定由警察来完成这一任务。

10 时 30 分，两架直升机到达空军基地。当恐怖分子准备从直升机向大型喷气式飞机转移时，西德警察采取了轻率的行动，开始向直升机中的恐怖分子射击。由于射击不准确，子弹没有穿透直升机挡风玻璃把恐怖分子击毙。得知自己遭到伏击，恐怖分子开始枪杀人质，并用手榴弹将人质乘坐的直升机炸毁，9名人质全部死亡。警察继续进攻，5名恐怖分子被射杀，3名被逮捕。

这一惨案震惊西德，也震惊世界。恐怖分子此次得手，随后劫机事件不断发生，煎熬着政府的脆弱神经。10月29日，西德又发生一起汉莎航空公司客机被劫事件，政府不得不按照劫机犯的要求释放了在押的犯人。

对接连面临恐怖事件而束手无策的西德政府来说，当务之急是成立一支反恐作战队伍。联邦边境警卫队勇敢地站出来。联邦边境警卫队是警察的一种，不属于军队但又接近军队，既可以完成作战任务，又可以避免盖世太保和德国特工等纳粹分子笼罩在人们心头的阴影。1973年4月17日，德国警察第9边境警卫队（GSG-9）成立，代号"捷豹"，用于应对严重的绑架、谋杀、劫持人质和骚扰事件，并保护国宾和德国政要。之所以部队序列为第9，是因为成立时，联邦警察已有第1—8边境警卫队。在组建过程中，英国特别空勤团给予了极大的帮助。与此同时，各州属警察特别行动突击队（SEK）也陆续问世，负责监视、缉捕或采取隐蔽行动来对付单个的恐怖分子。GSG-9和SEK建立起衔接支持关系。

（二）扬名世界

成立四年后，第9边境警卫队遇到严峻挑战，也迎来了扬名世界的机会。1977年9月5日，再次发生了令西德政府震惊的事件。德国"红军派"在科隆大街绑架产业雇员公司的董事长休利亚作人质，枪杀其4名保镖。他们要求德国政府释放其11名同伙。西德政府没有屈从"红军派"的威胁。过了一个月，为了给政府施加更大压力，恐怖分子又一次行动。10月13日，汉莎航空公司波音737第LH181次航班从地中海巴雷阿里克岛的帕尔玛飞往德国，机上有86名乘客，途中被4名恐怖分子劫持。劫机犯要求西德政府释放11名在押同伙。被劫航班先后在罗马、塞浦路斯岛、迪拜、亚丁降落，胁迫当地政府补给燃料后起飞，最终降落在索马里的摩加迪沙。期间劫机者枪杀了偷偷向外界报信的机长，将尸体扔出舱外。

索马里政府同意德国派第9边境警卫队在摩加迪沙着陆并采取行动，并为其提供极有价值的情报。机场已经完全置于索马里部队包围之下。最后时刻将至，形势非常严峻。劫机犯变得十分焦虑，有逐一杀死人质的可能。

17日晚8时，在夜幕掩护下，德国第9边境警卫队61名队员组成两个突击小组，在一名英国反恐怖专家协助下，悄然到达摩加迪沙机场跑道外距恐怖分子约200米的一个沙丘后面。18日凌晨2时左右，索马里部队在距被劫持飞机驾驶室100米处发射照明弹，照亮了整个夜空，可以清晰看到在驾驶室的2名劫机者。这是一个绝好机会！起码有2个劫机者离开了人质。GSG-9队员迅速攀上机翼，爆破飞机舷窗后把闪光手榴弹投入机舱内。说时迟，那时快，早已蹬在橡胶梯子上守候在机舱出入口的一组队员冲进机舱，另一小组也炸开安全出口进入机舱。数秒之内便结束了战斗，劫机犯3名被击毙，1名负重伤。整个行动仅用了1分46秒。

GSG-9终于洗刷了德国的耻辱，打掉了恐怖分子嚣张气焰。4—5天里整个世界屏息关注，此时终于可以长舒一口气。GSG-9这一行动威震世界，受到各国一致称赞。在此后的多次行动中，GSG-9又接连取得成功，逐渐成为一支世界闻名的特种部队。许多国家成立特种部队时，都派人到第9队学习实习，请求予以帮助，如日本、以色列。GSG-9已取代它的老师——英国皇家特别空勤团（SAS）成为各国特种部队的第一老师。

（三）组织编制

第9边境警卫队与总部一同驻在波恩附近的汉戈拉小镇，隶属于内务部，归内务部部长指挥。由1个指挥组、4个行动分队、1个专家组、3个技术组以及训练单位、后勤供应单位等组成。每个行动分队30—40人，总编制为200人。基本作战单位为特别行动小组，每组5人。不允许参与警察职责范围之外的军事行动。在国内的行动通常要向德意志联邦检察局申请,并须得到德意志联邦犯罪事务局的许可。如劫机等恐怖事件发生在国外,出动 GSG-9 必须有联合国的邀请或外交部长收到事件发生国政府的邀请,由主管 GSG-9 的内务部长提请总理做出决定。

第 9 边境警卫队队员主要来自联邦边防部队或正规警察部队服役一年以上的军人。他们平时身穿黑色制服,执行任务时则根据不同需要选穿防弹背心、防火服、弹簧靴,并以四角防弹帽代替贝雷帽。队员的制式武器主要是德国 HK 公司生产的 MP 系列 9 毫米冲锋枪和毛瑟 66 型精确步枪,所携枪支皆配有消音器。200 名成员每人都有标有自己名字的专用武器。携带的特种装备花样繁多,如微光夜视镜、特制手榴弹、微型手枪、催泪弹、微型高灵敏度无线电报话机、特种攀登装备、强光型"鹰眼"探照灯以及能穿透 300 毫米砖或高级防弹玻璃的高爆子弹等。

第 9 边境警卫队的训练在一座由高墙包围的模拟城市中进行,里面有住宅、高楼大厦、直升机,还有汽车和 3 架客机机体,这些物体都极易成为恐怖分子的目标。新队员入队后,要经过 22 周的专门训练,前 13 周主要着重法律、武器操作、空手道等基础训练,后 9 周则针对个人特点作严格的个人专业技术训练,以及一连串极其严苛的反恐怖行动测试和考验。GSG-9 成员首先被要求在任何情况下都能保持镇静,因此队员们经常接受心理学专家的帮助,学习应付各种极度紧张情况的本领。专业技术训练非常艰苦。每天训练 8—10 小时,在用简便午餐时才稍事休息。不时还要进行强化训练,训练时间延至 12 小时,进行体质、射击、模拟游击战等方面的磨练。执行任务前,必须进行周密研究。保护人的生命高于一切,是最高原则之一。在理论课教室的墙上贴着一句口号——为争取行动自由而奋斗,以此作为对所有成员的激励。

二、法国国家宪兵和国家警察所属特种部队

(一)国家宪兵干预队——"黑衣人"

德国慕尼黑奥运村恐怖事件发生后,一支专门从事反恐怖的部队——法国国家宪兵干预队（Groupe d'Intervention de la Gendarmerie Nationale GIGN），于 1973 年 11 月 3 日成立，创始人是具有传奇色彩的布鲁托中尉。他不但对犯罪心理学颇有研究，而且还是一名东方功夫高手，精通各种械具和徒手格斗。GIGN 负责重大反恐怖和制止重大犯罪如绑架、内乱等任务，行动宗旨是：凭借最先进的技术和最大的耐心闪电般地行动，实施搜索、干预、救援、威慑，及时反应恐怖威胁并尽可能使大众以及人质的风险降到最低。任务地域包括海外。由于执行任务时总是身着一身黑衣，又称"黑衣人"突击队。

最初时只有 15 名成员，后来慢慢增加到 1984 年的 48 人，1988 年的 57 人，2000 年的 87 人。现编制约 120 人，编为 1 个本部和 4 个突击队。第 1 队主要负责十五分钟快速出动执行反恐等任务，第 2 队负责逮捕重刑犯、罪犯押送与保护政要，第 3、4 队则负责每周与前两队轮班。还有谈判、沟通、破坏、情报、射击、警犬、特殊装备部门。宪兵干预队的一个重要支援部队是宪兵伞兵特勤连（EPIGN），可机动空降至情势紧急地区，进行反恐怖或打击重大犯罪行动。

队员从法国宪兵中选拔，大部分队员是训练有素的科西嘉人。选拔严格，录取率不到 7%。初选队员还要通过大约 3 周的智力、体力及心理测验，才能参加为期 10 个月的训练课程。内容包括：负重 130 千克在沙地或泥泞地行走，并要在规定时间内走完 9.6 千米的路程；在野外生存训练中，队员们被空投到人迹罕至的南美圭亚那的森林沼泽之中，空投到有毒蛇巨蟒栖息的地方，使他们处于孤独被困、饥寒交加、昼夜无眠的境地，感受野外生存的极度艰苦，忍受毒蛇、吸血蚂蝗的袭击，进行隐蔽、野炊和寻找食物的活动，克服常人难以想象的困难，才能得以生存。队员不但要熟练掌握自身装备武器，还要训练使用任何恐怖分子可能运用的武器。在射击训练中，要求队员在 5 秒内用自动手枪击中 25 米远的 6 个目标；用狙击步枪对 200 米以外的目标射击须达到 93% 的命中率。每个队员在一年的射击训练中要打掉 1.2 万发枪弹。训练中，最危险的莫过于称为"决斗"的 20 米距离手枪实弹对射，射击双方仅穿一件防弹背心，这就要求队员有相当高的射击技能，否则不是被击伤就是毙命。在空降突击训练方面，GIGN 队员除了在法国伞兵学校受训，同时每年还须搭乘空军或宪兵部队的运输机或直升机，实施至少 5 次的高空跳伞和至少 1 次携带全套潜水装具的海上跳伞训练。队员在完成了所有项目的训练并达到训练要求后，才能得到象征他们身份的黑腰带，成为一名真正的 GIGN 队员，在需要时奔赴世界任何地区执行任务。

GIGN 自创立以来已执行超过 1000 次任务，解救超过 500 位人质、逮捕超过 1000 名嫌疑犯，被誉为"凯旋门前的利剑"。有收获也有代价，共计有两名 GIGN 成员于执行任务时殉职、7 名队员于训练时丧命。

成功战例有：

1976 年 2 月 4 日晨，4 名持枪的索马里自由派恐怖分子，在吉布提劫持了法军基地的学生班车，车上有 30 余名学生。消息传到法国，极大地震惊了法国政府，遂决定派宪兵干预队前往营救。一支 9 人突击小分队乘飞机飞往吉布提，落地后迅速悄悄地包围了被劫持班车。经过 10 个小时难以忍受的潜伏和等待之后，终于等到了进攻机会：4 名恐怖分子都进入狙击手们的射击视野。随着指挥官开火命令，狙击手几乎同时扣动扳机，4 名恐怖分子应声倒地，人质安全得救。

1979 年援助沙特阿拉伯镇压麦加动乱。1979 年拯救在圣萨尔瓦多的法国大使馆遭挟持的外交官，1980 年在 Fesch Hostel 逮捕了 Corsican 的突击部队。

1988 年 4 月，在澳大利亚以东南太平洋喀黑多尼亚岛，卡纳克武装分子劫持了 27 名法国宪兵。5 月 4 日，20 名法国宪兵干预队成员飞到该岛，强攻扣押人质的山洞，交火 45 分钟，成功解救人质。

1994 年 8 月协助情报部门逮捕苏丹黑手党领袖卡洛斯，并成功将其押回国受审。同年 12 月 24 日，4 名劫机犯在阿尔及利亚首都阿尔及尔布迈丁国际机场劫持了一架法航 8969 号班机。法国政府判断，劫机犯孤注一掷，准备以身殉教，可能在飞往巴黎的上空引爆炸弹。于是决定在起飞前武力营救。26 日 17 时，20 名突击队员分乘 3 辆舷梯车，乘着夜色接近飞机前后门，闪电般打开舱门，鱼贯进入机舱，投掷了多枚强光、强声手榴弹，消灭了在驾驶舱内的 4 名劫机犯，172 名人质全部获救。

(二) 国家警察"黑豹"突击队

1985年10月23日,黑豹突击队(Re cherche Assistance Intervention Dissuasion,RAID)成立于巴黎,指挥权属内务部,现有警力近120人,全部从国家警察中选拔,平均年龄35岁,任务是研究、协助、干预和震慑恐怖分子,"遇到严重事件时,应使用特殊的技术与方式制服危险人物",行动的主要方式是与暴徒周旋、谈判或采取压制行动。黑豹突击队分为3个部门,分别为行动队、科研部门和谈判部门。行动队又分成4个小组,每个小组成员15人,配备10条警犬。科研部门分成情报组和技术组,每个小组成员为15人,主要任务是收集情报和独立研究、自行生产警用特种装备。谈判部门约20人,其中3名谈判专家(包括1名心理学家),4名医务人员。平时突击队员不住营区,随身携带呼机并配备警车,有紧急任务时1小时内赶到事发现场。在实施行动中,每人配备1支MP5长枪,30发子弹加一个弹匣,两支贝雷塔手枪,左肋和右胯各1支,15发子弹加一个弹匣。其他装备还包括防弹头盔、防弹背心和防弹盾牌、作战手套和护膝,以及若干战术手雷。RAID成员都在25岁以上,拥有5年以上优秀的警察工作经历。选拔RAID队员主要考核体能(游泳、跑步、健身)、搏击(柔道、拳击等)、攀登、射击、战术、合作能力。平时执行任务和训练的时间比是60%对40%,有时达到80%对20%,可见RAID队员任务之繁重。

(三) 国家警察干预队

"黑豹"突击队主要负责巴黎和巴黎近郊,国家警察干预队(groupes d'intervention de la Police nationale,GIPN)则负责外省勤务。遇有重大恐怖活动或者严重犯罪集团,也会调动GIPN去首都。国家警察干预队的历史比RAID更早,成立于1972年,当时的任务地域包括巴黎。1985年成立"黑豹"后,才有了现在的分工。

国家警察干预队安置在地区级的主要大型城市中,职责是参与并支持其他警务单位的任何可能有危险的任务,负责处置人质劫持、监狱暴乱以及恐怖主义袭击等。同时也负责护送重要目标人物、罪犯押送、庭审看护、作案现场重现等任务。共有 9 支干预队在外省、海外省（法国有 4 个本土以外的海外省和若干个海外领地）。在里昂和马赛，各有 24 名干预队员，在其他城市则配有 20 名。海外省队员人数在 14—16 人之间。GIPN 在干预领域的经验不仅享誉法国，还经常应邀到其他国家进行干预行动合作。

三、意大利"皮头套"突击队

1978 年意大利总理阿尔多·莫罗被恐怖组织"红色旅"杀害后，意大利宪兵组建中央特别行动保安队（NOCS）。初建时编员 170 人，平均年龄 23 岁，最大的不满 30 岁。同年，宪兵部队中的"特别干预小组"（GIS）100 名成员也合并到这支特种部队中，其中 50% 队员都是跳伞高手。经过合并，队伍实力大为增强。为了防止恐怖组织报复，队员们在执行任务时总是上穿茄克衫，下套饰有迷彩伪装的紧身军裤，头戴特别的头套，以神秘的面孔出现在公众面前，从队员到指挥官的姓名、相貌、住址、电话号码对外均绝对保密。外界将其称为"皮头套"突击队（GIS）。

自组建以来，"皮头套"突击队马不停蹄奔杀于反恐怖斗争的最前线，多次成功营救人质，立下赫赫战功。1980 年 11 月，仅用几分钟就平息了震惊全国的 Rain 监狱暴动。1982 年 1 约 28 日，恐怖组织"红色旅"绑架了北约南欧地面部队司令美国将军多齐尔，并将他关押在"人民监狱"位于宾德蒙大街 2 号一座 8 层公寓的底层，声称将对北约组织的刽子手进行"人民的审判"。42 天后，"皮头套"突击队迅捷地冲进"红色旅"关押多齐尔的房子，仅用 90 秒钟就救出将军，并活捉 4 名恐怖分子，为此获得美国政府颁发的英雄勋章，从此声名大振。

"皮头套"突击队隶属于意大利内务部的"侦察和特别行动中央办公室"，直接受命于政府总理、内务部长和国防部长。核心任务是专门对付国内和国际恐怖分子的劫机、绑架等恐怖活动，同时还是总统卫队的机动部队。基地设在意大利利沃诺市附近的阿尔登扎镇。

"皮头套"突击队队员来自现役宪兵部队。为了使反恐怖突击队具有超强的特殊战斗能力，足以与恐怖势力相抗衡，人员挑选与训练极其严格和残酷，至少40%的入选者在训练中被淘汰。突击队的日常强化训练在一个与世隔绝的小岛上进行。每个人都被训练成擒拿格斗高手，精通中国武术和日本柔道；个个都是神枪手，能娴熟地使用手枪、狙击步枪、火箭筒、定时炸弹、催泪弹等武器，并精通驾驶、潜水等技术。为了有效打击大城市中心部位的恐怖活动和监狱暴乱，他们还接受飞机紧急着陆和跳伞作战训练。突击队具有一流的机动能力，配备有运输车、直升机、运输机等装备。

四、奥地利宪兵"眼镜蛇"特种部队

世界闻名的特种部队之一，总部驻扎在维也纳新城市郊一个典型的西方风格尖顶建筑内，由一道马蹄形的围墙环绕，大门口可看到部队徽记——盘着眼镜蛇的利剑。"眼镜蛇"的前身是1973年5月成立的奥地利政府反恐大队（GMBV），主要任务是处理暗杀、劫持人质、劫机事件，保护奥地利政要以及来奥地利的外国政要的人身安全。此外，还负责由奥地利飞往政治"敏感地区"的奥地利本国飞机的安全。70年代后期，奥地利境内接连发生数起恐怖袭击事件，严峻的形势迫使政府加大对恐怖主义的打击力度，在原反恐大队的基础上，于1978年6月组建了奥地利宪兵特种部队（GEK）"眼镜蛇"，由奥地利内务部直接领导。1981年"眼镜蛇"特种部队开始负责保卫奥地利总理的安全，并为从奥地利出境的客机护航。1996年奥地利内务部长直接指挥"眼镜蛇"特种部队，粉碎了恐怖分子劫持一架俄罗斯客机的阴谋。2002年7月再度扩编，下设4个支队，即干部和保障支队、作战支队、新队员培训支队和技术支队，人数增加到300人以上。"眼镜蛇"作战支队平时由80名最优秀队员分为4个小组，昼夜3班轮流执勤，每个小组在值勤12天后

便可以连续休息 4 天，这 4 天时间他们可以自由支配。其他队员则作为预备队在原地继续训练，每月进行一次测试，成绩优秀者可以补入执勤队伍。"眼镜蛇"特警部队主要装备有 AU 突击步枪、"格洛克"手枪、作战迷彩、特殊头盔、防弹衣、微型对讲机、夜视仪、各式爆破器材以及装甲运兵车和直升机等。组建以来，成功参加过多次解救人质、阻止劫机等行动，队员无一人伤亡。

"眼镜蛇"部队选拔队员极为严格。需具有两年以上警龄，身高在 1.68 米以上，年龄在 20—35 岁之间。选拔考试的第一关是严格的体检，接下来由特警部队反恐专家进行面试，主要考察应试者的心理素质，反应灵敏度及智力水平。通过者还要再接受两个环节的考察：一是为期 6 个月的短期特警强化训练；二是为期两年的反恐专业技术训练。只有前一环节成绩优异者才能参加后一环节训练。两年后极少数成绩突出者才可以正式加入"眼镜蛇"部队。

五、比利时安特卫普警察特别干预队

在比利时国家警察中，安特卫普警察特别干预队（ESI）世界驰名。安特卫普是比利时第二大城市，西欧航海业的一大门户，又是闻名于世的钻石交易中心，因此，在吸引大批淘金者的同时，也吸引着形形色色的犯罪团伙。安特卫普处于欧洲心脏地带，港口设施良好，交通便捷，因此成为毒品交易的主要通道，很多毒品都是通过安特卫普流入欧洲。1972 年慕尼黑奥运会惨案后，欧洲各国都感到了恐怖主义的压力。比利时政府意识到，仅靠现有警察力量难以应付日益复杂的安全局势，有必要建立专门的应对力量。1980 年，安特卫普警察特遣队正式成立，隶属于安特卫普市警察局，主要执行制止暴力犯罪、解救人质、水上缉私、打击非法军火交易和毒品交易、打击贩卖人口等突击作战任务。其中，打击毒品交易的任务量最大。

安特卫普警察特遣队仅有 16 人，"麻雀虽小、五脏俱全"，设有狙击、战术、人质营救等战斗小组。在风险突击中，通常以 4 人小组展开行动。安特卫普特遣队是欧洲少数几支能够执行水上任务的都市警察战术部队，队员熟悉城市的每寸下水道，对各种进出安特卫普港的各类船只了如指掌，可以成功突击那些被怀疑贩运毒品进入比利时的船只。由于规模相对较小，特遣队在执行高度危险的逮捕任务时需要巡逻警官的支持。特遣队编有一名训练有素的军医，用于确保受伤队员得到迅速治疗，并保证其度过最初15分钟的生命危险期。军医的存在给队员以极大的信心和镇定。

特遣队拥有独特的职业规范和熟练技术，可与欧洲各反恐精英部队相匹敌。队员来自安特卫普市警察部队中服役5年以上表现良好的志愿人员，其中许多人曾经是比利时皇家军队中的伞兵。队员入队都要经过包括各种体力和心理测试的强化训练。队员配备的主要武器是德国生产的MP5系列9mm冲锋枪，这种武器是近距离和在充满建筑物的地区交火的理想武器。大多数军官配备格洛克19式9mm自动手枪，也有些军官配备警用11.43mm转轮手枪。特遣队还配备有美制雷明顿12.7mm霰弹枪，可用于突击和防御双重用途。

六、葡萄牙特种警察部队

特种警察部队（GOE）创立于1982年，在与恐怖主义组织进行的30多年斗争中，积累了宝贵的作战经验，被认为是欧洲装备最精良、训练最专业、经验最丰富的反恐部队之一。部队由100多名训练有素、经验丰富的人员组成，总部设在葡萄牙首都里斯本郊外，直接听命于国家警察部部长。特种警察部队包括3个行动队，一个由通信专家、爆破专家和强攻手组成的科技小组和一个训练小组。为了工作与战斗的需要，每个单元又被打散成4至5人的小分队，混合作战，以适应各种战术需要。

从1982年创立以来，GOE一直活跃于葡萄牙，在打击各种暴力犯罪和处置恐怖事件过程中发挥重要作用。有时也被部署在海外。作为葡萄牙安全保卫和反恐活动的主要武装警察力量，GOE承担以下职责：

(1) 参加反恐怖作战行动，参与人质营救行动和打击劫机与绑架等极端犯罪行为（包括在飞机、轮船、大厦、公共汽车或客运列车里营救人质）。(2) 与其他警察力量和政府机构共同打击恐怖事件和犯罪组织（包括参与极具危险的搜寻和抓捕毒贩行动）。(3) 支持其他执法机构进行大规模执勤保卫行动。(4) 支援要员保护行动。(5) 帮助保护葡萄牙驻国外的大使馆和外交使团。(6) 负责组织葡萄牙公民从世界各地战争前沿和灾难地区撤退。(7) 为当地和外国营救组织提供专业培训。GOE 是葡萄牙打击恐怖主义最重要的一支力量，是葡萄牙政府的杀手锏，当其他手段都确认无效的情况下，GOE 才被派去处置最糟糕的情况。GOE 在许多国际行动中，如民主刚果、安哥拉、克罗地亚和几内亚首都比绍等地的行动中都发挥了重要的作用，成为葡萄牙警方的一把利剑。

执行任务时，GOE 特种警察部队给予地方警察机构以必要的支持，各地警察机构则为特种警察部队提供所需各类装备、包括直升机和各类交通工具。GOE 与欧洲其他反恐精英部队建立了联系。与之经常往来的欧洲精英部队有：英国特别空勤团（SAS）、西班牙国家警察人质营救小组（GEO）、德国第 9 边境警卫队（GSG-9）、荷兰的"反恐怖别动队"（BBE）和比利时安特卫普特警（ESI）。面对越来越猖獗的国际恐怖活动，这些世界上公认的反恐怖精英力量聚集在一起，交流信息，相互学习借鉴，增强了国际社会打击恐怖主义的信心。

特种警察在葡萄牙警察中享受最高待遇，同时也执行最危险任务。他们是葡萄牙热血青年心目中的偶像，能跻身其中是最值得骄傲的事情。然而，要成为 GOE 的一员并非易事，GOE 招收新成员的条件极为苛刻。不直接从民间招收新队员，而是从警察队伍中选拔，参加者完全出于自愿。申请加入者必须通过考核委员会严格的体格检查、体能测试和心理素质测验。心理素质过硬、思维敏捷、意志坚强，并且愿意为国家献身的人，才有资格进入这支队伍。

通过测试的人员要进行为期 7—9 个月的基础训练。这些训练科目专门为打击恶性刑事犯罪和恐怖活动的实战需要而设计，包括高强度的体能训练（特别强调擒拿格斗和贴身战等搏击能力）、战术行动训练、射击训练、攀爬与绳索速降、防爆排爆、潜水、重要人物保持程序、搜捕程序、驾驶各种车辆、搭载直升机的快速抵离能力训练、强攻能力、室内近距离进攻战术、渗透侦察与潜伏伪装、人质解救练习等等。近乎残酷的基础训练后，合格者被安排进行动小分队，继续接受作战训练，以保持高水准的战斗力，应对突如其来的各类恐怖事件。GOE 的训练科目针对威胁葡萄牙全国的各类恐怖事件，挑选典型事例，进行模拟实战演习。训练场景往往被安排在真实的地点或区域，常常要与各地警察机构合作攻关。在模拟打击犯罪和恐怖分子的过程中，新队员有机会在空中和地面进行真实的反恐行动，而且可以与遍布全国各地的警察密切协作。这一切都为其日后执勤奠定了基础。

七、俄罗斯"阿尔法"、"信号旗"和"栗色贝雷帽"部队

（一）联邦安全局"阿尔法"特种部队

1973 年一架雅克-40 型客机在伏努科沃机场遭到 4 名武装歹徒劫持，机上旅客全部被绑架，苏联国内委员会和内务部联手采取紧急行动才解救了人质。这一事件在苏联国内造成了巨大震荡，引起了领导层的高度重视。当时正准备 1980 年的莫斯科奥运会，慕尼黑奥运的恐怖主义事件和 1973 年的劫机事件使苏联领导人意识到：为了预防慕尼黑奥运会类似的恐怖事件发生，同时也为了应付国内已经出现的恐怖主义苗头，必须建立一支训练有素，并可以在国内外随时随地用于打击恐怖主义的特种部队。"阿尔法"和"信号旗"特种部队应运而生。作为俄联邦安全局反恐行动的两把利剑，"阿尔法"与"信号旗"两支部队各有分工："阿尔法"主要在境内从事反恐活动，与恐怖主义和以劫持人质、运输工具为手段的其他极端主义行动进行斗争；"信号旗"则在境外专门执行特别任务并对驻外机构目标实施安全警戒。

"阿尔法"（Alpha）1974 年 7 月 29 日在原苏联克格勃主席安德罗波夫的倡议下组建。1985 年之前，它只听命于苏共中央总书记和克格

勃主席本人。1991年正式命名为"阿尔法"小组，隶属于国家安全委员会第七局。最初只有40人，由受过特种训练和身体素质适于到空降兵服役的克格勃工作人员补充，主要任务是在苏联境内或国外执行反恐、反劫持人质和劫持交通工具等极端行为。到苏联解体前，该小分队有500名军官。苏联解体后，"阿尔法"被编入俄联邦警卫总局。1993年"十月事件"中，"阿尔法"拒绝执行总统攻打议会大楼的命令。1995年8月，叶利钦下令将"阿尔法"编入联邦安全总局。1998年，普京担任联邦安全总局局长后，将"阿尔法"和"信号旗"等特种分队置于该局反恐中心的领导之下，成为执行反恐任务的核心力量。当时国家安全委员会给"阿尔法"小组下达死命令：要在极短的期限内组成胜任任何任务的特种部队，并且决不能逊色于德国第9边境警卫队或美国三角洲特种部队。

在此后20余年的成长历程中，"阿尔法"小组参与数十次战斗，屡屡大显身手，立下显赫战功，成为世人瞩目的一支反恐怖利剑。1979年7月28日，一名恐怖分子身藏爆炸装置，潜入美国驻苏联大使馆，要求美方外交人员护送他离境，否则就要引爆爆炸装置同归于尽。"阿尔法"小组奉命采取果断行动，迅速制服了恐怖分子，没有发生任何伤亡。"阿尔法"小组干脆利落的首次行动给人们留下了深刻的印象。1979年12月27日，苏联对近邻山国阿富汗采取大规模军事行动，实施突然袭击。当夜，奉命调赴战场的"阿尔法"小组参加了强攻阿明宫的激烈战斗。在兄弟特种部队的配合下，"阿尔法"小组以迅雷不及掩耳之势夺占了戒备森严的阿富汗总理府，生擒阿富汗革命委员会主席兼政府总理阿明。"阿尔法"小组第一次真正经受了一场"战斗洗礼"，充分展示了其独特的战斗能力，但也首次付出了牺牲9名队员的惨重代价。

1981年，在萨拉普尔市，"阿尔法"小组制服了2名携带冲锋枪将25名中学生扣为人质的恐怖分子，在整个战斗中，孩子们没有一人受到伤害。1983年，在格鲁吉亚加盟共和国首都第比利斯，恐怖分子扣押了一架图154型客机上的57名旅客，"阿尔法"小组适时采取行动，再次在毫无伤亡的情况下解救全部人质。3年后，在乌法市，"阿尔法"小组又实施了一次类似战斗行动，2名恐怖分子一人被击毙，另一人被击伤，所有人质毫发未损。1988年，在矿水城，几名武装歹徒劫持一辆大轿车，绑架了车上32名乘客（31个小学生和1位女教师）。"阿尔法"小组迅速赶到出事地点，通过无线电台与匪徒们进行了一天一夜的艰苦谈判，最终迫使匪徒们自动放下武器，释放了全部人质。1995年，在不到1分钟的时间内，"阿尔法"突击队员以闪电般的行动顺利解决了莫斯科红场劫持人质案；2002年，莫斯科轴承厂文化宫800多名观众、演员被车臣非法武装分子扣为人质，震惊世界。"阿尔法"特种部队在极短时间内成功解救出被劫持的数百名人质，从而名声大震。

目前，"阿尔法"在莫斯科部署250人，编有狙击手、爆破专家和通信专家等。在克拉斯诺达尔、叶卡捷琳堡和哈巴罗夫斯克还各部署有一个小分队。日常任务是处理劫机、劫船、劫持其他运输工具以及爆炸等恐怖袭击事件。"阿尔法"隶属于联邦安全总局。这支特殊作战部队的独特之处在于：政治上具有绝对的可靠性；经过特别挑选和严格的基础训练和专业训练；直接隶属于最高行政当局；创建目的是准备参与任何级别的冲突和战争。

（二）联邦安全局"信号旗"特种部队

"阿尔法"特种部队勇夺阿富汗首府阿明宫的成功，使苏联领导人感到有必要建立一支专门执行境外特种作战任务的部队。1981年8月19日"信号旗"特种部队正式组建，由攻打阿明宫的英雄、海军少将埃瓦尔德·科兹洛夫负责指挥。1982年第一批"信号旗"队员训练结束后，在阿富汗接受了战斗洗礼。该部队平时承担国内任务：侦察和寻找国家战略目标的弱点，经常以"突袭"的方式，检查核电站、核武器制造中心、核潜艇基地警卫部队的应变能力。苏联解体前后，"信号旗"队员被派往巴库、埃里温、纳希切万、卡拉巴赫、阿布哈兹、德耶斯特河沿岸、车臣和莫斯科等所有热点地区执行特殊任务。到1991年初，"信号旗"特种部队已发展到1200多人，其中90%是军官，士兵和准尉只在保障分队里服役。1991年底，"信号旗"被俄联邦接管，编入俄联邦安全部。1993年，又转隶总统安全局，其任务变为：清除核设施的恐怖分子，打击贩毒和非法武装团伙。在1993年的"十月事件"中，"信号旗"因拒绝执行总统攻打"白宫"的命令而被肢解，一部分转隶内务部、紧急情况部和联邦安全总局反侦察局，另一部分被编入联邦对外情报总局。1995年8月，俄总统颁布命令，召集原"信号旗"队员，补充新组建的联邦安全总局反恐中心。1998年，隶属于联邦对外情报总局的"信号旗"小分队也转隶联邦安全总局，与"阿尔法"小分队一起编在特勤中心之下。和平时期，"信号旗"主要用来处理核恐怖突发事件，清除俄罗斯核设施的恐怖分子。临战和战时的任务正好相反，主要用来摧毁敌方领土上的核电站、带核弹头的导弹以及其他核设施。此外，"信号旗"部队也可执行非核反恐任务，如在车臣进行的反恐行动。

"信号旗"队员的选拔十分严格，政治上合格，绝对忠于祖国，效忠国内最高领导人，具有优秀的业务素质、身体素质和心理素质，熟悉任务对象国的风土人情。"信号旗"首批队员从"天顶"和"瀑布"特种部队中挑选，以后主要从国家安全机关、空降兵、边防军、中级军事院校优秀毕业学员中遴选。年龄限制在22—27岁之间，一般从15—20个候选人中选一个。另一个重要条件是外语能力，候选人要懂两门外语，其中一门精通，另一门外语应能借助词典翻译书面材料。

在战绩方面，"信号旗"尚未取得像"阿尔法"那样的声名。在2004年9月1日，别斯兰第一中学被车臣恐怖分子所占领，俄政府派出"信号旗"特种部队包围了学校，试图解救被围困的平民和学生，3天后在无奈的情况下强攻，导致7名队员阵亡。这是"信号旗"组建以来伤亡最大的一次行动。事件在9月3日结束，有326名人质死亡。

（三）内务部"栗色贝雷帽"特种作战部队

为确保1980年莫斯科奥运会的安全，苏联政府1978年下令在内卫部队捷尔任斯基师组建特种教导连，1989年12月扩编为特种教导营，1991年底组建为特种大队，命名为"勇士"。此后几年，"俄罗斯人"、

"罗斯"、"罗西奇"、"斯基弗"等多支特种部队相继建立，仿照西德的GSG-9防暴部队和美国的"三角洲"部队样式建设，遍布俄罗斯主要城市，总规模约2500人。以处理本地区危机事件、打击叛乱、维护边境安全和反恐为主要任务。个别特种作战部队，如"勇士"等，参与国内重大反恐任务，成为国家反恐特种部队之一，常用作"阿尔法"、"信号旗"的支援、后备力量。以下是部分编制单位：

第1特种作战部队（勇士）和第8特种部队（罗斯），驻扎在莫斯科；第7特种作战部队（罗西奇特种部队），驻扎在罗斯托夫州新切尔卡斯克市；第12特种作战部队（乌拉尔特种部队），驻扎在斯维尔德洛夫斯克州下塔吉尔市；第15特种作战部队（维亚梯奇特种部队），驻扎在克拉斯诺达尔边疆区阿尔马维尔市；第17特种作战部队（雪绒花特种部队），驻扎在斯塔夫罗波尔边疆区矿水城；第19特种作战部队（叶尔马克特种部队），驻扎在新西伯利亚州新西伯利亚市；第21特种作战部队（台风特种部队），驻扎在哈巴罗夫斯克边疆区伯力市；第23特种作战部队（屏障特种部队），驻扎在车里雅宾斯克州车里雅宾斯克市；第25特种作战部队（水星特种部队），驻扎在斯摩棱斯克州斯摩棱斯克市；第26特种作战部队（酒吧特种部队），驻扎在鞑靼斯坦共和国喀山市；第27特种作战部队（库兹巴斯特种部队），驻扎在克麦罗沃州克麦罗沃市；第28特种作战部队（战士特种部队），驻扎在阿尔汉格尔斯克州阿尔汉格尔斯克市；第29特种作战部队（布拉特特种部队），驻扎在巴什科尔托斯坦共和国乌法市；第33特种作战部队（重燃特种部队），驻扎在莫斯科州的莫斯科市；第34特种作战部队，驻扎在车臣共和国的格罗兹尼。

内务部特种作战部队训练严格甚至残酷，1993年5月31日颁布《内卫官兵获得"栗色贝雷帽"称号专业考试条例》，"栗色贝雷帽"成为代表俄罗斯特种部队最高职业水准的标志。在通过残酷考验之后，最出色的特种兵得到最高奖赏，即他们望眼欲穿的"栗色贝雷帽"。在授奖仪式上，通过考试的军人单膝跪地，从头上取下原来的绿色贝雷帽，然后深情地亲吻得来不易的"栗色贝雷帽"。起身之后，他们将宣誓：

"为祖国服务！为特种部队服务！"。除了内卫部队特种部队成员之外，内务部下属的其他一些精英部队，如莫斯科内务总局特警队、执法总局"火炬"特警队和个别快速反应部队、特警队成员也可以参加"栗色贝雷帽"考试。

八、荷兰反恐怖别动队

反恐怖别动队（BBE）成立于1974年，正式番号为皇家海军陆战队第11步兵连，行政事务归国防部管辖，行动受司法和内务部指挥。主要任务是解救在突发性恐怖事件中被扣押的人质。在国内多次反恐怖行动中取得令人满意的战果。1977年5月，德萨特和博芬斯米尔德两个地区同时发生恐怖事件，BBE同时对两个地区的不同目标进行攻击，组织严密，战绩辉煌。

BBE战术精湛，装备专业精良，能在核生化条件下作战，具备陆空两栖复杂地形长途投送撤离和高空秘密渗入能力，擅长建筑物、船舶、公共交通工具等城市目标反恐作战任务。下辖两个排，每排30人，加上后勤人员，共计约80人。第1排为警戒排，负责警戒任务，对任何突发事件迅速作出反应；第2排为训练值班排，负责新兵征募、最新突击技术运用实验、先进技术培训、输送后备人员等，平时也同样处于警戒状态。两排兵员实行定期轮换。BBE装备精良，重型装备有各种军用、民用车辆，如装甲运兵车，海军的"大山猫"直升机等；轻型武器有冲锋枪、各式手枪和用于远距离射击的步枪等。此外还装备有各种闪光弹、手榴弹、防毒面具、防弹服等。

BBE从海军陆战队中征召人员，经一系列心理、身体考验后，合格者再经过16周的基础训练，然后正式加入值班排。之后，还要进行为期32周的先进科目训练。BBE训练水平极高，根据本国火车及水上设施较多且易为恐怖分子栖身或作案的特点，BBE重点进行攻击火车和海上目标的训练。

九、西班牙国家警察人质营救小组

国家警察人质营救小组（GEO）成立于 20 世纪 70 年代。直属于国家警察，主要任务是打击恐怖组织和暴力犯罪组织、打击有组织犯罪、协助配合其他执法部门执行抓捕和解救、协助其他执法部门进行大型活动的安保工作、保护西班牙政要和外国元首高官、保护西班牙驻外使馆的安全、镇压监狱暴乱等。总部位于马德里东部约 50 公里处的瓜达拉哈拉，下辖 3 个 30 人的作战行动组，1 个 10 人训练组、1 个 10 人技术测试组和 1 个支援单位。30 人的行动组分为更小的作战单元。至今已参加了数百次反恐怖作战行动。1991 年逮捕试图在警察汽车上安装炸弹的埃塔成员；1992 年逮捕试图在巴塞罗那奥运会上实施恐怖活动的埃塔成员；1995 年逮捕企图在马略卡岛刺杀胡安·卡洛斯国王的埃塔成员；2001 年逮捕在西班牙一个城市实施汽车爆炸事件的埃塔成员；2003 年以后部署驻阿富汗使馆进行警卫任务。随着形势的发展，GEO 的任务已不限于对付恐怖组织，还要与许多犯罪集团的亡命徒们进行战斗。

GEO 是欧洲公认的一支老牌特种警察部队，其训练和装备水平世界一流。总部附近的卡斯蒂利安平原设有大规模训练中心。在那里，队员们针对任何可能出现的情况进行训练，演练各种强行进入建筑的技巧，从建筑物顶部快速攀绳而下或是破窗而入。队员自豪地说：西班牙没有一处建筑物是他们不能进入的。GEO 还定期在全国各大机场训练如何从被劫持的航班上营救人质，或是在铁路站点训练从火车上解救人质。定期演练突袭被劫持的公共汽车以及往返于北非与西班牙的渡轮。所有训练都是实弹演练，让队员们体验枪械的危险，掌握其习性。

GEO 对新成员选拔严格，加入 GEO 的申请者必须拥有西班牙警官身份，并参加过警局的行动任务。选拔时要检查候选人的身体状况和精神状态，进行广泛的个人调查，确认申请者加入 GEO 的理由和动机。新成员入选后，进入为期 7 个月的基础训练。训练强度大而严格，学习掌握与恐怖分子作战的各种技能。训练课程包括：高强度体能训练（重点是军事体能和近身格斗）、战术行动训练、特种射击训练、狙击训练、攀爬和索降训练、爆破操作训练、潜水训练、特种驾驶训练、直升机机降训练、破门突入训练以及反劫持人质训练。顺利通过基础训练阶段以后，候选人正式加入 GEO 的一个行动小组，在那里继续进行日常训练，以保持高水平的备战状态。GEO 也会定期和欧洲其他国家的警方特种部队进行联合训练交流。

如同世界上大多数国家的特警部队，GEO 的主要武器是 HK MP5 冲锋枪。还装备有 FN P90 5.7 毫米单兵自卫武器、HK33 SG1 5.56 毫米突击步枪、SIG551-SWAT 5.56 毫米突击步枪、西格-绍尔 P226 手枪等，用于近距离的城市遭遇战和贵宾保护任务。除了枪支，配备有大量特种装备和电子装备，标准用具包括防弹头盔、防火装具、战术背心、防弹衣、防毒面具、高级通信系统、照明和眩晕弹、潜水装具、爆炸和破坏用具以及夜视仪和侦察仪器。GEO 还配备有各种载具，包括福特蒙迪欧公务车、标致406轿车以及西班牙制造的 URO 悍马，URO 悍马底盘改装的攀登突击车（MARS）。另外还有梅塞德斯—奔驰卡车以及宝马 K100 摩托车。在实施水上行动时，GEO 还装备有硬底壳冲锋舟。GEO 的空中运输由国家警察机构的警用直升机负责保障，可以随时将 GEO 运往全国任何一个事发地区。

十、捷克国家警察快速反应行动队

欧洲大陆训练有素、装备精良的警察快速反应部队之一。总部和主要训练设施都设在首都布拉格。由100名身怀绝技的队员组成。行动队分为3个突击小队，人员分为突击手和强攻手。另有一支25人组成的特种服务部，人员分为狙击手、通信专家、资料员、人质解救谈判员；一个行政后勤部，人员分为秘书、司机和法律顾问。

快速反应行动队入队条件是曾在国内警队或警察局工作，一直忠于职守。一年一度的选拔测试在布拉格总部进行。整个测试难度大、要求严。历时7天的艰难越野训练，是专门为检测应试人员在极大压力下的勇气、毅力、耐力以及在复杂情况下的应变能力而设计。越野训练结束后，应试者参加面试，阐述参加行动队的理由和动机。通过测试后的人员要接受两个月的基础训练，训练内容既精又严，是专门为对付刑事犯罪和恐怖活动的实战需要而设计的。包括体能训练（擒拿格斗和贴身战等）和战术训练（射击、攀登、排爆、救助、解救人质；模拟在飞机、建筑物、汽车、火车及地铁中的实战、对重要人物的保卫以及搜捕程序等）。基础训练结束后，合格者才能加入突击队，入队后还要继续接受4个月的训练，才能最终成为快速反应行动队的正式队员，并准予参加行动队的行动。

十一、日本特种武装警察和警察特种突袭部队

1977年9月，恐怖组织日本赤军在孟加拉国达卡劫持了日本航空公司的客机，由于事先没有处置该类突发事件的任何经验，日本政府非常被动，被迫答应恐怖分子提出的释放在押6名赤军成员并提供16亿日元的要求。一个国家政府向恐怖分子屈服，使日本政府在世界上丢尽脸面，也招来国内一片嘘声。事后，日本政府接受教训，迅速于1977年在东京警视厅和大阪府警察本部内，按照美国、德国、英国等国特种部队样式秘密组建特种部队。最初组建的特种部队被称为"特种武装警察"（SAP, Special Armed Police），有两个分队：东京SAP隶属于东京都警视厅第6机动队，编制序列为第7中队，所以一般被称为"七中队"，中队长为警部，中队下设3个小队，每个小队由20名队员组成，都是25周岁以下的单身男警官；大阪府警察本部的特种部队被称为"零中队"，隶属于大阪府警察本部第2机动队，下设2个小队，小队编制基本同东京SAP相当，驻扎于大阪国际机场附近，以便随时出动处置突发状况。成立初期，SAP派遣队员到德国第9边境警卫队研习，并持续至今。1995年之前只有警察系统内部极少数人知道这两支部队的存在。1995年6月21日，全日空857号波音747客机由东京国际机场飞往函馆机场，途中被东洋信托银行的一名前职员九津见文雄劫持。机上共有365名乘

客。劫机者要求释放被关押的奥姆真理教的一名头目。16个小时后，日本警方向劫机者发起攻击，SAP奉命出动，成功登机救人，所有乘客安然获救。此时日本政府才对外公开承认SAP的存在。

1996年，日本政府为加强反恐作战能力，将SAP正式更名为特种突袭部队（Special Assault Team，SAT）。2000年，警视厅SAT编列为警备部第一课特殊部队，由9个机动队组成，分别负责东京市不同地区。2001年，大阪府的SAT编列为警备部警备课特殊部队。SAT施行三班轮流值班制度，保证有一个小队随时处于待命状态。突击队一般情况下的勤务状态为：训练、待机、休息，其勤务环境较普通警察要苛刻得多。

十二、印度国家安全卫队——"黑猫"突击队

印度准军事力量中的特种部队分别隶属于不同的政府部门，包括内务部控制的国家安全卫队、内阁控制的内阁特种部队以及反间谍机构领导的特种边境部队。其中以国家安全卫队独立执行反恐任务较多、战绩显著而闻名世界。

国家安全卫队（NSG）是在1984年"金庙事件"（1984年6月2日，印度总理英迪拉·甘地宣布出兵旁遮普邦，占领了锡克教金庙。此举加剧了政府与锡克教徒的矛盾，10月英迪拉·甘地被锡克教卫兵刺杀身亡）之后组建。由于队员身着黑色制服，行踪隐蔽敏捷，被称为"黑猫"突击队，是亚洲精锐特种部队之一。总指挥库马曾说："它出动、攻击、完成任务后静悄悄返回，就像神秘的查克那斩掉魔鬼的头后回到克利须那神的手指上。"

1986年4月30日，组建不久的"黑猫"突击队首度亮相，在代号为"黑色响雷I"的行动中以迅雷不及掩耳之势突击了被锡克族极端分子盘踞的"金庙"。突击队员的迅捷表现给印度政府官员留下深刻印象。

1988年5月12日，近千名锡克族武装分子聚集在阿姆利则"金庙"准备起事，1000名"黑猫"突击队奉命包围了"金庙"，执行代号为"黑色响雷II"的反恐怖突击行动。他们分成两个行动小组：狙击小组携

带配有夜视仪的"科赫"PSG-1狙击步枪，抢占制高点，包括一座高达150米的灯塔，支援小组则封锁了"金庙"四周所有通道。15日突击队向"金庙"发起突袭，先用机枪和火箭弹在神庙的光塔上打开几个洞，然后向里面投射催泪弹。当队员们发现武装人员已经弃守灯塔之后，立即改用炸药炸开通往神庙地下室的通道。到5月18日，在突击队员凶猛攻势下，锡克族武装分子举白旗投降。"黑猫"突击队打死30名恐怖分子，仅以两名队员负伤的代价取得了重大胜利。此战让"黑猫"突击队一举成名。

1994年4月24日至25日，"黑猫"突击队在阿姆利则机场执行代号为"阿什万米达"的反劫机行动。突击队员闪电般登上遭劫持的印度航空公司波音737客机。劫机犯来不及做出任何反应即被击毙，机上的141名乘客、机组成员和参战突击队员无一受伤。此次反劫机行动被列入世界各国反恐怖部队的教材。

1998年10月，"黑猫"突击队行动小组在印空军米-25/35武装直升机的掩护下，对印控克什米尔深山老林中的武装分子实施清剿行动。在直升机火力攻击之后，这些突击队员凭借仅有的一点补给，在丛林中连续作战四天四夜。这种战术非常成功，类似的行动此后不断持续。

1999年7月15日，恐怖分子袭击了印军的一个营地，当场打死3名军官和一名军官妻子，将12名官兵锁在一个屋子里扣为人质，并且与武装警察进行了长达30小时的对峙。"黑猫"突击队接到命令后星夜赶到现场。凌晨5时，突击队发起进攻，救出了12名人质。

1999年8月21日，德里警方在对被捕的三名恐怖分子进行审讯后得知，另有两名恐怖分子正躲藏在北方邦一幢一层的房子里。警方考虑到两名武装恐怖分子非常危险，于是向"黑猫"突击队求助。"黑猫"突击队立即派出作战小组，在交火中突击队员将两名恐怖分子击毙。

2002年9月25日，印度古吉拉特邦一建筑内，上演了一幕惊心动魄的恐怖与反恐怖的较量。"黑猫"特种部队全歼武装恐怖分子，成功营救近百名人质，自己仅牺牲一人。

2008年11月26日晚间到27日凌晨，全副武装的恐怖分子枪手接连袭击孟买繁忙的贾特拉帕蒂·希瓦吉车站、马哈拉施特拉邦警察总部、两处五星级饭店（泰姬玛哈饭店和奥贝罗伊饭店）、一处知名餐厅等10处地点。泰姬玛哈酒店内连续发生了6起爆炸，酒店顶部被炸开，浓烟滚滚，哥特式的拱形窗里喷出熊熊火焰，有包括7名外国人在内的15人被带往酒店顶层作为人质。至29日，孟买恐怖袭击中的死亡人数已升至195人，另有295人受伤，一度数百人沦为人质。一个自称"德干—圣战军"的组织宣称对此事件负责。印度总理辛格发表全国电视讲话称，这是一起有预谋、有外国势力参与的针对印度的恐怖袭击，国际社会也在第一时间对此恐怖事件表示强烈谴责。印度政府迅速组织力量清剿恐怖分子。经过26日夜至27日的激战，军警基本肃清了在孟买各处活动的袭击者，只剩下挟持人质在泰姬玛哈饭店、奥贝罗伊饭店和犹太人活动中心"加巴德大屋"据守的袭击者。28日中午，头戴黑色钢盔、身穿黑色服装、手持德制MP-5式冲锋枪的"黑猫"部队和海军陆战队突击部队，参与进攻泰姬玛哈饭店和奥贝罗伊饭店的行动。同时，"黑猫"突击队还参与围攻加巴德大屋的行动，20—30名突击队员搭乘俄制米-17型直升机到达"加巴德大屋"上空，鉴于恐怖分子持有AK47式自动步枪等进攻性武器，直升机不得不以较大悬停高度索降队员，以躲避各个角落和各个方向可能飞来的子弹，最后攻入"加巴德大屋"。7名恐怖分子被击毙，其余被捕获。有十几名人质被害。"黑猫"突击队在此次任务中暴露出一些问题，如出击不及时，与情报机构协调不够，在袭击者控制大量人质的情况下贸然开火，危及人质生命安全等。

"黑猫"部队平时驻扎在距印度首都新德里60千米的哈里亚纳邦马内沙村，司令部设在新德里中央政府办公区内。初期直接听命于内阁秘书处，后交内务部指挥。兵力约7500人，分为特别行动大队和特别突击大队。前者是精锐力量，其成员全部由陆军抽调，主要肩负营救人质、反劫机以及要员保卫等任务，编制200人；后者则从边境保安部队、中央后备警察部队等准军事部队中抽调，负责对特别行动大队提供支持。

该部队成员平时身穿黑色粗布制服、头戴栗色贝雷帽（栗色是印度伞兵的标志），行动时以5人小组为基本作战单位，4个小组编为一队，通常由一名上尉军官任队长。

鉴于"黑猫"突击队的特别作用，其任务也越来越广泛。2000年2月，印度政府决定在特定航线上，为每个航班配备两名"黑猫"突击队队员。这些突击队员化装成普通的乘客，配备有致命但破坏力不强的武器，以阻止劫机事件重演。"黑猫"突击小组常驻印度8大敏感机场，分布在印巴交界和印度东北部地区。这一决定是为了缩短"黑猫"突击队对劫机事件的反应时间。"黑猫"突击队现在还肩负着要员和超级要员的安全保卫。印度政府有19名要员享受"黑猫"突击队队员全天候24小时保护的待遇。他们还常被外国政府聘为安全保卫顾问，在中东国家尤其活跃。

"黑猫"突击队训练严格。基础训练在距离新德里50千米处的曼尼萨训练中心进行，时间90天。只有成功完成全部课程，才能正式加入国家安全卫队，进行更加专门的训练。淘汰率高达50%至70%。"训练队员的唯一目标是：一击中的，绝不给第二次机会！特别是在人质与恐怖分子混杂的情况下，根本不容你开第二枪"。为了培训队员的射击技能，训练中心投资1000万卢比建立了一个电子作战射击靶场。射击场共分为11个区，长400米，任何一名队员都必须在6分钟30秒内通过射击场，并且准确击中29个目标。

"黑猫"突击队员的主要装备有MP－5型冲锋枪、SSG－69式狙击步枪、夜视装备、催泪弹等防暴器材和生物传感器等尖端侦察探测装备。由于"黑猫"部队有许多的工作需要在夜色掩护下实行，所以装备了美制AN/PVS－7夜视镜和AN/PVS－4夜间瞄准镜。其他装备还有无线电和卫星通讯仪器、微光夜视镜或前视红外线、激光测距仪、全球卫星定位系统等。水上作战时"黑猫"部队使用F－470橡皮艇（可乘载7名人员）和11米长的玻璃纤维特种战斗艇，供高速海岸袭击。为了取代一般的水肺装具，"黑猫"部队使用封闭循环系统，不会留下气泡。

尽管"黑猫"部队是印度一支精锐部队，也还存在很多不足。刚成立时直属总理指挥，后来划拨内务部，有向一般准军事部队下滑的趋势。承担了过多任务，比如说重要人物的保镖等，影响部队的专业化水平。驻扎新德里，地处印度西北部，飞往印度西南部的孟买需要3至4个小时，无法迅速投入打击袭击者的行动，是孟买事件处置不及时的重要原因。在武器装备水平上，与欧洲特种部队相比，也存在一定差距。

十三、阿根廷宪兵特别行动组——"黑色终结者"

20世纪七八十年代，阿根廷也遭到恐怖主义的波及，普通警察难以有效打击恐怖主义，无奈之下，政府决定成立专门部队予以应对。一支是"人质解救及反恐怖"特种部队，是城市警察的一部分，由内务部直接指挥。主要负责在城市内打击恐怖主义活动，解救人质和保护政要，同时保护海外使领馆，负责与世界各国反恐怖组织联络。另外一支反恐精锐力量是特别行动组"SFE"，是国家警察（即宪兵）的一部分，成立于1986年，隶属于阿根廷国家宪兵司令部，活动区域遍及全国各个地区，用于打击恐怖主义。其队员在行动时着黑色战斗服，因此得名"黑色终结者"。特别行动组采取小组编制，60名队员被分为两个战斗分队，每个分队又分两个小组，每个小组再分为两个突击小队。成立以来，参加了多次反恐行动，从未有败绩。

特别行动组面向阿根廷各警察部队选拔队员，选拔条件是：裸眼视力在1.5以上，智商不低于150，在警察部队服役5年以上且无不良记录，有带小分队作战的经验。满足以上条件者还须接受一系列心理和体能测试，测试合格者将被送往国家警察特别行动组训练基地接受为期6个月的集中训练，训练科目包括1000米游泳，负重40千克长途急行军，在规定时间内翻越障碍以及其他基本技能。

与大多数反恐怖部队一样，特别行动组对队员的心理素质要求极严。有的队员虽然在入队筛选时通过了心理测试，但随着训练压力的不断增大可能变得脾气暴躁、心理脆弱。如果不能及时调整情绪，该队员会被指挥官毫不留情地强制退役。"必须消除一切可能导致灾难性事故的隐患。无论怎样，不能让一个随时会发作的疯子留在队里。"一位指挥官如是说。

除以上闻名遐迩的特种部队以外，还有一些特种部队也在本国发挥着至关重要的治安作用，如：多哥警察特别任务小组 SDU、摩洛哥国家警察特别干预队 GIGN、瑞士警察特别行动队 EMPO、哥伦比亚国家警察特种作战部队 GOES、智利国家警察特种作战部队 GOPE 等。

全球准军事力量简表

	亚洲
阿富汗	国家警察部队13.6万人，属内务部。其中边境警察部队1.2万人。
阿拉伯联合酋长国	公安部队；海岸警卫队，隶属内务部，装备海岸巡逻艇、快速巡逻艇约50余艘。
阿曼	宪兵1500人；部族国土卫队4000人，每100人编为一队；海岸警察卫队400人，装备有近海巡逻艇、巡逻快艇、巡逻艇等船只50余艘；空中警察联队，装备有轻型运输机、运输直升机约10架。
阿塞拜疆	边境警卫队2500人，隶属内务部，装备步兵战车、装甲输送车和巡逻艇等，负责保卫边境安全；内卫部队（国民警卫队）5000至1万人，负责国内安全。
巴基斯坦	国民警卫队1994年建立，隶属国防部，18.5万人；边境警卫队6.5万人，隶属于内务部，编有11个团（40个营），独立装甲车中队1个，装备装甲输送车40余辆；巴基斯坦别动队（属内务部）4万人；北方轻骑部队1.2万人；海岸警卫队2000人，装备驱逐舰、快艇若干艘；海岸警卫队巡逻快艇20余艘。
巴勒斯坦	安全部队5.6万人。其中民事警察部队9000人，民防联队1000人，总统安全卫队3000人，特种部队1200人，安全预警部队数万人。
巴林	国民警卫队2000人，下辖3个营；海岸警卫队260人，隶属于内务部，装备有快速巡逻艇、巡逻艇、通用登陆艇、后勤辅助船等共50余艘。
不丹	王室卫队正式组建于1961年，主要负责王室成员的安全保卫工作。王室警察，1965年成立，用于维护社会治安，担负边界警卫和消防任务。
朝鲜	安全部队18.9万人，隶属人民保安部，包括岸防部队、公共安全部队，编制序列为旅、营、连、排，装备轻武器、迫击炮和高射炮。另有人民内务部队，负责朝鲜主要建设项目的施工和管理。

续表

亚洲	
菲律宾	国家警察部队1991年组建，4.05万人，隶属内务与地方政府部，编有15个地区司令部、73个省级司令部、230余个连，装备飞机5架。海岸警卫队3500人，装备有巡逻艇65艘、轻型飞机3架。国民警卫队6万人，编有56个营。
格鲁吉亚	内卫部队6300人；边防部队5400人，内含海岸警卫队，装备近岸巡逻艇11艘；国民警卫队1500人，为预备役人员。
哈萨克斯坦	边防部队1.2万人，隶属内务部，包括海岸警卫队3000人，基地设在阿克图、鲍底诺（里海），装备近海巡逻艇、直升机等。内务部队2万人；总统卫队2000人；政府卫队500人。
韩国	海洋警备安全本部海上警察4500人，装备有大中小型巡逻艇近百艘、直升机约10架；警察厅战斗警察数万人。
吉尔吉斯斯坦	边防部队3000人，编为6个边防总队；1个内卫特警团；国民警卫队1991年建立，履行保护宪法制度、保护国家和战略目标、打击恐怖主义的职责，目前约3000人，下辖若干旅，其中1个伞兵旅，1个独立警备旅。
柬埔寨	宪兵和警察部队6.7万，分别隶属国防部和警察总监；民兵游击队10万人，以连为单位编成，民兵每年服役3—6个月。
卡塔尔	国家警察部队2500人，负责内地和边境安全；海上警察，装备有导弹巡逻艇、巡逻艇10余艘；海岸警卫队，编成1个导弹连，装备反舰导弹。
科威特	国民警卫队6600人，编有1个装甲营、1个特种兵营、3个国民警卫营、1个军事警察营，装备装甲侦察车20辆，装备输送车90余辆；海岸警卫队500人，装备江河巡逻艇、海岸巡逻艇、通用巡逻艇、两栖通用登陆艇等船只60余艘。
老挝	民兵自卫队10万人，以村为单位组织的地方防卫力量，包括各村"家园守卫队"和地方民兵。除了正规的制服警察，还有警察部队，隶属内务部。
黎巴嫩	内部安全部队约2万人，用于防护重要目标，维持内部秩序，编有1支警察部队，1支准军事护卫队，装备装甲输送车60余辆。海关，装备近岸巡逻艇7艘。民防部队2.3万人，包括事故救援部队、消防部队等。陆军和内务部混成边境部队，约1000人，用于保障边境安全。

续表

亚洲	
马来西亚	警察作战部队1.8万人，编为5个旅，装备装甲车辆约100辆，装甲输送车170余辆。海上警察2100人，装备近岸巡逻艇100余艘。地区安全部队4500人。边境侦察部队（边防军）1200人。
马尔代夫	国家安全部队约2000人，履行海陆空军、警察、海上巡逻队等多重职责，总统任总司令。2006年更名为"国防部队"，性质未变。
蒙古	边防部队5000人，内卫部队1200人，建筑部队1500人，民防部队500人。
孟加拉	孟加拉步枪队3.8万人，属于边防部队性质，编为40余个营。武装警察5000人，其中驻扎在9个重点地区的部队承担一般群体性事件处置任务，无法控制时交武警快速反应部队；快速反应部队拥有直升机装备，承担处置恐怖主义和重大突发事件任务。"安萨尔"（安全部队）2万人。海岸警卫队910人。
缅甸	人民警察部队9万余，包括边防警察部队，隶属内务部。宪兵3.5万人。
尼泊尔	武装警察1.5万人，成立于2001年10月，隶属内务部，平行于警察总局，接受警察总局的业务领导。主要职责是协助民事警察维持法律和秩序，镇压叛乱和恐怖行动，执行维和任务。
日本	海上保安厅1.2万人。警察特种突袭部队数千人。
塞浦路斯	国民警卫队建于1964年，1.08万人。武装警察部队3000人，编有机械化快速反应分队1个（350人），装备装甲输送车2辆，运输机1架，直升机2架。海事警察250人。
沙特阿拉伯	国民警卫队10万人，包括现役7.5万人，部族部队2.5万人。边防部队1.05万人，隶属内务部，司令部设于利雅得，下辖9个地区司令部，编有若干海上巡逻、边防、防卫、岸防部队，装备攻击直升机、支援直升机20余架。海岸警卫队4500人，装备各型舰船350余艘。特种安全部队500人，装备装甲输送车若干辆。工业安全部队，9000人以上。
斯里兰卡	国防部所属警察6.06万人，国民警卫队（辅助志愿队）1.5万人，地方卫队1.3万人。

续表

亚洲	
塔吉克斯坦	内卫部队3800人，编成1个独立旅，1个特种作战旅，2个特种大队（山地狙击兵和山地滑雪兵），装备10辆坦克，14辆步兵战车，22辆装甲输送车，2架米-8直升机。国民警卫队5000人，直接隶属总统，编成3个营和总统卫队（1个快速反应旅，约1200人），负责保卫总统和其他国家高级官员。紧急情况部队2500人，承担保卫与吉尔吉斯和乌兹别克斯坦的边境线的任务。边防部队2万人，隶属国家安全委员会，编成2个旅，全部集中在阿富汗边境，装备运输机和直升机若干架。安全部下属"阿尔法"特种大队，不少于100人。
泰国	"猎勇"部队2万人，属非正规志愿部队，编为27个团，约200个连。海上警察2200人，装备沿岸巡逻护卫舰2艘，近岸巡逻护卫舰3艘，港湾巡逻艇57艘（小于100吨）。警察航空队500人，装备飞机20架、直升机50余架。边境巡逻警察4.1万人，1953年成立，守卫边境，缉私禁毒和搜集情报。府属警察特别行动队约500人。
土耳其	宪兵14万人，分为地区宪兵部队（守备部队）、边防宪兵部队、海军巡逻队和特种作战部队四个部分。国民警卫队1万余人，编有3个机械化步兵旅、5个步兵旅。海岸警卫队3250人，装备近岸巡逻艇106艘、CN-235型运输机3架、AB-412EP型直升机8架。
土库曼斯坦	边防部队约1万人，内务部队数千人，国民警卫队千余人，海岸巡逻队装备海岸巡逻艇10艘。
文莱	廓尔喀后备役部队400—500人，编成2个轻型步兵营；皇家警察1750人，装备有巡逻艇10艘，并包括一个特种武器与战术部队。
乌兹别克斯坦	内务部所属安全部队1.9万人。国防部所属国民警卫队1000人，旅级编制，1992年1月建立，负责保护战略基地和设施。
新加坡	警察部队国民服役警察数千人，包括廓尔喀警卫营1800人，海岸警卫队约2000人（装备有巡逻艇40艘，另有小艇60艘）。民防部队8.4万人。
叙利亚	宪兵8000人，隶属内务部。人民保卫军，分正式部队、游击队和民兵，其中正式部队数万人。

续表

	亚洲
亚美尼亚	内卫部队2500人，隶属内务部，编为4个营；边防部队5000人，隶属国家安全部，装备步战车35辆，作战—侦察车3辆、装甲输送车23辆等。
也门	内务部部队5万人，部落征集队2万人。另有海岸警卫队1200人，配备快速巡逻艇4艘、10艘巡逻艇。
伊拉克	安全部队和警察部队共30.2万人；边防保卫部队6万人；机构保护服务局9.5万人；能源警察3万人。
伊朗	宪兵4万人，包括边境警察，配备飞机2架，直升机20余架，巡逻艇90艘。
以色列	边防警察8000人，海岸警备队50人。各地区警察特别巡逻队。
印度	130万人。其中隶属内务部的有阿萨姆步枪队6.4万人，边境警卫队23万人，中央工业安全部队9.5万人，中央后备警察部队22.97万，印藏边境警察3.63万人，特种安全部队3000人，铁路安全部队7万人。隶属国防部的有海岸警卫队9550人，国防安全警卫队3.1万人，国家步枪队6.5万人。隶属内阁秘书处的有国家安全卫队7400人，特种边境部队1万人。各邦武装警察45万人。
印度尼西亚	国家警察17.7万人（现役），其中快速旅约1.2万人。海上警察1.4万人。
约旦	公共安全部队（旅）1万人，隶属内务部，装备轻型坦克若干辆，装甲车20余辆，装甲输送车30余辆。人民军3.5万人。
越南	武装公安部队约50万人。边防部队4万人。海上警察数万人。公安部机动警察部队，6个机动警察团。
	非洲
阿尔及利亚	宪兵2万人。国家安全部队1.6万人，隶属国家安全局，装备轻武器。共和国卫队1200人，装备装甲侦察车。海岸警卫队约500人，装备各型巡逻艇15艘。国民防卫部队（乡镇卫队、合法防卫组织等）约15万人。
埃及	中央安全部队32.5万人，装备有各型装甲输送车110余辆。国民警卫队6万人，编为8个准军事旅（各辖3个准军事营），装备轮式装甲输送车250辆。边境警卫队2万人，包括18个边境警卫团，装备各种轻武器。海岸警卫队2000人，装备巡逻艇舰艇80艘。
埃塞俄比亚	安全部队1—2万人，包括人民保卫队、革命保卫队、人民保安队，分别负责城市、农村警务和政治保卫。

续表

	非洲
安哥拉	快速反应警察部队 1 万人。
贝宁	宪兵 2500 人，内辖 4 个机动连。1977 年 5 月后也称安全部队。
博茨瓦纳	机动警察部队 1500 人，编为边防连。
布基纳法索	宪兵 4200 人，安全部队 250 人。
布隆迪	宪兵 5500 人，下辖 16 个边防区和 1 个后勤保障中队；国家安全部队约 1000 人；水警 50 人，装备有鱼雷艇和坦克登陆艇。
赤道几内亚	国民警卫队 2 个连；海岸警卫队，装备巡逻艇 1 艘。
多哥	宪兵 1800 人，隶属内务部，编为两个分区，编有一个机动中队。国民警卫队，负责港口铁路等警务及消防。
厄立特里亚	不详。
佛得角	海岸警卫队 100 人，装备海岸巡逻艇、快速巡逻艇等共 5 艘。
冈比亚	国民警卫队，成立于 1997 年 8 月，负责打击走私贩毒等，有 100 人；警察部队成立于 1992 年 2 约，包括警察和宪兵，共 1000 余人。
刚果（布）	宪兵 2000 人，编为 20 个连。总统卫队 1 个营。国家人民自卫队数千人。
刚果（金）	国家警察，包括快速反应防暴警察；民防武装；宪兵，1972 年组建。
吉布提	国家安全部队与警察部队于 1995 年合并后称国家警察部队，约 1000 人，负责治安、边检、司法、消防等。宪兵 1999 年从军队分离，约 700 人，负责打击刑事犯罪和保卫重要人物。
几内亚	宪兵 1000 人，共和国卫队 1600 人。
几内亚比绍	宪兵 2000 人。
加纳	宪兵数千人。
加蓬	宪兵 2000 人，编为 3 个旅和 2 个装甲中队；警察部队 2500 人。
津巴布韦	警察部队 1.95 万人，下辖特种部队、航空联队；警察支援部队 2300 人，装备河岸巡逻艇数艘。
喀麦隆	宪兵 9000 人，编为 3 个地区支援团，另辖共和国卫队。
科摩罗	宪兵和警察部队，装备有 6 架飞机。
科特迪瓦	共和国卫队（总统卫队）1350 人，装备装甲运输车数辆。宪兵 7600 人，装备轮式装甲运兵车。

续表

	非洲
肯尼亚	警备队，3000 人；海上警察队、装备海岸巡逻艇及小艇 10 余艘；警察航空团，装备运输机 7 架、直升机 3 架。
莱索托	骑警队、机动警察，主要应对突发事件。
利比里亚	海岸警卫队 50 人，装备飞机 10 架。
利比亚	海关、海岸警卫队属海军编制。
卢旺达	国家警察 2000 人。
马达加斯加	宪兵 8100 人，海上宪兵装备近岸巡逻艇 5 艘。
马拉维	机动警察部队 1500 人，装备装甲侦察车数辆，运输机、直升机数架。
马里	宪兵 1800 人，编为 8 个连；共和国卫队 2000 人；国家警察 1000 人。
毛里求斯	无正规部队。编有特种机动部队 1500 人；海岸警卫队 500 人；空中警察直升机部队，装备 2 架直升机。
毛里塔尼亚	宪兵 3000 人，编成 6 个地区安全大队。国民警卫队 2000 人，海关装备有海岸巡逻艇 2 艘。
摩洛哥	皇家宪兵队 2 万人，编为 1 个海岸警卫大队，1 个伞兵旅（4 个机动队）、1 个飞行中队，装备巡逻艇 20 艘，运输机 2 架，直升机 20 余架。军队辅助队 3 万人，含 0.5 万人的快速反应部队。海岸警卫队装备近岸巡逻艇、巡逻快艇、搜救艇 40 余艘。
莫桑比克	不详。
纳米比亚	警察特种部队 6000 人，包括边防警卫队和特别行动队。
南非	安全部队包括国防军和警察部队，其中警察部队 13.8 万人。
南苏丹	不详。
尼日尔	宪兵 1600 人，负责社会治安和执行特别任务；共和国卫队、总统卫队 2500 人，负责国家军政要员、国家机关、机场、电台等要害部门的安全保卫工作。
尼日利亚	海岸警卫队（港口治安警察）2000 人，隶属海军，装备 60 艘小艇和气垫船。安全与民防部队，装备装甲输送车 70 辆，运输机数架，直升机数架，隶属内务部。骑警队，1961 年成立，负责边境巡逻，协助海关打击走私。
塞拉利昂	特种警察部队，2500 人。
塞内加尔	国家宪兵 5000 人，总统卫队 500 人，装备装甲输送车 10 余辆。海关装备海岸巡逻艇数艘。

续表

	非洲
塞舌尔	国民警卫队1000人,海岸警卫队300人,航空分队50人,总统卫队50人。另有快速反应部队,也称特警队,用于平息暴乱和在城市巡逻。
圣多美和普林西比	总统卫队160人,武装民兵1个营。
斯威士兰	警察机动部队、王室卫队数百人。
苏丹	边境警卫队,共和国警卫队,海关警卫队。全民防御组织(民防部队)2万人,以营为建制单位,每营1000人。
索马里	宪兵1500人,执行机动防暴警察使命。海岸警卫队350人,装备巡逻艇26艘。
坦桑尼亚	警察作战部队(快速机动部队)1400人,隶属内务部,编有18个下属单位,包括航空联队和海事部队100人,装备运输机、直升机数架,海岸巡逻艇若干艘。国民勤务队4000人,成立于1963年,受国防部和国防军双重领导。
突尼斯	宪兵,1957年建立,现称国家保安队,1.2万人,隶属内务部。队员具有宪兵身份,任务是完成宪法秩序的保护任务,打击恐怖主义。其中编有特种部队。
乌干达	边防部队600人,仅装备轻武器;航空警察队800人,装备直升机数架;海军陆战队400人,装备江河巡逻艇8艘;警察特别行动大队,由以色列教官训练,用于防暴和边防巡逻,每小队50人组成。
赞比亚	机动警察部队700人,编成1个营4个连;国民勤务队8000人。
乍得	共和国卫队5000人,宪兵4500人。
中非	宪兵2000人,编成8个旅,3个地区军团。
	欧洲
阿尔巴尼亚	安全部队(宪兵)1个营,主要城镇驻有排级单位。首都地拉那驻"特别警察"1个营。边防部队500人,隶属公共安全部。海岸警卫队受海上部队(旅)指挥。
爱尔兰	皇家保安队,在各地设18个地区分局,按郡建制划分。
爱沙尼亚	边境警卫队2600人,隶属内务部,编为1个团,3个救援连和飞行部队(装备各型巡逻机20架,包括巡逻战斗机、水陆两用飞机、运输直升机等)。海上边防部队(基地设在塔林,装备巡逻艇、飞机、直升机等)。志愿防卫联盟,隶属国防部,8000人。

续表

欧洲	
奥地利	宪兵1万人。
白俄罗斯	内卫部队1.2万人，属内务部管辖；边防部队1.1万人，属国家边防总局管辖。
保加利亚	内务部边防卫队1.2万人，辖12个团，装备海岸巡逻艇20艘；安全警察4000人；铁道兵部队1.8万人。
比利时	宪兵1.5万人，属国家警察编制。
冰岛	海岸警卫队130人。特警部队。
波兰	边境警卫队1.47万人（宪兵），隶属内务部，编为地区总部11个，训练中心2个和海上警卫队（1550人，装备有海岸巡逻艇6艘、沿海巡逻艇6艘）。防暴警察（警察预备队）7300人，属内务部。
波斯尼亚和黑塞哥维那	不详。
丹麦	陆军国民警卫队4.08万人，海军国民警卫队4500人。
德国	联邦警察边境警卫队（也称内务部安全部队）2.41万人，编为9个大队。海岸警卫队550人，装备有海岸巡逻艇15艘。
俄罗斯	50余万人。其中边防部队16万人，包括海岸警卫队；国家内卫部队20余万人；联邦（特种）安全部队4000人；联邦警卫部队2万人；联邦通信和情报部队5.5万人；紧急情况部民防部队2万人；各大中城市的警察特别机动队。2016年组建国民警卫队，在原内卫部队基础上扩建。
法国	国家宪兵10.4万人，主要装备有轻型坦克30辆、装甲输送车150余辆、火炮近200门、巡逻舰艇40余艘、运输直升机30余架。共和国治安部队，9个团、60个大队、15000人，作为全国治安机动部队，负责重大治安事件处置。此外，各省市公共安全警察机动巡逻队，也具有准军事化性质。2016年组建国民警卫队，约8万人规模，为志愿性治安力量。
芬兰	边境警卫队2800人，由内务部管辖，下辖4个边防警卫区，2个海岸警卫区，1个海岸巡逻中队，装备装甲战斗车辆、飞机、直升机、巡逻艇等。赫尔辛基编设机动警察部队。
荷兰	皇家宪兵5900人。
黑山	内务部队6000人，特警分队4100人。
捷克	边防部队3000人，安全部队100人。

续表

欧洲	
克罗地亚	武装警察部队3000人。海岸警卫队隶属海军，编为2个师，驻普利特总部1个师，驻普拉1个师，装备巡逻艇和训练船数艘。
拉脱维亚	边境警卫队3200人，隶属内务部，旅级编制，辖7个营，配备芬兰产巡逻艇3艘。国民警卫队数千人。
立陶宛	边境警卫队4000人，隶属内务部；武装联盟（步枪射手协会）7500人；海岸警卫队540人，装备巡逻艇3艘，多用气垫船1艘。
卢森堡	宪兵队600人。
罗马尼亚	边境警卫队2.29万人，隶属内务部，设地区总队9个，海上分遣队3个，装备装甲输送车、突击火炮、榴弹炮、迫击炮、沿海巡逻艇等；宪兵部队（又称国民警卫队）5.7万人。
马耳他	武装力量总人数2300人，其中正规军1600人，其余为准军事力量。
马其顿	武装警察5000人，编有两个特警分队，装备装甲输送车数辆、直升机数架。
摩尔多瓦	国家警察2300人，防暴警察900人，内务部管辖。
挪威	国民警卫队平时500人，战时动员可达4.6万人。其中地面国民卫队4.2万人，海上国民卫队1900人，空中国民卫队1450人。海岸警卫队装备各型舰船14艘，飞机20架。
葡萄牙	国家共和卫队（宪兵）2.61万人，装备有装甲输送车和飞机；公共安全警察2.16万人。
瑞典	海岸警卫队800人，编有1个两栖作战旅和1个营，装备有海岸巡逻艇40艘，支线飞机10余架；国民警卫队成立于1946年，编制40个营，约2.2万人。
瑞士	民防部队8万人。瑞士武装部队为民兵现役部队，退出现役后自动转为民防役。
塞尔维亚	宪兵数百人，平时隶属内务部，战时归武装部队使用。
塞浦路斯	武装警察500人，编有1个快速反应分队，装备有轮式装甲输送车、多用途直升机。海上警察250人，装备巡逻快艇和巡逻艇。
斯洛伐克	内卫部队1400人，民防部队1200人。

续表

欧洲	
斯洛文尼亚	武装警察4500人，装备巡逻快艇1艘、各型直升机2架、轻型运输机4架。
乌克兰	2012年时，内卫部队3.99万人，辖4个地区性部队、1个摩托化部队，装备装甲战斗车、固定翼飞机、直升机等；边防部队4.5万人，辖6个巡逻旅，1个海军陆战中队、4个运输中队等，配备装甲战斗车辆200余辆、巡逻艇30艘；国民卫队9500余人，辖4个独立旅，4个独立团；海岸警卫队1.4万人；民防部队9500人。2014年政府更迭，军事体制变化剧烈。
西班牙	国民警卫队（宪兵性质）8万人，包括海上国民警卫队760人。
希腊	海岸警卫队4000人，装备巡逻艇130艘，运输飞机4架。国民警卫队3.3万人，辖1个步兵师、1个伞兵团、8个炮兵营、4个空降营、1个航空营。公安警察和港警数千人。宪兵数千人。
匈牙利	边防部队1.2万人，隶属内务部，兼负内陆和边境治安，编成11个边防区和1个布达佩斯防区（辖7个快速反应分队），装备轻武器和装甲输送车68辆。
意大利	宪兵10.67万人。财政警察6.8万，属财政部，编有14个区，20个团，128个大队，装备有P-166-DL3型飞机5架，直升机80架，巡逻艇160多艘，其中海岸巡逻艇39艘。安全警察部队7.9万人，属内务部，编有11个机动分队，装备装甲输送车40辆，P-68型飞机5架，直升机41架。港口控制部队（海岸警卫队）1.13万，装备舰艇130余艘，飞机10余架。
英国	陆军所属国土警备队4600人，具有准军事力量性质，其中北爱尔兰4200人，直布罗陀海峡350人，法兰克岛60人。伦敦警察厅特别巡逻队、地方各警察局的警务支持分队。皇家海岸警卫队拥有少量船只、五架固定翼飞机和七架直升机。
美洲	
阿根廷	宪兵1.8万人，设5个地区司令部，装备装甲输送车90辆，各型飞机10余架。海岸警卫1.3万人，装备巡逻艇、辅助船共约30余艘，各型飞机10余架。警察防暴部队，1700人。
安提瓜和巴布拉	海岸警卫队、警察部队。
巴巴多斯	警察部队，设3个地区分布，另设一支机动队和一支骑警分队；海岸警卫队100人，1974年成立。

续表

美洲	
巴哈马	海岸警卫队860人,包括70名女队员,是巴哈马唯一的武装力量。
巴拉圭	安全部队(特种警察部队)1.48万人。
巴拿马	1994年议会修正宪法,以公共安全部队取代国防军。包括:国家警察部队1.1万人,编为18个警察连,1个宪兵营,1个总统警卫营,1个特种作战分队,1个伞兵连;国民海上力量600人,装备各型巡逻艇40余艘;国民航空力量400人装备飞机约40架。
巴西	宪兵39.5万人,由陆军领导。公共安全部队,抽调宪兵、警察临时组成。
秘鲁	国家安全警察2.1万人,边防部队1000人,海岸警卫队1000人。"隆德斯"(农民自卫军)2000个分队,装备轻武器。国民警卫队,设5个警区,警区下辖指挥部。
玻利维亚	国家警察3.11万人,编有9个旅,2个快速反应团,27个边防分队。缉毒警察6000人。原宪兵5000人编入国家警察。
伯利兹	国家警察部队数百人。
多米尼加	国家警察部队1.5万人。
厄瓜多尔	武装警察3.95万人,装备轻型运输机、直升机数架。海岸警卫队500人,装备巡逻艇20余艘。
哥伦比亚	国家警察部队13.6万人,装备固定翼飞机28架,直升机146架。国家警察中含宪兵3.75万人。
哥斯达黎加	国民警卫队5000人,包括城市警卫队3000人和地方警卫队2000人。边境安全警察2000人,编有边防司令部2个,辖边防营7个,反暴营2个。
格林纳达	无正规军,1983年建立起一支英式警察部队,约600人。
古巴	国家安全部队2万人,边境警卫队6500人,装备近岸巡逻艇、小艇等,均归内务部领导。另外,劳动青年军7万人,民防部队5万人,归陆军领导;建筑部队1500人。
圭亚那	1500人,分为多支部队,如民兵防务部队、国民勤务部队、骑警队等。
海地	国家警察部队5300人,海岸警卫队数百人。
洪都拉斯	公共安全部队8000人,受公共安全部和国防部领导,编有11个地区指挥部。

续表

美洲	
加拿大	海岸警卫队9350人,装备小型舰艇近百艘,直升机约30架。渔业海洋部队4650人,装备90艘船艇。皇家骑警队1.8万人。警察战术部队。
美国	国民警卫队46.7万人,海岸警卫队4.5万人,各城市警察中的特种武器与战术分队。
墨西哥	联邦防暴警察1.4万人,隶属内务部,按军队方式编组,约30余个营,内有防暴营、摩托化机动营。装备运输机10余架,直升机30余架。民防民兵1.8万。
尼加拉瓜	不详
萨尔瓦多	国家警察1.2万人,装备飞机和直升机数架。国民警卫队4000人,设5个地方指挥部和14个独立连,在农村地区执行警务。
圣克里斯托弗和尼维斯联邦	特别战术警察部队。
圣卢西亚	没有国防军,有一支约1000人的皇家警察部队和海岸警卫队。
圣文森特和格林纳丁斯	没有正规军队,有一支500人的警察部队和海岸警卫队,负责国家安全防务。
苏里南	国民民兵900人。
特立尼达和多巴哥	海岸警卫队1000人,属于国防军,装备有20艘海岸巡逻艇,设有5个海军基地。准军事警察部队4800人。
危地马拉	国家警察1.9万人,其中警察快速行动队负责处置暴乱和各种突发事件。陆军所辖快速宪兵队,承担乡村警务,预防和镇压暴乱,打击盗匪。
委内瑞拉	国民警卫队2.3万人,编有8个地区司令部和海岸警卫队,装备有装甲输送车40余辆,迫击炮50门,巡逻艇30余艘,各型飞机、直升机70余架。
乌拉圭	首都警备队,450人;共和国卫队,1000人;海岸警察局海警队,1600人,负责海域和可航行湖泊、河流治安。
牙买加	海岸警卫队190人,装备海岸巡逻艇11艘,设有海军基地3个。国家内务警卫队,组建于1973年,用于处置突发事件。

续表

美洲	
智利	宪兵4.4万人，隶属国防部，分13个大区，39个分区，装备装甲输送车、迫击炮、固定翼飞机、直升机等。海岸警卫队有近海巡逻艇40余艘，归属海军。
大洋洲	
澳大利亚	海关总局配备海上侦察机14架、搜索救援机1架、直升机2架、小船10艘。各州警局设有特工队。
巴布亚新几内亚	不详。
斐济	安全部队正式警员1200人，还有后备队和一支800人的特别警察队作为补充。
新西兰	武装骑警队、警察反恐部队等数百人。

参考文献

1. 军事科学院《世界军事年鉴》编辑部．世界 2012 军事年鉴 (2012、2013)．北京：解放军出版社，2013、2014.

2. The International Institute For Strategic Studies. The Military Balance2002/2003. London：Oxford University Press. 2002.

3. （英）伦敦国际战略研究所．军事力量对比．北京：国防大学出版社，1999.

4. 宋万年，宋占生．外国警察百科全书．北京：中国人民公安大学出版社，2000.

5. 朱建敏等．世界警察大全．北京：警官教育出版社，1992.

6. 程勇．美国军事术语解读词典．合肥：中国科学技术大学出版社，2016.

7. 国防大学战略教研部．世界各国军事力量手册．北京：解放军出版社，2006.

8. 各国军事力量_ 中国战略网 www.chinaiiss.com.

9. 世界热点国家军事实力扫描（电子资源 DVD）．北京：中国人民解放军音像出版社，2014.

10. （台北）宪兵学校作战研究发展室．各国宪兵制度简介．台北：宪兵学校编印，2006（中华民国 95 年）．

11. （美）阿尔文·托夫勒．战争与反战争．北京：中信出版社，2007.

12. （荷）格劳秀斯著；何勤华等译．战争与和平法．上海：上海人民出版社，2005.

13. 何家弘主编．中外司法体制研究．北京：中国检察出版社，2004.

14. （荷兰）C·德·罗威尔．服务与保护——适用于警察和安全部队的人权和人道主义法．北京：中国社会科学出版社，2000.

15. （美）彼得·卡赞斯坦著；李小华译．文化规范与国家安全．北京：新华出版社，2002.

16. （美）马修·戴弗雷姆．警务全球化：国际警务合作的历史基础．南京：南京出版社，2013.

17. （英）鲍林，（英）谢普蒂基．全球警务机制研究．北京：法律出版社，2014.

18. （澳）大卫·迪克逊．警务中的法则：法律法规与警察实践．南京：南京出版社，2013.

19. （法）国家警察干预队著；马力译．法国特种部队档案揭秘，国家警察干预队．北京：人民邮电出版社，2015.

20. （俄）B·N·安年科夫等著；于宝林等译．国际关系中的军事力量．北京：金城出版社，2013.

21. （日）川本佑树著；管颖指导．日本海上保安厅治安管理及其"领海警备"研究（硕士论文）．中国海洋大学．

22. （日）海人社编著；北京凸版数字产品有限公司译．日本海上保安厅．青岛：青岛出版社，2012.

23. （俄）伊琳娜·杰格捷列娃著；杨宇杰等译．俄罗斯特警．北京：解放军出版社，2009.

24. 《总体国家安全观干部读本》编委会．总体国家安全观干部读本．北京：人民出版社，2016.

25. 朱建新．各国国家安全机构比较研究．北京：时事出版社，2009.

26. 邱华君．警察学讨论．台北：茂昌图书有限公司，1991.

27. 熊一新．治安学总论．北京：中国人民公安大学出版社，2008.

28. 彭光谦．世界主要国家安全机制内幕．南京：江苏人民出版社，2014.

29. 李培志编译．美国海岸警卫队．北京：社会科学文献出版社，2005.

30. 刘凤翰．国民党军事制度史．北京：中国大百科全书出版社，2009.

31. 霍燎原．日伪宪兵与警察．哈尔滨：黑龙江人民出版社，1996.

32. 王大伟．英美警察科学．北京：中国人民公安大学出版社，1995.

33. 安政．中国警察制度研究．北京：中国检察出版社，2009.

34. 陈海涛．世界王牌特警．南京：江苏人民出版社，2013.

35. 苏程．西欧军警特种部队．北京：军事谊文出版社，2003.

36. 赵小卓．南亚雄狮：印度军事力量透析．上海：华东师范大学出版社，2002.

37. 杨育才．俄罗斯特种部队．北京：军事谊文出版社，2004.

38. 朱成虎，孟凡礼．当代美国军事．北京：社会科学文献出版社，2012.

39. 王强．日本军事力量解析，北京：人民邮电出版社，2014.

40. 于澄涛．中国警官的法兰西岁月，北京：中国人民公安大学出版社，2010.

41. 雷静．世界王牌总统保镖卫队．南京：江苏人民出版社，2013.

42. 王熙著；王海滨指导．准军事力量在外交中的威慑作用及启示．对外经贸大学，2014.

43. 张京．法国治安管理概览．北京：群众出版社，1994.

44. （美）R·D·亨特．美英法三国警察体制比较．世界警察参考资料，1991（8）：12—21.

45. 马亚雄．西方警察制度的历史类型、思想基础和新格局．世界警察参考资料，1995（79，80）．